日本企業の
アジア・マーケティング
ASIAN MARKETING STRATEGY
戦略

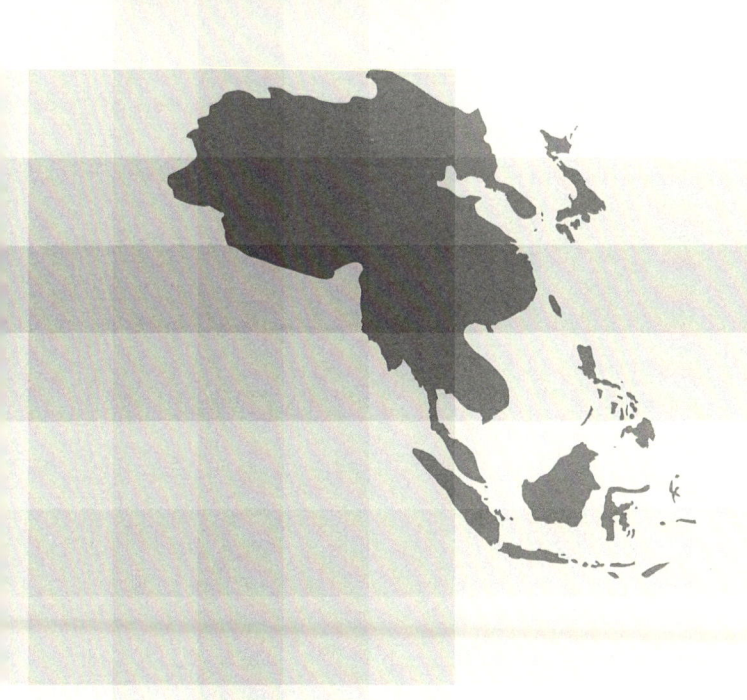

マーケティング史研究会 編

同文舘出版

マーケティング史研究会
実践史シリーズ Ⅶ

(1) マーケティング史研究会は，マーケティング史やマーケティング学説史などマーケティングに関する歴史的研究をすすめ，その研究水準の向上と発展に寄与することを目的とする。
(2) 本巻は，当研究会の目的の1つであるマーケティング実践史に関する共同研究の成果の一部である。
(3) 本巻の執筆者は，奥付に紹介されている。

マーケティング史研究会

《マーケティング実践史シリーズ》
Ⅰ．『日本のマーケティング－導入と展開－』1996年。
Ⅱ．『日本流通産業史－日本的マーケティングの展開－』2001年。
Ⅲ．『現代アメリカのビッグストア』2006年。
Ⅳ．『ヨーロッパのトップ小売業－その史的展開－』2008年。
Ⅴ．『日本企業のマーケティング〈シリーズ・歴史から学ぶマーケティング第2巻〉』2010年。
Ⅵ．『海外企業のマーケティング〈シリーズ・歴史から学ぶマーケティング第3巻〉』2010年。
Ⅶ．『日本企業のアジア・マーケティング戦略』2014年。

【出版はすべて同文舘出版による】

はしがき

　本書はアジア市場における日本企業のマーケティング戦略の実態とその特徴について解明したものである。学術書であるが専門家のみならず広くビジネスマンに読んでいただくと同時に，大学の学生のテキストとしても活用できるように工夫した。

　これまでのマーケティングのテキスト，とりわけ国際マーケティングのテキストでは，先進国の市場を対象としたものが多く，近年クローズアップされている新興国市場，とりわけアジア市場を対象とした日本企業のマーケティングに関する研究書が皆無に近い中で，アジア市場の中間層に焦点を当て分析した本書は極めて価値の高いものといえよう。

　本書の第1の特徴は，従来内需型産業と呼ばれてきた食品産業，流通業，運送業，サービス業のような企業まで網羅しているのが特徴である。さらに，従来は海外進出といえば，大企業を対象とした研究が中心であったが，中小規模企業の進出実態についても述べられている。

　第2の特徴は，1社だけのケース・スタディにとどめないで，複数の企業を取り上げ分析している点である。同じ産業においてもその企業の歴史や企業文化の特徴によって海外進出の仕方は，必ずしも一様ではないことを明らかにしている。

　第3の特徴は，マクロレベルの客観的分析を踏え，個別企業の商品企画・開発戦略，価格戦略，ブランド戦略，コミュニケーション戦略，チャネル戦略などのミクロ分析まで立ち入り分析している点である。また，成功面と同時に，失敗面をどのように克服したのか，その過程をリアルに紹介している。

　第4の特徴として，新興国市場の中間層以下のセグメント（Base of the Pyramid）にも注目し，市場創造の重要性についても触れている。国際マーケティングの担い手である多国籍企業による貧困の解消というテーマは，プラハラド（Prahalad, C. K.）とハート（Hart, S. L.）によって提起された重要な課題でもある。グローバル競争が進む一方で，国際的に貧困等の課題解決とともに，企業のＣＳＲが本業との関連で不可欠のものとなってきていることについても触れている。

最後に，現状分析にとどめないで，日本企業のアジア進出の歴史的経緯と将来の展望についても触れている点に特徴がある。現在は過去の上にあり，未来は現在の上にある。したがって，未来を予測しようとすれば，現在をよく知り，過去をよく知らなければならない。物事を発生史的に観察することは学問の王道である。

　本書はマーケティング史研究会のメンバーによって書かれたものである。マーケティング史研究会は，これまで実践史シリーズを同文舘出版から出版している（本扉裏参照下さい）。

　このような実績を踏まえて，今回はアジア市場に焦点を当て，日本企業のアジアにおけるマーケティング戦略のあり方について考えてみた。アジアのマーケティングに関する研究は，学会でも緒に就いたばかりであり，マーケティング史研究会にとっては新しい大きな挑戦であった。しかし，出来上がってみると，本書はそれぞれの研究者の専門性を反映したユニークなものになったのではないかと，自負している。今後，アジアがますます世界の中心になることは間違いないであろう。その中で，本書がこれからアジアに目を向け，学習する学生，院生やビジネスパーソンにとって何らかの参考になれば幸いである。

　本書の出版に際しては，長年にわたってご後援をいただいてきた同文舘出版には，心より感謝したい。とりわけ，同社・取締役編集局長の市川良之氏には本書の企画段階からご協力いただいたばかりか，出版にいたるプロセスで大変お世話になった。

　　2014年2月1日

マーケティング史研究会
（編集責任者　近藤文男）

目　　次

はしがき ────────────────────────── (1)

第1章　総　　論 ────────────────── 3
1. はじめに ………………………………………………… 3
2. アジア市場の特徴 ……………………………………… 4
3. アジア市場の競争状況 ………………………………… 11
4. 日本企業のアジア市場におけるマーケティング戦略の課題 …… 16
5. 小結：日本企業の強みと弱み ………………………… 20
6. 本書の構成 ……………………………………………… 21

第2章　自動車企業 ────────────── 25
1. はじめに ………………………………………………… 25
2. 中国における自動車生産と政策推移 ………………… 25
3. 中国市場におけるマーケティング・チャネル構築 …… 29
4. 日系メーカーによる中国でのマーケティング・チャネル構築 … 32
5. 小　結 …………………………………………………… 38

第3章　家電企業 ──────────────── 41
1. はじめに ………………………………………………… 41
2. 日系家電企業のインド市場参入と韓国系企業のインド市場制覇 … 42
3. パナソニックインドの反撃のマーケティング戦略 …… 46
4. ソニーインドの反撃のマーケティング戦略 …………… 51

5．小　結 …………………………………………………… 57

第4章　化粧品企業 ──────────────────── 63
　　1．はじめに ………………………………………………… 63
　　2．海外市場進出の背景 …………………………………… 63
　　3．中国化粧品市場の発展 ………………………………… 65
　　4．日系化粧品メーカーの国際マーケティング戦略 …… 67
　　5．小　結 …………………………………………………… 75

第5章　食品企業 ──────────────────── 79
　　1．はじめに ………………………………………………… 79
　　2．マーケティング知識の移転 …………………………… 80
　　3．味の素㈱のアジアでのマーケティング ……………… 83
　　4．江崎グリコ㈱のアジアでのマーケティング ………… 87
　　5．大塚製薬㈱ＮＣ事業部のアジアでのマーケティング … 92
　　6．小　結 …………………………………………………… 96

第6章　外食企業 ──────────────────── 99
　　1．はじめに ………………………………………………… 99
　　2．外食企業の国際展開における「グローカル」の視点 … 100
　　3．モスバーガーの事例 …………………………………… 102
　　4．小　結 …………………………………………………… 111

第7章　中堅外食企業 ───────────────── 117
　　1．はじめに ………………………………………………… 117

2．「大戸屋」の事例 ……………………………………………… 117
　　3．「8番らーめん」の事例 ………………………………………… 123
　　4．中堅外食企業によるアジア展開の基本的方向 ……………… 126
　　5．小　結 …………………………………………………………… 129

第8章　小売企業 ─────────────────── 133

　　1．はじめに ………………………………………………………… 133
　　2．タイ（1993年〜）におけるファミリーマートの苦戦と成長 … 135
　　3．新たに進出したベトナム（2009年〜）での挑戦 …………… 140
　　4．インドネシア（2012年〜）におけるジャカルタ型ファミリー
　　　マートのイノベーション ………………………………………… 144
　　5．小　結 …………………………………………………………… 148

第9章　宅配便企業 ─────────────────── 155

　　1．はじめに ………………………………………………………… 155
　　2．中国の宅配便市場の現状 ……………………………………… 157
　　3．佐川の中国市場における宅配便事業の展開 ………………… 160
　　4．ヤマトの中国市場における事業展開 ………………………… 164
　　5．小　結 …………………………………………………………… 168

第10章　企業のBOPビジネス戦略 ─────────── 177

　　1．はじめに ………………………………………………………… 177
　　2．BOPビジネスにみる着想・誕生，普及・伝播のプロセスにつ
　　　いて ………………………………………………………………… 178
　　3．在アジア日系企業のBOPビジネスの具体的事例 …………… 181
　　4．日本企業のBOPビジネスにみる官民連携における課題 …… 188
　　　　─日本政府の政策上の課題，日本企業の経営課題─

5．小　結 ………………………………………………………… 191

和文事項索引 ――――――――――――――――――――― 195
欧文事項索引 ――――――――――――――――――――― 198
企業・ブランド・商品名索引 ―――――――――――――― 199

日本企業のアジア・マーケティング戦略

第1章

総　論

1. はじめに

「21世紀はアジアの時代である」といわれている。

戦後, 日本企業のアジア進出は高度成長過程でアジアNIEs（新興工業経済群）から始まり, ASEAN, 中国に生産拠点をおくとともに, それらの国・地域を市場としてきた。1985年のプラザ合意以降の円高を背景にASEANへの進出を本格的に開始し, 90年代には中国への製造拠点作りを中心とした進出が行われた。日本企業のアジア進出は, 現地生産から始まり現地販売の拡大へと広がっていった。2007年時点で, 世界市場で占める日本製品・サービスのアジアでの販売総額の割合は37％に達している。これは米国の29％, ＥＵの20％と比較して最大である[1]。従来は日本企業のアジアでの販売は現地の企業向けの資本財・中間財が中心であったが, 近年アジア全域で年間可処分所得（税金を引いた後の所得）が5,000ドルから3万5,000ドルの間に入る中間所得層と呼ばれる層が爆発的に増加している。現在アジアに, この中間所得層といわれる人が実に8億8,000万人も存在し, この層が年々増大している。アジアの経済成長の中で, 激増するこの中間層にいかに働きかけるか, ということが企業のマーケティング戦略の大きな課題である。

企業の海外進出には, 2つの方法がある。1つは製造拠点を求めての進出であり, もう1つは市場を求めての進出である。今日の企業の海外進出の特徴は, 製造拠点の確立と同時に市場を求めての市場のあるところへの進出を特徴としている。

従来は海外進出といえば, 製造業を中心としたものであったが, 今日では製造業にとどまらず, これまで進出が困難と考えられていた流通業, 金融業, 運輸業, 外食産業など全産業にわたる進出が見られる。また, 進出する企業規模も, 大企

業から中小企業にまで拡大しているのが今日の特徴である。

　日本企業のアジア進出は，1985年のプラザ合意以前は，製造業を中心に豊富で安価な労働力と豊富で安い原材料資源を求めての生産の拠点づくりを求めての進出であった。

　1985年のプラザ合意以降は，先進国を中心とした豊かな市場を求めての進出が中心になっている。リーマンショック以降国内市場の急速な成熟化が，日本企業の海外進出を加速化させている。その進出先は先進国市場から新興国市場へと軸足を転換している。

　日本企業が新興国アジアで競争優位に立つためには，アジアの中間層のニーズや嗜好の深い理解に立ち，日本企業のマーケティング戦略の強みと弱みを踏まえた戦略が重要な課題となっている。本章では日本企業の持つ強みとは何か，どのような弱みを持っているのか，マーケティング戦略の側面から明らかにしてみる。

　通常，市場といえば消費財市場の取引の場を思い浮かべる。しかし，生産財の取引の場も市場を形成するが，ここでは消費財取引の市場に限定する。

2. アジア市場の特徴

　一言でアジア市場といっても，多様である。さしあたり，ASEAN（東南アジア諸国連合）市場，中国市場，南アジア市場を代表するインド市場の3つに分けて考えてみる。日本企業のアジア進出は，1970年代にはASEAN市場へ，80年代には中国へ，そして90年代にはインドへと発展していった。以下，それぞれの市場の概略を見てみよう。

(1) ASEAN市場

　ASEAN市場は1967年にインドネシア，マレーシア，シンガポール，タイ，フイリピンの5カ国により結成され，その後1984年にブルネイ，90年代にベトナム，ミャンマー，ラオス，カンボジアが加盟し，今日のASEAN10カ国になった。

　ASEAN加盟国は，成立当初は外国直接投資の誘致，輸入代替工業政策をベースに成長してきた国がほとんどである。1990年代に入り，各国の共同市場の形

成に向けた動きが活発化する中で，日本企業は輸出型生産拠点と現地販売型拠点を併せ持つ拠点へ転換した。98年にアジア通貨危機で一時停滞したが，その後順調な経済成長を遂げ，ASEAN域内総生産（GDP）はここ10年間で3.6倍に増え，世界に占める割合は1.6％から3.6％に高まり，中間階層を中心とした所得が高まっている。ASEANは民族，宗教，文化，政治体制など多様であるとともに，各国の経済レベルも大きく異なっている。

とりわけ，シンガポールは別として，都市と農村の所得格差が大きく，人口の多い農村部の所得は低いが潜在的市場を秘めている。

このような多様性と経済格差にもかかわらず，2015年までに域内経済統合に向けてASEAN経済共同体（AEC）を創設する計画がある。さらにインド，豪州，中東のパートナーとの交流も深め，外に向かっても求心力を高め，アジアの核になろうとしている。

この市場はもともと食品，アパレル，自動車，家電製品などの日本製品の人気が高く，家電製品では最近は韓国勢に押されているが，自動車やバイクの牙城で圧倒的なシェアを誇っている。自動車では各国で販売シェアは圧倒しており，インドネシアやタイでは8～9割を超えている。しかし，近年ＶＷやＧＭなどの欧米系企業に加えて中国系企業の参入が積極的である。

(2) 中国市場

1979年に鄧小平による改革・解放政策を出し，外資に対して市場を開放した。改革・解放と同時に，日本企業では松下電器産業（現・パナソニック）や日立製作所がいち早く中国市場に目を付けて，直接投資に踏み切った。1980年代には，日中間の貿易，直接投資が積極的に行われ，中国系企業は日本の生産技術やマーケティング技術を学び著しい成長を遂げた。その中でハイアールや海信集団，TCLに代表されるように中国企業は急成長を果たし，国内市場のみならず海外にまで進出を始めている。

1992年鄧小平による南巡講話が行われ，中国全土が市場経済化を加速させ，かつて「世界の工場」と呼ばれた中国は年率2桁に近い成長率を維持し，GDP規模では日本を抜いて米国に次いで世界第2位に躍進した。1980年には1人当たりGDPがわずか307ドルであったが，12年には6,017ドルと中所得国の入り口にまでになり，アジア最大の市場となっている。1人当たりの所得は増大して

いるが，都市と農村部の間での所得格が大きくなり，政府の格差是正政策により，農村部の所得が急上昇している。

この巨大な市場を目指し，日系企業のみならず欧米系企業，韓国系企業が次々と参入する中で，政府の手厚い優遇政策のもとで急成長した中国系企業は低価格戦略で対抗し，中国での競争が激化している。

(3) インド市場

インド市場が急速に経済成長を遂げたのは1990年代になってからである。1991年にインド政府は，国内投資の自由化，貿易の自由化，外国投資の規制緩和，財政改革，金融改革，国有企業の改革を背景に，外資の導入によって経済の高度成長が続いている。

外資導入前のインド市場には，財閥系のタタグループ，Godrajグループやエアコンや冷蔵庫に強みを持つVoltas，インド最大の総合家電企業Videoconなどが存在していた。外資導入後は欧米系のPhilipsやWhirlpoolをはじめ日系企業のパナソニック，日立，東芝，三洋電機，ソニーなどと韓国系のサムスン電子（以下「サムスン」），ＬＧ電子（以下「ＬＧ」），さらには中国系のハイアール，TCL集団（以下「TCL」）などの家電企業を中心にスズキ，現代自動車などが参入，それに現地の地場企業が加わりインド市場では相互にしのぎを削る競争が展開されている。

インド市場はアジアの中では15億人の中国に次ぐ12億人の人口をかかえ，2020年には中国を抜いて世界一の巨大市場になろうとしている。ここでもボリュームゾーンを形成する中間層の拡大が都市部を中心に伸びているが，今，インドで最も注目されている市場は，所得の半分程度を占める農村を含む地方である。しかし，貧弱なインフラ，未整備な流通，複雑な税制，一筋縄ではいかないインド人など，他のアジアの新興国と比較したとき高いハードルがある市場である。ジェトロの調査によると，アジア21カ国のうち下から3番目に儲からない市場という調査結果が出ている[2]。

(4) 3市場の共通した特徴

世界経済を牽引する多くの新興国は，外資や投資で経済発展を遂げ，近年，自

国の消費市場を拡大させている。2011年時点で，新興国の消費市場の規模は，日本の3.7倍の水準にある。その中でも中国，インド，ASEANを合計した市場規模は日本の1.4倍とすでに日本の消費市場を凌駕している[3]。

　アジアは欧米の先進国と異なり，多様な政治体制，経済発展の違い，大きい所得格差，多様な宗教などから，消費様式が多様であるという特徴がある。同時にここには共通するいくつかの特徴がある。

① 中間層の増大

　第1に，いずれの市場においても図表1-1が示すようにボリュームゾーンを形成する中間層の増大が顕著である。経済産業省の定義によると，「中間層」とは世帯当たりの年間可処分所得が5,000ドル（約50万円）以上3万5,000ドル（約350万円）未満の人々を指す。この定義に従って，2003年と2008年を比較すると，ASEAN，中国，インド市場のいずれにおいても，先進国日本や米国の中位所得層の割合が減少しているのと対照的に，大きく増大している。

　一口で中間層といっても，国によって異なる。インドの中間層は，世帯年収数百万という先進国なみの家庭から，世帯年収数十万円の農村部に住む人々まで，様々な人々が暮らしている。ASEAN市場においても，マレーシアでは中間層は，72.3％と最も高いが，最も低いベトナムでは14.9％で5,000ドル未満の低所得層が多数を占める。この中間層の実態を具体的に把握することが重要である。

　近年の特徴としては，中間層を中心とした消費市場の規模の拡大とともに，質の面での変化が見られる。食糧，衣類などの基礎的支出から家電製品や自動車などの耐久消費財，旅行や教育などのサービスへの支出へと高度化している。

　図表1-2は，主要各国の世帯当たり耐久消費財普及率（2010年）の状況である。戦後日本でも高度経済成長期に「三種の神器」「新三種の神器」が次々と現れたが，ここではそれを遙かに上回る大消費ブームが起きている。新興国では所得の増大にしたがって，自動車をはじめ家電製品，化粧品，ファッション製品，住宅など，ありとあらゆる消費財が所得水準の動きにしたがってGDPの多少にかかわりなく反応する。カラーテレビが1人当たりGDPの多少に関わりなくインドネシア，フィリピン，インドを除き高い普及率を示している。また，携帯電話がインドとインドネシア以外の国で，普及率が高いのが特徴である。白物の冷蔵庫，洗濯機の普及はタイ，インドでは低い。ベトナムやタイでは二輪車の普及率が他国に抜きんでて高いが，乗用車の普及が低い。

図表1－1　アジア主要国の可処分所得階層別世帯数構成比の推移（2003年と2008年対比）

構成比（%）

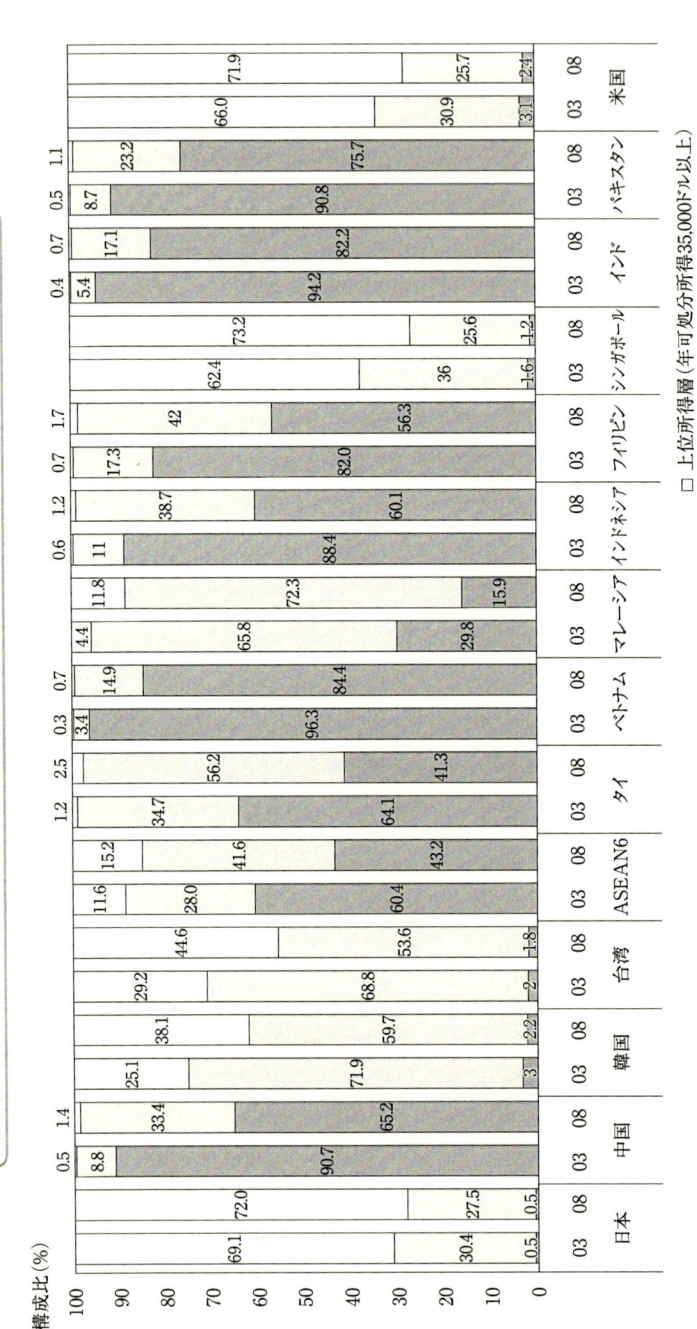

国	年	下位所得層（年可処分所得5,000ドル未満）	中位所得層（年可処分所得5,000～35,000ドル未満）	上位所得層（年可処分所得35,000ドル以上）
日本	03	0.5	30.4	69.1
日本	08	0.5	27.5	72.0
中国	03	90.7	8.8	0.5
中国	08	65.2	33.4	1.4
韓国	03	3	25.1	71.9
韓国	08	2.2	38.1	59.7
台湾	03	2	29.2	68.8
台湾	08	1.8	44.6	53.6
ASEAN6	03	60.4	28.0	11.6
ASEAN6	08	43.2	41.6	15.2
タイ	03	64.1	34.7	1.2
タイ	08	41.3	56.2	2.5
ベトナム	03	96.3	3.4	0.3
ベトナム	08	84.4	14.9	0.7
マレーシア	03	29.8	65.8	4.4
マレーシア	08	15.9	72.3	11.8
インドネシア	03	88.4	11	0.6
インドネシア	08	60.1	38.7	1.2
フィリピン	03	82.0	17.3	0.7
フィリピン	08	56.3	42	1.7
シンガポール	03	1.6	36	62.4
シンガポール	08	1.2	25.6	73.2
インド	03	94.2	5.4	0.4
インド	08	82.2	17.1	0.7
パキスタン	03	90.8	8.7	0.5
パキスタン	08	75.7	23.2	1.1
米国	03	3.1	30.9	66.0
米国	08	2.4	25.7	71.9

（出所）高橋編［2010］p.118。

国によって商品カテゴリー別の普及率が異なっているのと同時に，新興国においては商品の普及と先進国における商品の普及パターンに，類似性が見られないのが特徴である。先進国では一般に年収が50万円を超えれば，テレビを購入する。年収が100万円を超えれば自動車を購入する。年収が200万円を超えれば，電子レンジを購入する，などという規則性が見られた。資本主義を遥かに上回る一大消費ブームを起こしている新興国では，欧米諸国がたどった生活レベルの発展とは全く異なるプロセスを辿っている。例えば，携帯電話が途上国の全てにおいて発展の度合いとは無関係に全ての国において発展している。日本やアメリカなど先進国では，パソコンの普及が先に進み，その後携帯電話が普及している。しかしながら，中国やインドをはじめとする新興国では，携帯電話が先に普及している。

　先進国では冷蔵庫の前に洗濯機を購入するが，インドやタイでは洗濯機の普及率が冷蔵庫の普及率よりも大幅に低い。これはメイドがいる家庭では洗濯機を必要としないからである。アジアでの製品の普及率は，先進国の製品の普及率とは異なっている。

図表1－2　主要各国の世帯当たり耐久消費財普及率（2010年）

(単位：％)

国・地域	1人当たりGDP(USドル)	カラーTV	携帯電話	冷蔵庫	洗濯機	カメラ	エアコン	パソコン	DVD機器	乗用車	二輪車
オーストラリア	65,477	99.3	91.7	99.9	96.8	90.8	71.2	84.1	85.5	87.9	13.5
シンガポール	49,271	99.5	99.8	99.1	97.0	89.9	77.4	83.5	60.9	40.5	6.8
日本	45,920	99.4	94.4	98.8	99.6	85.3	88.2	87.0	76.1	86.5	19.6
香港	34,049	99.6	99.4	99.8	95.3	92.0	84.0	78.7	95.3	21.0	32.1
韓国	22,778	96.7	98.8	99.7	98.8	95.5	51.8	98.7	41.6	68.2	40.1
台湾	20,101	99.9	99.6	99.9	97.5	96.7	88.8	71.7	42.0	59.9	83.0
マレーシア	9,700	98.4	94.5	85.4	92.7	96.8	27.1	44.5	39.9	62.2	52.5
中国	5,414	96.6	89.8	71.3	73.1	23.4	55.8	38.8	40.9	4.7	34.4
タイ	5,394	92.7	82.0	88.3	52.7	82.9	14.0	25.1	35.0	13.8	71.2
インドネシア	3,509	70.4	49.4	28.7	28.9	15.7	7.0	7.8	4.8	7.1	9.8
フィリピン	2,223	72.4	79.3	40.5	31.9	68.9	11.7	16.6	21.4	10.6	31.3
インド	1,389	63.6	37.3	19.4	6.9	5.1	6.4	7.7	2.6	3.9	24.2
ベトナム	1,374	91.8	32.2	39.5	16.4	5.2	5.6	14.3	6.8	1.2	74.1

（注）1人当たりGDPは名目。
（出所）IMF "World Ecomomic Outlook", April 2012.

② 若年層の比率

　第2の共通した特徴は，若年層の比率が高いことである。フィリピンの平均年齢22.2歳（2010年），ベトナムが28.2歳（同年）マレーシア26.0歳（同年），インドネシアが30.3歳（2013年），インド25.1歳（同年），タイ34.2歳（同年），中国34.5歳（2010年），30歳以下の男女の占める割合がいずれも多いのが特徴である。グローバル化とインタネットの普及によって，アジア全域の若者の消費行動は，急速に類似化している。この若者の消費行動で共通する特徴は，ブランド志向が強く，価格に対して敏感である。

　アジア各国においては，40歳未満の若年層の可処分所得の割合が高く，消費に強い影響を与えている。アジアでもインドネシアにおいては，20歳代，30歳代の平均収入がその他の年代よりも高く，しかも年々その水準が大きく上昇している。ＡＳＥＡＮでは60歳以上の所得は1割しかないのと対照的に，30歳以下の若者層の所得の割合は実に6割を占める。高齢化の進行している中国においてすら30歳以下の所得は，50％を占め日本より高い[4]。

　若者が多いということから，その消費意欲が旺盛であり，アジアの若者は収入があると貯蓄をしないで消費をする傾向が強い。富裕層と比較すると，まだ所得の低い若者は，価格へのこだわりを強く持っている。とはいっても低価格であればいいということではなく，value for money（費用対効果）商品の機能や性能，ブランドに照らし合わせてコストパフォーマンスの良い製品を選びたがる[5]。

③ 色彩感覚

　第3の共通する特徴は，色彩感覚が派手である。例えば，タイでは容量200リットル以下の小型冷蔵庫の市場で，カラフルな機種が全体の5割超を占めている。パナソニックは「マジックトップ」というブランド名で濃い青やピンクなどを投入。三菱電機は「3Dビビッド」シリーズで濃い紫や派手な黄色，濃いピンク色の3機種を発売している。なぜタイではこれほどまでにカラフルな冷蔵庫が受け入れられるのか。タイ人は誕生日の曜日ごとに月曜日は黄色，火曜日はピンクといったシンボルカラーがあり，色へのこだわりが中途半端ではない。色合いも鮮やかなモノが好まれ，道を走っているタクシーは赤やピンク，黄色や緑が主流である[6]。

④　ブランドへのこだわり

第4にブランドへのこだわりが強い。

アジアの若者はブランドへのこだわりが強い。例えば，所得の高い中国の上海など大都市においては，「高品質」へのこだわりが増すにつれ，「海外ブランド」や「高価格品」に対する信仰が強い。したがって，ターゲットとする消費者と情緒的な結びつきを構築するような欧米ブランドの人気が高い。その意味で韓国企業，例えばサムスンのブランドイメージはソニーより高く，サムスンが成功したのは欧米式のイメージ戦略を選んだからであり，この点はＬＧも成功している[7]。

3. アジア市場の競争状況

　戦後世界の先進国を中心とした市場では，競争の中心となるプレイヤーは日本企業と欧米企業が中心であった。

　ところが現在の新興国市場が加わったグローバル市場における競争は，従来の日本企業と欧米企業の他に韓国系企業と中国系企業が参入してきた。無視できないのは，それぞれでの現地でのローカル企業が，この競争に参加してきた。例えば，台湾に外食企業が参入すると，台湾の現地企業とは競争相手となる。現地企業はグローバル企業ではないとしても，しばしばは巨大企業であり，これは脅威であると同時に合弁を組む協力者ともなる。さらに注目すべきなのは，経済の発展段階に関わりなく急速に進出してきたプレイヤーとしての量販店である。先進国の家電流通では量販店チェーンが主流となり，家電メーカーの収益を押し下げる要因となっており，今後新興国でも無視できないイプレイヤーである。

　現在のアジア市場の競争は，この6つのプレイヤーが相互に激しく競争している。同時に大手企業間の単独の競争にとどまらず，提携合併など競争と協調の関係が複雑に絡み合った競争となっている。外食産業のように現地参入に際しては，現地の巨大企業とパートナーシップとなり提携する機会が多い。自動車産業では複雑な提携関係を作り出している。提携したり，破棄したりダイナミックである。これらは戦後先進国では見られなかった新しい競争状況である。

(1) ASEAN 市場における競争現況

マーケティング競争の結果は，ブランドシェアに表れている。

ASEAN 市場はもともと日本製品の人気が高く，自動車やバイクは圧倒的なシェアを占めている。70 年代から 80 年代はこの地域は日系企業の独占場で日系企業間の競争が中心であった。ところが，90 年代に入ると三星（現サムスン）社や金星（現 L G）社といった韓国系企業が本格的に参入してきている。加えて，ハイアールや TCL，康佳（コンカ）社など中国系企業の参入で厳しい競争が展開され，かつては日系企業が独占していた市場も韓国系や中国系の企業によって市場が蚕食されつつある[8]。ASEAN 市場では，2000 年には日系企業のシェアが 19.1％，韓国系が 4.8％であったが，2009 年には日系企業が 10.5％，韓国系が 5.5％と激しく追いあげ，その差が縮まっている。

図表 1-3 は，JBIC[9]のアンケートの結果を示したものである。このアンケートによると，ASEAN 市場においては，競合企業は日系企業の割合が高いが，2010 年と 12 年を比較すると中国系企業と韓国系企業の割合が欧米系企業に迫る勢いで上昇している。とりわけ，今後注目すべきことは，2010 年に中国と ASEN の自由貿易協定（FTA）が発効，以来中国の家電製品が凄まじい勢いで ASEAN 市場に流れ込んでいる。東南アジアには，それを支える総数 1,500 万人

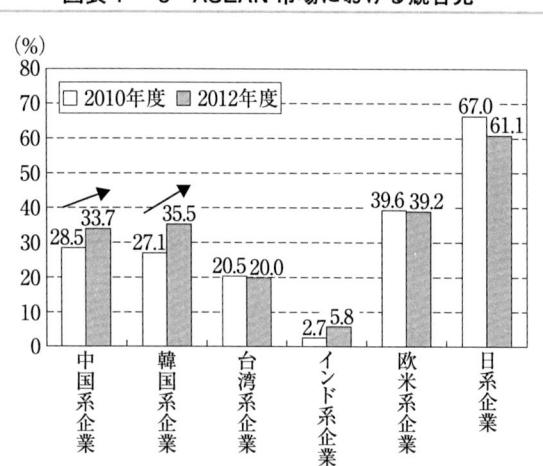

図表１－３　ASEAN 市場における競合先

	2010年度	2012年度
中国系企業	28.5	33.7
韓国系企業	27.1	35.5
台湾系企業	20.5	20.0
インド系企業	2.7	5.8
欧米系企業	39.6	39.2
日系企業	67.0	61.1

（出所）経済産業省［2013］p.116。

とも 2,000 万人ともいわれる中国系華人のネットワークがある[10]。中国製品は韓国系企業以上に低価格で，品質も着実に向上している。タイで急成長している大型ディスカウントストアや家電量販店では，近年，中国製家電製品の取り扱いが急増している。これら各小売店の社長によると「廉価だが品質が低い」という中国製品にまつわる従来のイメージは，最近では急速な品質向上に変わりつつある。

(2) 中国市場の競争状況

遅れて参入してきた韓国系や中国系の企業は，近年登場してきた現地の中間層をターゲットとした商品を開発し販売している。サムスンやＬＧは現地向けの商品の開発をまず優先して生産，販売，その後富裕層向けのプレミアムブランド品を生産し販売する。中国市場では欧米系や韓国企業との競争をしながら，地場企業とも激しい競争をしなければならない厳しい競争に直面している[11]。

図表1-4は，近年その傾向が一層強まっていることを示したものである。

中国政府の日本産業界への協力の求めに対して，松下電器産業を中心としていくつかの産業がこれに応じた。その結果，中国の家電産業は早い立ち上がりを見せた。現在，中国市場では白物家電や薄型テレビは，ハイアール，TCL，海信，格力，美的といった現地企業が強い。例えば，テレビ市場でいえば，7割の市場

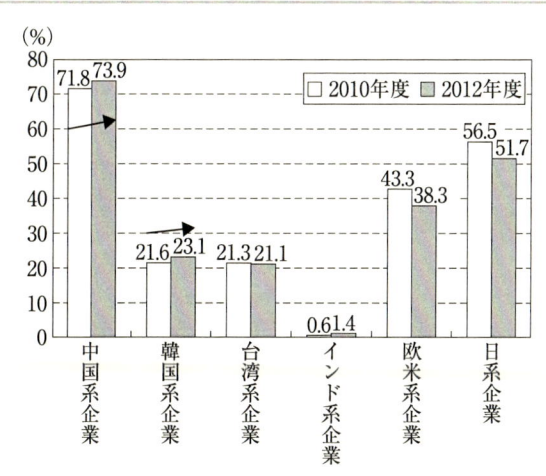

図表1-4 中国市場における競合先

企業	2010年度	2012年度
中国系企業	71.8	73.9
韓国系企業	21.6	23.1
台湾系企業	21.3	21.1
インド系企業	0.6	1.4
欧米系企業	43.3	38.3
日系企業	56.5	51.7

（出所）経済産業省［2013］p.116。

を中国系の企業が占め，残り3割をめぐってサムスンやソニー，東芝，パナソニック，シャープなど外資系が激しく争っている。ここではサムスンといえども苦戦している[12]。

　家電企業のみならず，自動車，化粧品なども，ここ数年，日本製品の中国での存在感が低下している。2013年上半期において，日本車のシェアが伸び悩む中，圧倒的ブランド力をもつドイツのＶＷやＢＭＷ，米国ブランドのＧＭ，韓国ブランドの現代，中国ブランドが2桁の高成長を維持しているのに対して，日本ブランド勢は9％も減少し，市場シェアを4ポイント落としている。日本ブランドの停滞を好機とみたＶＷやＧＭは南部や2桁成長の内陸部の3級，4級都市に果敢に攻め込んでいる[13]。

　現地企業は最初から現地のBOP（Base of the Pyramid）向けの商品を生産し販売，この層の所得が上がりミドル層に上昇すると製品の品質も価格も一段高いレベルに上げていっている[14]。

　中国の消費者は，品質よりブランドや価格を重視する。日本製品の品質はよいのであるが価格が高いため，「その値段を出すのであれば，あこがれの欧米ブランドを買う」，また「その値段は出せないので，よく似たデザインの安いローカル製品を買う」という。

(3) インド市場の競争の状況

　インド市場においては，欧米系企業，日系企業，地場のインド系企業の割合が高いが，欧米系企業と日系企業の割合が年代とともに減少している。代って韓国系企業と中国系企業の割合が急激に上昇している（図表1-5参照）。中間層向けビジネスでは韓国，インドの地場企業が優勢である。インドの地場企業スマホメーカー，マイクロマックスやカルボンなど世界では無名の企業が1万ルピー（5万5,000円）商品を武器にシェアを高めている。

　家電業界では，中間層の増大を背景に5種の神器（five big ticket）と呼ばれるカラーテレビ，冷蔵庫，洗濯機，エアコン，電子レンジなどが高い普及率を示しており，この中間層をターゲットに韓国勢，地場企業が市場を独占し，優位な競争を展開している[15]。冷蔵庫では，LG 23％，サムスン21％と1，2位を占め，韓国勢が席巻している。それに対して日系企業は存在感が薄い。韓国企業はインドの農村地域の生活を支えるトップブランドになっている。ソニーやパナソニッ

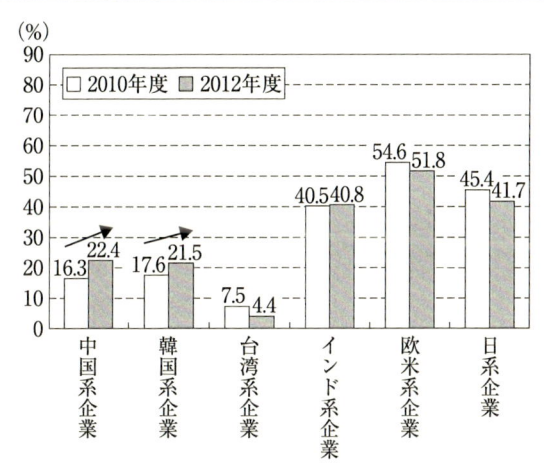

図表1−5 インド市場における競合先

```
        中国系  韓国系  台湾系  インド系  欧米系  日系
        企業    企業    企業    企業      企業    企業
2010年度 16.3   17.6    7.5    40.5      54.6    45.4
2012年度 22.4   21.5    4.4    40.8      51.8    41.7
```

（出所）経済産業省［2013］p.116。

クが，これまで他国で作った製品を輸入する形でインド市場のビジネスを進めてきたのとは対照的である。インドの特殊事情に合わず，価格競争でも厳しい状況に置かれてきた[16]。

アジアでの競争の現況をブランド別に示すと，次のような結果になっている。

日系企業のブランドは，ASEAN市場では現地販売シェアが高く，一定のプレゼンスを保持しているが，中国市場やインド市場ではシェアが低い。

「日経BPコンサルティング」[17] NIKKEI BUSINESS「ブランド・アジア2012」によると，ASEAN地域では，ソニーの7地域におけるトップ10内ランクイン数は全ブランドで最多である。ホンダはタイ，ベトナム，インドネシアで5位以内にランクインしている。

中国市場においては，一部の製品において現販売シェアは韓国企業や中国企業に追い上げられており，日系ブランドのシェアが低下している。

インド市場における日系ブランドのシェアは，「2013 White Paper on International Economy and Trade」[18]の「インド・ブランドランキング」によると，現地企業のTATAやRELIANCE，AIRTELなどが上位に並び，マルチ・スズキの5位，ヒーロー・ホンダの7位と日系ブランド続き，韓国のLGの13位，現代自動車29位，サムスン48位と韓国系グループの後にトヨタ30位，ホンダ35位，ソニー64位，キヤノン83位に日系グループが後尾に続いている。

4. 日本企業のアジア市場におけるマーケティング戦略の課題

(1) アメリカで成功した日本企業のマーケティング戦略に学ぶ

　日本の家電産業と自動車産業は，日本製品の「安かろう，悪かろう」の悪評を一変させた代表的産業であった。この両産業はアメリカ市場のボリュームゾーンを形成する中間層をターゲットに大量に輸出した。そして，共に対米輸出マーケティングを通して，アメリカから多くのマーケティング技術を学び，日本ブランドの構築に成功した。毎年発表される Inter Brand 社上位 100 社の上位にトヨタとソニーブランドはランキングされ燦然と輝いている。以下，ソニーが対米輸出マーケティングを通して，世界のブランド，ソニーをいかに構築したのか紹介しよう[19]。

　日本の家電企業として後発メーカーであったソニーは，技術的に先進的製品の開発を行うとともに，早期に戦後世界市場を代表するアメリカ市場への進出によって，アメリカから多くのことを学び，世界の家電産業王国アメリカ企業にキャッチアップし頂点に立った。ソニーがその出発点から一貫して重視したことは，国際ブランドの確立であった。その目的を実現するため，全社を挙げた大量のマーケティング投資を行っている。具体的には独創的な製品を基礎とした徹底したイメージ戦略，価格維持戦略，セレクティブなチャネル戦略，他社を圧する大量の広告宣伝，NY 五番街のショールームの開設，米全土へのサービス体制の充実を進めた。とりわけソニーが苦労しエネルギーを注いだことは，独自の流通チャネルの構築であった。「製品の販売を商社任せにしない自主販売体制の確立，いわば他社とは一貫して差別化を重視したセレクティブな戦略によってソニー独自のブランド構築を重視した」ことである。この実践のために，アメリカ・ソニーの社長盛田昭夫をはじめ日本からの駐在員は，昼夜を分かたず現地化することに力を注いだ。社長自ら家族ともどもニューヨークに定住し，現地化に邁進することによって現地を心底深く理解することができた。このソニーが参入時に行ったことは，サムスンの「地域専門制度」とは形こそ異なるが，実態は同じである。ソニーの盛田社長や韓国のイ・ゴンヒ（李健熙）会長が行ったと同様な決意が日本のトップにあったならば，事態は異なったであろう。

(2) アジアの中間層を標的とするマーケティング戦略の特徴

日本企業が世界の王者アメリカ市場への参入においてアメリカ企業を乗り越えながら，なぜ，新興国市場への参入において欧米企業や韓国企業に対して，競争優位を実現できなかったのか。どこにその違いがあったのか，事実に即してその原因を探求してみる。

① ASEAN 市場

ASEAN 市場へは，日本を代表する家電企業をはじめ自動車産業，アパレル産業，小売業や食品業などが多く進出している。1985 年以降，日本企業は東南アジア地域を基地に世界市場向け輸出をするために，輸出基地化を企図した。現地市場を対象とする本格的なマーケティング投資ではなかった。例えば，日本の家電企業は早くに参入を果たしながら，ASEAN 市場を日本への逆輸入や欧米への輸出拠点としての位置づけにとどまっていた。

90 年代に参入した韓国系企業は，現地の消費者をターゲットとするマーケティング戦略を最優先し，現地の消費者を引きつけている。加えて国の支援による韓日ドラマや音楽などには，サムスンや LG の家電製品，現代自動車，化粧品などが広告として大きく映し出され，これらの製品へのあこがれを誘導し，韓国系チェーン店へと足を運ぶ消費者が増えている。

② 中国市場

日本企業の中国市場への参入は，家電産業の参入が早かった。しかし，日本企業は製品の輸出拠点志向が強く，生産拠点としての参入が優先されており，ここでも本格的なマーケティング投資はなかった。その結果，中国市場では強いブランドを確立できなかった。

それに対して，欧米企業は現地市場志向が強く，現地にコミットメントしてブランドを確立し売るために広告活動や流通経路の構築を重視し，中国人向けのニーズに対応した本格的なマーケティングを行っている[20]。ＶＷが中国でブランド別でみた No.1 の地位を確立できているのも，早くから中国でマーケティング投資を優先したビジネスの成果であるということはすでにみた通りである。

③ インド市場

　1991年の外資導入と同時に日系企業は，松下電器産業（現・パナソニック）をはじめ日本の家電企業はインド市場に参入した。しかし，日本国内のバブル崩壊やアジア通貨危機を境に次々とインド事業を縮小ないし撤退した。それと入れ替えに参入してきたのが韓国系企業のＬＧやサムスンであった（詳しくは第3章家電企業参照）。ＬＧもサムスンも日本企業とは対照的にインド市場に対して本社の当時の社長ゴンヒを先頭に全社を挙げた大規模な資源投資によって着々と事業を伸ばしていった。日本企業での唯一の成功事例は，マルチ・スズキである。鈴木修社長（現会長）のリーダーシップのもとで，現地化を重視し全社を挙げた本格的なマーケティング投資を行い成功している。インドで本格的にマーケティング投資をした韓国系企業は，先発者優位を続けている。

　以上，いずれの市場においても自前による先行投資をした企業が，先発者優位を獲得するということは明らかである。いうまでもなく，現代においては合弁，パートナーとうまく組むとか，アウトソーシングを行うことも条件に応じて必要であり，すべて自前が良いとはいえないが，理由はともあれ，基本的には自前で本格的にマーケティング投資できない，あるいはしない企業は，現地で売れ，現地ブランドを構築することができないことは確かであろう。
　新興国の1990年代に急速に増大してきた新中間層は，グローバル化の波の影響を受け先進国の中間層との類似性を有しながら，先進国の中間層と比較したとき所得の低さや若年層の多さ，強いブランド志向などの違いがある。新興国の新中間層に対するマーケティング戦略は欧米系企業や韓国系企業が日系企業に先んじ，日系企業はフォロワーの立場にあるが，これらの消費者に対して本格的な投資を開始し，端緒的とはいえ各社でさまざまな創造的イノベーションとも言える改革に挑戦している。例えば，トヨタ自動車は2006年4月に本社の大改造を行い第1組織の北米・欧州・日本担当と並んで第2担当組織，新興国担当組織を設定して，新興国への本格的取り組みをスタートしている。そして，2010年インドで低価格車エティオスを発表。パナソニック本社は2010年からサムスン追撃を鮮明にし，インド大増販プロジェクトを開始している。ソニーもインドへの投資を本格化し，「インド画質」や「インド音質」を開発したテレビやオーディオでサムスン追撃を強めている。インド画質やインド音質は，ソニーが開発した世界共通のものの上にインドのスパイスを振り掛けるというマーケティングイノベ

ーションであり，インド独自のテレビやオーディオを開発し売り上げを飛躍的に伸ばしている。インドで爆発的な売り上げ成果を出した製品エアコン「キューブ」は，パナソニックインドが開発したものであるが，これはインド人が中心になり開発し，日本の技術を持った日本のエンジニアーが協力し完成したものである[21]。資生堂の中国における中間層向けに開発されたブランド「オプレ」や「ウララ」の中国専用ブランドの成功は，女性の美に対する意識や嗜好，肌質，中国各地の気候などに関する徹底した現地調査に基づいて開発され，中国の工場で生産されたものである[22]。味の素がタイで日本に原型がある商品カテゴリーをタイ人の味覚や嗜好に適応化し，中間層をターゲットに缶コーヒー「バーディ」を投入し，ネスレを抑えて60％を超えるシェアの維持をしている[23]。ファーストフードモスバーガーの台湾での事業展開は，現地パートナーの東元電機の支援を受け，「おいしさ」，「安全」，「健康」という日本で開発した中核部分を堅持し，その他の部分では現地化を徹底し，大きな成果を得ている[24]。またファミリーマートが，インドネシアで「ジャカルタ型店舗」とも呼ばれる「レストラン融合型店舗」を創造的に開発している[25]。

　新興国での体験の日本への移転は，これは単なる移転でもない。日本で経験したこと，日本企業が蓄積していることを生かしながら，ローカライズするところはする。これはパナソニックがインド向けの冷蔵庫の開発で体験していることである。ソニーが日本で開発したモデルを基礎にインドの味付けをするというやり方，これらは日本の良さを大切にしながらローカライズする伊丹敬之氏の言葉に因んで言えば「日本型モデルをインド風に翻訳」といいかえることができる[26]。

(3) アジアのBOPを標的とするマーケティング戦略

　アジアでは，37億人を超える膨大な人口を占めているBOP（Base of the Pyramid）層を無視できない[27]。BOPと中間層は顧客が異なる。顧客が異なればマーケティング戦略の形態は当然異なる。これまで日本企業は先進国の中間層に対するマーケティングの経験は豊かでそのノウハウも蓄積している。しかし，日本企業のBOP層を対象とするビジネスは，欧米企業に10年の後れがあり，アジア新興国のBOPの顧客を対象としたマーケティングの経験はほとんどないばかりか，「日本企業が攻めようとしない市場」とまで言われている[28]。BOPを対象とするマーケティングに関しては，新しく開発しなければならない。しか

し，いくつかの貴重な体験があり，そのノウハウの蓄積は始まったばかりである。ホンダのアフリカケニアでのバイクタクシーの製造販売の事例や，パナソニックによるミャンマーでの電気のない山村で電機ソーラーランタンの販売によって，山村の人々の生活に役立てている事例などがある。BOP層を対象とした市場で，持続可能な利益を上げるまでのノウハウの蓄積には時間がかかるとしても，これらの層が将来の重要な顧客として中間層に参入してくることは確実である。同時に，ここにはイノベーションの新たな手法の発見が多くあることも重視されなければならない[29]。

5. 小結：日本企業の強みと弱み

　日本企業は，日本を代表する家電産業や自動車産業で家電王国，自動車王国のアメリカ企業にキャッチアップし，さらにそれらを乗り越え競争優位を築くという経験と蓄積を持っている。それを象徴するものは，トヨタブランドであり，ソニーブランドという日本ブランドである。

　しかし，今，新興国で日本ブランドを評価する層は都市の富裕層に限られており，新しく登場してきた年若い新中間層の中では，日本企業のブランドよりも韓国や中国の企業のブランドを評価する傾向にある。とくに，数の上でも多数を占めるインドの農村部や中国の内陸部のBOP階層においては，日本企業のブランドは無名に等しい。近い将来中間層として参入してくるこの層への働きかけは無視できない。

　日本企業の弱みは，マーケティング軽視によってマーケティング投資を怠ったことにあった。生産と販売は車の両輪であり，どちらを欠いても車は動かない。良質ものを作らないと売れない。その意味では生産が主要で販売は次要であるというのは自明の理である。しかし，イノベーションが進み，ものづくりが高度に発展した今日の資本主義社会においては，作ることより売ること，「命がけの飛躍」ともいわれる価値の実現こそが重要である。ところが，相変わらず日本の一部の経営者は，「われわれは競争では負けたが，ものづくりでは負けていない」と言っているが，気がつけばものづくりにおいても，追いつかれている。いくら優れたものづくりをしても，売れなければ，利益もあがらない。利益を得ることができなければ，投資はおろか技術開発すらできない。優れたものづくりは売れ

るからできるということも重要である。生産やイノベーションは売れるからまた作るという好循環になって回ってゆく。現在の日本企業は製品が売れないので，利益が上がらない，利益が上がらないので生産を縮小しリストラを余儀なくされる。技術開発投資ができない。技術力が育たない。リストラをする。リストラされた従業員はサムスンやハイアールなどに流れる，という悪循環に陥っている。

　この悪循環を断ち切るためには，顧客にフォーカスしたマーケティングの原点に帰り，戦後日本企業が対米輸出マーケティングにおいて行ったことを今一度思い起こし，日本ブランドが完全にすたれる前に，日本のものづくりの強みを生かしつつ，マーケティングに力を注ぎ，スピードをもって再度日本ブランドの復興することが今求められている。

6. 本書の構成

　本書は次のような章から構成されている。
　第1章の総論ではアジア市場の特徴，競争状況，今後の課題について述べている（近藤文男）。
　第2章では，日本の代表的自動車企業の流通チャネル戦略を中心とした中国進出のマーケティング戦略について述べられている（石川和男）。
　第3章では，日本の代表的家電企業であるパナソニックとソニーのインドにおけるマーケティング戦略について述べられている（近藤文男）。
　第4章では，日本の代表的化粧品企業の中国市場におけるマーケティング戦略の特徴について述べられている（神保充弘）。
　第5章では，日本の代表的食品企業である味の素，江崎グリコと大塚製薬ＣＮ事業部のアセアン諸国と中国におけるマーケティング戦略について述べられている（林　廣茂）。
　第6章では，日本の外食企業，モスバーガーの台湾市場でのマーケティング戦略について述べられている（鳥羽達朗）。
　第7章では，日本の中堅外食企業，大戸屋と8番らーめんのタイ，台湾を中心とするマーケティング戦略について述べられている（佐々木勉）。
　第8章では，日本の小売業態コンビニ企業ファミリーマートの韓国，台湾とタイにおけるマーケティング戦略について述べられている（鐘淑玲）。

第9章では，日本を代表する運送企業，佐川宅配便（ＳＧホールディンググループ）とヤマト運輸（ヤマトホールディングスグループ）の中国市場における宅配便事業の展開について述べられている（大内秀二郎）。

　第10章では，アジアにおける日本企業のBOPビジネスにおけるマーケティング戦略ついて，日本ポリグル㈱と日本ベーシック㈱のBOPの水ビジネスの事例，㈱ヤクルトのBOPビジネスのマーケティング戦略の事例について述べられている（岩内秀徳）。

〈本章は，平成23〜平成26年度科学研究費補助（課題番号23530536）による研究助成の一部である。〉

【注】
1）高橋編［2010］p.113。
2）ジェトロ・ニューデリー事務所［2013］p.21。
3）ジェトロ［2013］p.75。
4）高橋編［2010］p.120。
5）これらについては，博報堂生活者研究プロジェクト［2002］参照。
6）『日本経済新聞』2013年10月24日付。
7）「『日本』ブランドだけでは勝てない」
　〈http://business.nikkeibp.co.jp/article/world/20120227/229135/?p=3〉（2012年3月1日）。
8）タイパナソニック田村好正社長インタビュー，1998年2月19日，1999年3月26日。
9）国際協力銀行（Japan Bank for International Cooperation）の略称。
10）小林［2000］p.162。
11）板垣［2012b］。
12）ソニー中国永田晴康社長インタビュー，2011年11月17日。
13）中西［2013］pp.238-239。
14）「加速化する自動車メーカーのアジアシフト」『ジェトロセンサー』2010年8月。
15）高橋編［2010］p.207。
16）中村［2011］p.81。
17）アジアの8つの国・地域に住む20〜50歳代の男女1万2,800人を対象に，ブランドイメージを，インターネットなどで聞いたもの。
18）経済産業省［2013］。
19）近藤［2004］「第8章　ソニーの輸出マーケティング」より。
20）黄［2003］pp.225-226。
21）詳しくは，本書の第3章参照。
22）詳しくは，本書の第4章参照。
23）詳しくは，本書の第5章参照。
24）詳しくは，本書の第6章参照。
25）詳しくは，本書の第8章参照。
26）伊丹［2013］p.12。
27）BOPについては，本書の第10章参照。

28）野村総研［2011］p.251。
29）Radjou, et al.（邦訳［2013］）参照。

【参考文献】

Radjou, Navi, Jaideep Prabhu and Simone Ahuja［2012］, *Jugaad Innovation*.（月沢李歌子訳［2013］『イノベーションは新興国に学べ！』日本経済新聞出版社。）

安住敏政［2010］『激動するアジア経営戦略』日刊工業新聞社。
天野倫文［2005］『東アジアの国際分業と日本企業』有斐閣。
石田　賢［2013］『サムスン式国際戦略』文眞堂。
板垣　博［2012a］「日本製造業の競争力と新興国市場商品戦略」『産業学会研究年報』第27号。
板垣　博［2012b］「製造業における中国市場をめぐる競争：最大のライバルは中国企業」『産業学会研究年報』第27号。
伊丹敬之［2013］『日本型ビジネスモデルの中国展開』有斐閣。
井上隆一郎［1994］『アジアの財閥と企業』日本経済新聞社。
大石芳裕［2009］『日本企業のグローバル・マーケティング』白桃書房。
大木博巳［2011］『アジアの消費』ジェトロ。
経済産業省［2013］『2013通商白書』経済産業省。
黄　麟［2003］『新興市場戦略論』千倉書房。
小林慎和・高田広太郎・山下達朗・伊部和晃［2011］『BOP』日本経済新聞出版社。
小林英夫［2000］『日本企業のアジア展開』日本経済評論社。
近藤文男［2004］『日本企業の国際マーケティング』有斐閣。
新宅純二郎［2011］「新興国市場開拓に向けた日本企業の課題と戦略」渡辺俊也編『グローバルビジネス戦略』白桃書房。
塩地　洋［2011］『中国自動車市場のボリュームゾーン』昭和堂。
塩地　洋［2012］『現代自動車の成長戦略』日韓自動車新聞社。
ジェトロ［2013］『ジェトロ・世界貿易投資報告』ジェトロ。
ジェトロ・ニューデリー事務所［2013］『インドの経済状況とビジネス環境』。
高橋俊樹編［2010］『世界の消費市場を読む』ジェトロ。
多国籍企業学会［2012］『多国籍企業と新興国市場』文眞堂。
中西孝樹［2013］『トヨタ対ＶＷ』日本経済新聞出版社。
中村真司［2011］「韓国を逆転できる」『日経ビジネス』5月23日。
博報堂生活者研究プロジェクト［2002］『アジア・マーケティングをここからはじめよう』PHP研究所。
元橋一之［2013］『グローバル経営戦略』東京大学出版会。

（近藤　文男）

第2章

自動車企業

1. はじめに

　2009年に中国での自動車販売台数が，北米を上回り，世界一の自動車市場となった。日系自動車メーカー（以下「メーカー」）が，中国に生産拠点を建設し，マーケティングを開始したのが2000年前後であるため，欧州企業よりも遅れた（VolksWagen（VW）1984年，Peugeot Société Anonyme（PSA）1985年）。現在，中国では多くの日系メーカーが事業を展開しているが，海外メーカーは合弁でしか生産ができないため，日系メーカーもさまざまな対応が要求される。それは合弁相手の選択，合弁相手が他に合弁をしている企業との関係，多様な背景を持つ中国企業との契約，構築する販売店（ディーラー）など複層的である。さらにメーカーとディーラーとの関係も，日本とは異なるところが多く，各日系メーカーは，中国でのマーケティング・チャネル経営では乗り越えなければならない課題が多い。本章では，マーケティング要素の中で，新市場ではチャネルによる差別化が今後の当該市場での成長に大きく影響するとの視角から，日系メーカーがいかに中国自動車市場においてチャネル展開をし，課題を克服しようとしているかを取り上げていきたい。

2. 中国における自動車生産と政策推移

(1) 第二次世界大戦後から改革・開放期までの自動車生産

　第二次世界大戦後，中国政府は，自動車産業では独立維持，景気活性化，軍へ

の車両提供を優先した。1949年，政府は旧ソ連にトラックの生産技術支援を要請し，51年に長春を第一汽車の拠点とし，56年に正式設立した。1958年から60年には，南京汽車，上海汽車，済南汽車，北京汽車が設立され，政府は各地域の分業体制による産業発展を目指した。一方，地域分業体制に対し「自力更生（地域一貫生産）」も主張され，1972年に「1省1工場」体制がとられ，小規模工場分散も起こった[1]。

1978年，政府は経済建設を推進する「経済改革・対外開放（改革・開放）」政策を掲げ，80年代には自動車産業分野でも改革案を提示した[2]。当時，中国国内での自動車生産台数は約15万台で，ほとんどがトラック（約12.5万台）であったが[3]，改革・開放以降，自動車産業は急成長した。そして，1980年代には多くの工場が，海外メーカーとの事業提携や合弁事業を開始した。第7次（1987～91年）5カ年計画では，自動車産業を再度工業化の基盤産業に位置づけ，VW，PSA，ダイハツ，AMC（American Motors）等，海外メーカーからの資本・技術導入による生産計画が進捗した。この時期が実質的な中国自動車産業の開始時期であった[4]。こうして中国の自動車産業は，この時期に欧州メーカーとの提携で発展契機を掴んでいったが，日本メーカーとの関係はまだほとんどなかった。

(2) 乗用車発展政策（三大三小二微）の展開

1987年，政府は約120社あったメーカーを集約・強化する乗用車発展政策「三大三小（三大：第一汽車，東風汽車，上海汽車，三小：北京汽車，天津汽車，広州汽車）」を掲げた。これにより，上海汽車と第一汽車はVW，東風汽車はCitroën，北京汽車はChrysler，広州汽車はPSAと提携した。日本メーカーではダイハツが天津汽車と提携した[5]。ただ，スズキなどから技術導入し，軽自動車（微型）を生産していた軍需産業が二微（北方工業，航空工業）として追加を要求し，8社が重点的育成対象となった。これら8社には外資との提携が許可された[6]。

1990年代には，スズキと長安汽車が合弁を開始し（95年生産），中国での日本メーカーの動きが少し見られた[7]。一方，1994年7月，政府は国内外の資金を活用し，大量生産方式を構築する「2000年300万台生産体制」を標榜し，新自動車産業政策を提示した。これにより海外メーカーは，中国で2社以上との合弁

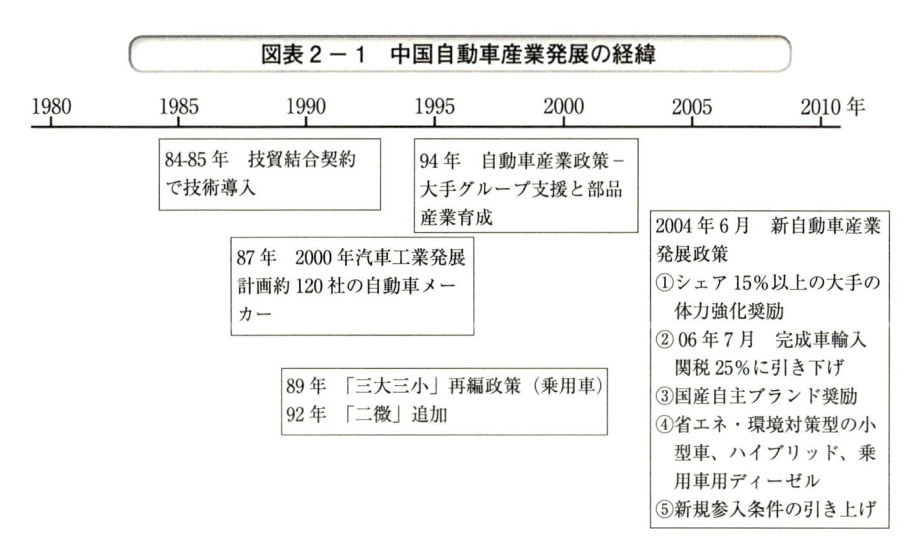

図表2－1　中国自動車産業発展の経緯

```
1980      1985      1990      1995      2000      2005      2010 年
```

- 84-85年　技貿結合契約で技術導入
- 87年　2000年汽車工業発展計画約120社の自動車メーカー
- 89年　「三大三小」再編政策（乗用車）
- 92年　「二微」追加
- 94年　自動車産業政策－大手グループ支援と部品産業育成
- 2004年6月　新自動車産業発展政策
  ①シェア15％以上の大手の体力強化奨励
  ②06年7月　完成車輸入関税25％に引き下げ
  ③国産自主ブランド奨励
  ④省エネ・環境対策型の小型車、ハイブリッド、乗用車用ディーゼル
  ⑤新規参入条件の引き上げ

（出所）中村［2009］p.28（一部削除）。

が不可能になった[8]。日本メーカーでは本田技研（本田）が，広州 PSA から PSA が撤退した後の1998年に広州汽車（広汽本田汽車），2000年にトヨタが一汽汽車（一汽豊田汽車），03年に日産が東風汽車と合弁（東風日産汽車）を開始し，21世紀になる前後に，日本メーカーの中国での事業展開が一気に動きを見せ始めた感がある。

(3) 中国の WTO 加盟以降の自動車生産

　2001年，中国は世界貿易機関（WTO）に加盟し，完成車輸入関税（80％→25％）と部品輸入関税（25％→10％）を引き下げ，その他に輸入許可制など貿易障壁を廃止した[9]。自動車産業政策では，三大三小二微政策が消滅し，実質的規制がなくなり，日米欧メーカーが中国投資を拡大した[10]。政府は WTO 加盟による国内自動車産業へのマイナス要素を積極的に政策誘導（財政・消費刺激，国内メーカーの乗用車開発・生産の刺激，海外メーカーとの全面的な合弁や提携）することで，自動車市場を成長させようとした。
　第11次（2006～10年）5カ年計画では，政府は消費への切り替えを促進し，国際市場で競争力を持つ企業の育成を目標とした。2008年夏以降，下降した時期もあったが，09年には拡大傾向が顕著になった。背景には政府の金融危機へ

の積極的対応（1,600cc以下の車両購買税を10％から5％へ引き下げ，2011年には元に戻す）があった。特に「自動車産業調整振興計画」は，①積極的な消費政策による自動車需要の安定・拡大，②構造調整による企業の連携・再編の促進，③新エネルギー自動車を突破口とした自主革新による市場競争での優位形成を目指した。さらに農村への自動車普及を促進する「汽車下郷」，旧型車を新型車と入れ換える「以旧換新」政策など，次々と政策を実行した[11]。これらの政策は，民族系（中国資本主体）メーカーへの支援にもなった。この支援のため，自動車産業調整振興計画では8つの大型企業集団に生産を集約する「四大四小」政策が謳われた。全国的な核となる4大は，一汽汽車，東風汽車，上汽汽車，長安汽車，地域的再編の核となる4小は，北汽汽車，広汽汽車，奇瑞汽車，重汽汽車であった[12]。そして，第12次（2011年～）5カ年計画では自動車産業の方針は，代替燃料車生産のために合弁企業設立の場合は，中国企業の最低50％出資が規定された。新方針では国内自動車産業の統合を促進し，2015年までに国内販売の50％を民族系メーカーが占めることを目標としている[13]。このように自動車供給面だけではなく，需要面でも政府が積極的に関与し，市場を維持・拡大させようとしている。

(4) 中国における自動車生産の課題

現在，中国の自動車産業では，環境保護のための環境型車両開発が課題である。2007年，中国国務院は気候変化に対応する国家法案を制定し，最も必要性の高い技術の1つにハイブリッド車関連の技術を位置づけた[14]。また同年に政府は，環境型車生産の参入に関する管理規則も制定し，環境配慮型メーカーの研究開発・生産工程，アフターサービスなどを規定した。一方政府は，電気自動車開発では，2001年にハイテク研究発展計画を策定し，計画の重要領域に電気自動車の動力源となる燃料電池開発と生産を設定し，資金援助をしている[15]。

他方，中国自動車産業の発展方向として，自主開発型の韓国モデル，外資主導型のブラジルモデルのどちらを採用するかという議論が行われてきた。政府が警戒しているのは，外資が市場占有し，技術移転が進捗していない「ブラジルモデル」である[16]。ただ，現在の中国自動車産業では，外資による技術導入を進めなければ，民族系メーカーの成長を期待するだけでは，今後の大きな発展が望めないというジレンマもある。

3. 中国市場におけるマーケティング・チャネル構築

(1) 中国自動車市場の発展

　1992年，中国国内での自動車生産台数が100万台を突破した。2008年には983万台となり，米国を抜き，日本に次いで世界第2位となった。背景には，2001年のWTO加盟により，政府が規制緩和と経済発展のために内需拡大を進めた結果，海外メーカーが中国事業を拡大し，民族系メーカーも乗用車市場へ新規参入した影響がある。そして，2009年10月には年間生産台数1,000万台を突破した。一方，自動車販売も急増し，2010年には1,800万台を超え，01年との比較では約8倍規模に達した。そして，2009年には中国での販売台数が米国を抜き，世界1位となった。ただ，2008年における欧米各国の自動車販売台数のうち，自動車輸入台数は45~85％で，中国でのその割合は4.5％であった。そのため，中国市場では国産車が圧倒的に多いという特徴がある[17]。

　自動車購入を促進した背景には，税制改正の影響が大きかった。これは2009年3月に正式に打ち出された十大産業振興計画の「自動車産業調整と振興計画」

図表2-2　中国の自動車販売台数推移

(単位：万台)

年	1995	96	97	98	99	2000	01	02	03	04	05	06	07	08	09	10	11	12
台数	145	154	163	167	208	215	237	325	455	520	587	722	879	983	1,365	1,806	1,851	1,930

(出所) 中国自動車工業会 [2012]。

に織り込まれた。その内容は，消費税の低減，「養路費（道路整備費用）」に代わる燃料税の設置，そして小型車（排気量 1,600cc 未満）の購買税半減である。これにより，比較的低所得者でも購入可能となりつつある[18]。つまり，顧客の自動車購入においても，政府による政策の影響が大きいことが認められよう。

また，2010 年における中国国内の自動車市場シェアでは，日系メーカーは 19.5％であり，欧米系，韓国系を上回ったが，2012 年には，民族系メーカー約 30％，独系 22％，日系 19％，米系 13％[19]となった。この背景には，日中間の政治問題だけでなく，日系メーカーの製品が自動車についても高品質で高価格となってしまい，顧客の求めるものとの乖離が顕著になりつつあること，チャネル（ディーラー）の偏在などマーケティング上の問題が多くあることも推測される。

(2) 中国自動車流通の特徴

中国における第二次世界大戦後から現在までの自動車流通は，3 段階に区分される[20]。① 1950 年代半ばから 80 年代初期までの「計画分配」段階，② 1980 年代初期から 90 年代初期までの「計画分配」から「市場流通」への移行段階，③ 1990 年代半ばからの「代理制」という新しい流通体制を導入する段階である。各段階を辿ることで中国の自動車流通は，エポックとなる事象を経て，今日までの発展を遂げてきた[21]。特に 21 世紀になるまでの中国の自動車流通は，卸売段階が多段階であり，ほとんどが国有企業や政府機関に行き着く構造であったが WTO 加盟後は，メーカー主導型流通チャネルに移行し始めたことに象徴される[22]。

この過程を詳述すると，中国では自動車は，1990 年代前半までは生産財として国家計画により分配されていた。つまり，生産部門（各工場）で生産された自動車が，中央（物資部）の計画・管理により，省レベルの機電公司等により生産財の使用者（政府機関，国有企業）に届けられた。ここでは自動車は配給品であり，末端の業者は配給品分配をするだけであった。この状況から一転し，改革・開放政策により市場経済化が進み，流通企業の自主性が拡大した。そして，1980 年代にはメーカーとディーラーの直接取引が行われるようになった。これらディーラーは，計画経済時代に自動車配給を担当した物資部や機電公司系統の国有企業であり，複数メーカーの自動車を併売していた。そのため，不況時には人気車しか販売せず，需給逼迫時にはメーカーを無視して価格を引き上げた。また，販

売後の修理や点検などを行うサービス工場を設置せず，補修部品も扱わなかった。それが1990年代半ばには，国内メーカーは販売会社と合弁でディーラーを設立し，メーカーがディーラーに影響力を行使する体勢を形成しはじめた[23]。こうして，中国の自動車流通は1990年代に大きな転換期を迎えたといえよう。

　現在は，専売店方式が中心であり，メーカーの販売部や卸売会社が自社ディーラー網を構築している。ディーラー店舗には，新車販売（New Car Sales），部品販売（Parts Sales），アフターサービス（After Service）の3機能がある（この機能を有するディーラーが3S店で，メーカーによっては情報フィードバック機能（Market）Information Surveyを加え，4S店と呼ぶ企業もある）。ディーラーにこのような機能を付加させることは，政府が海外事例を研究し，1990年代後半に採用した方式であり，その後設立認可された上海GM（通用）汽車，広汽本田汽車が先駆けとなった。国内の大手メーカーも同様の体勢であり，近年は専売店による競争が激化している。他方，中国特有の流通機関には「自動車交易市場」がある。これも政府主導で，1990年代前半以降，中国各都市に建設された。交易市場には，数十から百超のディーラーが出店し，隣店同士でも同一ブランドを販売し，顧客は比較購買が可能である。元来，併売店のテナントを入れる交易市場が多かったが，新設の交易市場ではブランド専売店を併設するところもある[24]。このように3S店，4S店は，メーカー主導の流通システムといえる。メーカーが3S店，4S店を積極的に構築する意図は，流通部門ではなく，製造部門主導で自社のチャネルを構築しようとする意思が働いたためであろう。

(3) 中国の自動車ユーザー

　中国の自動車販売台数に占める乗用車比率は，2003年は50％程度であったが，2007年には60％を超え，現在も拡大を続けている。この比率は，同時期の日独と比較すると20％以上低い。ただ，乗用車比率上昇の背景には，経済発展による顧客の購買力向上があった。特に1,600cc以下の自動車販売台数が，2008年から09年にかけて増加し，09年，10年には乗用車販売台数全体の約70％を占めるようになった[25]。ここでも政策による支援が大きく影響した。

　これまで中国では，自動車は個人にとって高額商品であり，貴重な財産であるため，自家用乗用車はセダン型が好まれた。また平均的な購買者像が，沿海都市部の高所得者中心の時代は，海外と同モデルを求める傾向があった。しかし，最

近の購買者は，沿海都市部から内陸農村部，高所得者から中・低所得者，高齢者から若年者，男性から女性へと拡大し，自動車消費動向の変化が著しくなった[26]。中国での顧客の選好は，セグメントがロワーミディアム，ボディタイプがセダン，価格が10万元（約140万円）前後が主である。ただ，公用車では，アッパーミディアム以上のセグメントの自動車が選択されることが多い。外資系メーカーは価格面で民族系メーカーに対抗できないため，自国の顧客に支持されるモデルを中国市場に投入しても販売にくい。そのため，価格に敏感な中国の顧客に選好される特別なモデルを出すことが重要となっている[27]。したがって，自動車という製品についても，生産も重要ではあるが，製品を中心とした特別な市場対応も要求される。

4. 日系メーカーによる中国でのマーケティング・チャネル構築

(1) 日系メーカーによるマーケティング・チャネル構築の特徴

　日本ではディーラー企業は，メーカー1社とのみ契約するが，中国では異なっている。日系メーカーのディーラーでは，広汽本田汽車が1999年からフランチャイズ契約によりディーラー展開を開始し，トヨタも01年から本格的に開始した。日系メーカーが構築しているマーケティング・チャネルの特徴は，①フランチャイズ契約を締結していないディーラーには車両供給をしない（独系メーカーは当初実行せず，1990年代半ばまで契約関係がない企業にも供給していた），②計画経済期に分配を担当した国有企業を回避するため，流通既得権限を有している企業ではなく，企業家精神に富んだ新進の経営者（および民間企業）の発掘（広汽本田汽車は二輪車販売とアフターサービス事業で信頼関係の厚い企業を選定），③ディーラーに対し，メーカーが策定した厳格なディーラー・スタンダードに基づいて3S店舗建設を要求，④フランチャイズ契約を締結したディーラーには供給車両をすべてエンドユーザーに販売することを求め，ディーラーによる二級店（メーカーから直接車両供給を受けず，メインディーラーから仕入れるサブディーラー）への卸売を禁止，⑤4S店の徹底，である[28]。また，日系メーカーは，従来の4S店中心の展開だけでなく，ハブ方式での店舗展開も開始した。

有能で管理能力の高い4S店周辺に，投資負担の軽い2S店や3S店を配置し，チャネル構築を進めている[29]。このような欧州メーカーのチャネル構築に対して，後発であった日系メーカーは，独自のチャネル設計・設置計画や方針により，構築を進めた。

(2) トヨタのマーケティング・チャネル

トヨタの中国事業は，1964年のクラウンの輸出から始まったが，その後長い間，目立った動きはなく，2002年秋からの第一汽車との合弁による乗用車生産が本格的な開始といえるだろう。トヨタと第一汽車との合弁による「天津一汽豊田汽車」の設立では，両社の中国での自動車事業に関する包括的協力協議書に調印し，中高級乗用車，軽自動車，中高級SUVの3領域で生産の具体化を進めた。また，2003年秋からは販売会社（一汽豊田汽車販売）の営業を開始し，生産面での協力体制だけでなく，販売面でも協力関係を築いた[30]。他方，トヨタは2004年9月に広東省・広州市では広州汽車と「広州豊田汽車」（現「広汽豊田汽車」）を設立した。広汽豊田汽車は，トヨタでは華南地区初の車両生産・販売拠点であり，中国事業展開の一翼を担うことになった[31]。

トヨタは，VW，GM，PSA，本田に比べ，現地での乗用車生産はやや遅れた。そのため，2004年の広州汽車との合弁以降，急速に事業を拡大させ，他社との格差解消と中長期100万台体制を目指した。その結果，販売台数では，2004年から3年連続で前年比5割以上の販売拡大を達成し，07年には本田を超え，日系メーカー首位となった。ただ，2008年の世界同時不況により，販売が失速し[32]，12年以降，日中関係の悪化から他の海外メーカーのような成長を展望できない状態となった時期もあった。

トヨタのディーラー・システムは，完全系列化（排他性と独占性）政策である。そして，優良ディーラー企業に対しては，新規出店の権利を付与し，強い信頼関係により広いエリアを任せている[33]。トヨタは自社製品について販売経験のある事業者を優先しているが，広汽豊田汽車のディーラーは，生産では完全に別企業である一汽豊田汽車のディーラーを兼営していることもある[34]。日本でもトヨタは，複数チャネルを展開しているが，チャネルが異なってもディーラーの経営者が同じ場合もある。これらの背景には，トヨタがディーラーとの「人間関係を重視した長期的共存関係の維持」という販売哲学を，欧米へSAL移転（外資

によるマーケティング移転）しようとしたことに通底している。これが欧米ディーラーとの取引に生かされ，短期的な販売契約の変更や取り消しをせず，販売マージンの累進制の導入，ディーラー経営者や社員の教育・研修の実施などとして定着した[35]。これらをトヨタは，中国でのチャネル展開でも取り入れようとしているため，日本のディーラー・システムの中国への移転と捉えられる。

　トヨタの中国でのマーケティング機能は，トヨタが100％出資している「豊田汽車投資」がディーラー設置や選定，販売員・サービス員の教育までを統一的に管理している。ただ，トヨタは生産では2社と合弁しているため，各メーカー名を一切出さずに「豊田」と「TOYOTA」に，特に後者に企業ブランドを絞り込んでいる[36]。また一汽豊田汽車は，レクサス・チャネルを2004年に中国市場に導入し，販売ではトヨタの100％出資による豊田自動車投資有限公司が，ディーラー配置や選定，販売員・サービス員の教育まで全権を握っている。また一汽豊田汽車のチャネルは，第一汽車とトヨタの完成車合弁事業には，天津一汽豊田汽車と四川一汽豊田汽車がある。この2社の製品と販売は，第一汽車とトヨタの合弁販売統括会社である一汽豊田汽車販売が担当している。一方，広汽豊田汽車は一汽豊田汽車とは異なり，チャネルの構築と管理では，販売統括会社という独立組織ではなく，内部の「販売部」を通してディーラー選定と管理をしている[37]。つまり，卸売機関（販売会社）をおかず，メーカー内部に卸機能を包含する形態である。

　トヨタの海外でのマーケティング・チャネル展開は，レクサス・チャネル以外，1チャネルが基本である。しかし，中国での複数チャネル構築は，政府による外資系メーカーのチャネル構築に対する規制が影響した。そのため合弁相手ごとのチャネル構築が強いられた。これは2005年に施行された「自動車ブランド販売管理実施弁法」6条によって，同一自動車ブランドの販売ネットワーク計画は，中国域内にある企業1社によって制定，実施されると規定されたことが背景にある。「同一自動車ブランド」という解釈は，中国国内での生産実態に基づき，トヨタと第一汽車との合弁による製品は「一汽豊田」ブランド，広州汽車との合弁による製品は「広汽豊田」ブランドとして，別ブランドに認定される。そのため，同じトヨタ車でも，異ブランドと認定されるため，チャネル構築も別々となる[38]。これはトヨタが事業展開をしている国では一般に起こらない，中国市場特有の対応である。そのため，トヨタにとっては，中国市場ではここを起点として，チャネル・システムを構築していかなければならない苦労が発生する。

(3) 本田のマーケティング・チャネル

　本田の中国事業は，1999年にPSAが撤退した広州PSAの設備買収から開始した。初年度の製販規模は約1万台であったが，2003年には約12万台となった。そして，2008年には約53万台に増加した。また，2006年9月からアキュラ・ブランドを導入し，2ブランド体制を確立した[39]。本田は，日系メーカーの中でいち早く中国現地生産体制を増強し，さらに欧州市場向けの生産も開始した。広州汽車と本田との合弁である広汽本田汽車では，2004年に生産能力を倍増し，06年には第二工場を稼働させた。一方で2004年4月から稼働した東風本田汽車でも工場を拡大し，生産能力を増加させたため，本田の中国での乗用車登録台数は，05年からの4年間で8割以上も増加した[40]。この増加の背景には，一般に日系企業が標的とするミドル・アッパーという特定セグメントだけでなく，多様なセグメントに製品を用意し，拡販させてきたことがある。

　また，広汽本田汽車のマーケティング・チャネル政策は，上海VW（大衆）汽車の顧客情報管理が不徹底だったため，広州汽車を説得し，日本のフランチャイズ・システムを導入した。4S店の設立は，上海GM（通用）汽車よりやや遅れたが，現在は4S店展開の旗頭である。そして広汽本田汽車は，規模を4ランクに区分してディーラー募集を行っている。その基準は，土地所有，資本力，自動車販売経験である[41]。そこでは，①専売制の遵守，②適度のブランド内競争とブランド間競争による競争優位の確保，③チャネル管理手段としての情報フィードバック機能，④広州本田汽車特有の店舗設計と高度なサービス施設・設備設置を義務づけている[42]。

　また，本田もトヨタと同様，チャネル展開では，自動車ブランド販売管理実施弁法により，広汽本田汽車と東風本田汽車の2チャネル体制である。そのため，2チャネルは別の管理組織で管理され，合弁相手の意思決定参加もあり，ブランド・アイデンティティの浸透には難しい局面がある。広汽本田汽車の企業ブランド戦略は明確であり，「本田」で統一しようとしている。ただ，広州汽車と本田間での合弁交渉の際，当時の吉野社長が広州汽車の経営陣に対し，「新会社名には広州を入れずに，本田のみを入れる」ことを要求したが，広州汽車側がその提案を受容しなかったそうである。それ以降，新たに建設された広汽本田汽車のディーラーには，「広汽本田」とともに，「広汽HONDA」というロゴと社名を前面に出している[43]。

(4) 日産のマーケティング・チャネル

　広東省広州市花都区は，華南地域最大の広州市の北側に位置している。ここでは台湾の日産系メーカーである裕隆汽車が，中国の東風汽車と合弁（風神汽車）で，花都の公安関係のメーカーを買収し，2001年に生産を開始した。2002年9月，日産と東風汽車との包括的提携の中でも，乗用車生産は当初から花都区を想定し，先行していた風神汽車に重ねるように形成された。そして，日産と湖北省の東風汽車（昔の第二汽車）が折半出資し，資本金167億元の新会社として，2003年6月から東風日産汽車として事業を開始した。ここでは日産の乗用車をフルラインで生産している。これまでの中国における外資との合弁企業は車種別認可であったが，初めての包括的なケースとなった[44]。

　日産はトヨタや本田とは異なり，東風汽車1社との合弁である。そのため，メーカー別にチャネルを設置するという前2社のような対応は必要ない。東風日産汽車でも，ディーラー契約では，本田と同様，ディーラー規模でランク分けし，土地所有，資本力，自動車販売経験により判断している。また，中国では北米日産の手法を導入し，在庫販売，仕入現金決済，店頭販売，教育訓練を実施している。特に在庫販売，仕入現金決済などは，日本とは異なる部分である。そして，4S店政策を採用しているため，サービスやメンテナンスでの入庫率が高い。4S店は，当初は大都市中心であったが，最近では地方都市に重点をおき，ディーラーの収益性も高くなっている[45]。

　2009年から10年にかけての中国市場では，日系メーカーは全体的に平均以下の販売実績であったが，日産やマツダは業績を伸張させた。背景には，両社とも5～6年前から中国的嗜好を取り入れてきたことがある。特に東風日産汽車には，社長直轄の商品企画部門が設置されている。そのため，初代は日本，アジア向けを中国に転用したが，2代目以降は中国人の嗜好に合わせるなど，急速に中国で受容されやすい製品開発に本格的に取り組み始めた[46]。先にも取り上げたように，豊かになった中国の顧客の嗜好に合致するように製品自体を中国市場に対応させていったことによる部分が大きい。

(5) 中国市場における日系メーカーのマーケティング・チャネル管理

　1990年代，中国自動車市場開拓では欧州系が先行し，日系はやや遅れた。し

かし，1990年代後半以降，本田，日産，トヨタが本格的に参入し，日系メーカーのシェアは上昇した。1980年代に参入した上海VW（大衆）汽車は，ショールームのみの1S店を中国全土に展開していた。これはディーラー設置のための投資が少なくて済み，整備工場を保有しないため，ディーラー店舗が急速に増加した。また，1S店は整備工場に整備を依存し，部品を適時に供給できたが，整備や修理のために顧客は回帰しなくなった[47]。そこで，ディーラー店舗に別機能を持たせることが試みられた。それに対して本田は4S店を導入し，トヨタは中国での生産開始とほぼ同時に，3S店中心のディーラー構築を開始した。さらに日系メーカーは，ブランド・イメージを構築することを重視し，ディーラー店舗の規格，デザインから販売員教育，アフターサービス・体制の充実などをディーラーに統一・徹底させようとした[48]。ただ，日系メーカーのフランチャイズ契約による3S店，4S店中心のディーラー・スタンダードの厳格化，系統的顧客管理には，高コストになるという批判がある。それは，①チャネル拡充では，初期投資負担に耐えられる流通企業が限定される，②高コストによりディーラーが収益を確保できない，という指摘であった。今後の3S店，4S店の課題は，新車販売と整備だけでなく，関連事業の拡大により，収益を上げることである。中古車の下取り，中古車改造，中古車販売，ローン販売，リース販売，保険販売等の自動車販売関連事業の多角化である[49]。つまり，新車販売のみによって収益増加を目指すのではなく，日本のディーラー企業のようにそれ以外の事業活動での収益を増加する体質への移行が求められる。

　中国での顧客の自動車購入は，現在もほとんど現金販売である。1990年代半ば，中国では自動車ローンが検討され，国有商業銀行による実験が行われたが，政府が時期尚早とし，実験を1年弱で中止した。その後，自動車需要を将来の中国経済の牽引役にするという国家方針が出される直前の1990年代末に再開した。現在，自動車ローンは，主要銀行がメーカー，ディーラー，保険会社等と提携し提供している[50]。トヨタは2005年1月に「豊田汽車金融」を設立し，トヨタとレクサス・ブランドのユーザーおよびディーラーに対して金融面の支援を行っている[51]。このように多方面からの販売を支援する取り組みが必要なのは，どこの国においても同様である。

5. 小結

　日系メーカーは，欧州メーカーに比べ，中国での自動車生産では遅れた。しかし，完成した自動車をユーザーに届けるシステムでは，これまで日系メーカーが北米を中心とした他の進出地域でのチャネル構築経験が，中国市場ではいわゆる3S店，4S店の設置と展開という面で生かされているといえよう。

　日系メーカーの中国でのチャネル展開は，本格化してまだ10年ほどの歴史しか有していない。本章では，中国自動車産業や市場の形成に言及した後，海外メーカーによる市場形成，つまりチャネル構築に焦点を当て，後発者である日系メーカーが，差別化政策としてチャネル構築する経緯を中心に取り上げた。先発者との大きな違いは，ディーラー募集に際しての基準の明確化と，徹底して日本のディーラー経営を移転することであった。当然，中国の政策により，可能であった部分と不可能であった部分が存在する。しばしば「中国では政策には対策がある」といわれる。今後も中国では日系メーカーだけでなく，外資系事業者にとっては，十分に政策を吟味して対応していくことが求められる。中国において本格化したチャネルの構築・展開を観察すると，十分にこの言葉の意味が理解できよう。

【注】
1）中村［2009］p.25。
2）服部［2009］。
3）中国汽車工業史編審委員会［1996］。
4）中村［2009］p.25。
5）丸山編［1997］p.70。
6）中村［2009］p.25。
7）『朝日新聞』1993月5月5日。
8）中村［2009］pp.27-29。
9）日刊自動車新聞社［2011］pp.178-179。
10）木幡［2003］p.282。
11）上山ほか［2009］pp.64-65。
12）趙［2011］p.225，上山ほか［2009］pp.68-69。
13）日刊自動車新聞社［2011］p.179。
14）中国汽車工業技術研究中心・汽車工業協会［2008］。
15）趙［2011］pp.221-222。
16）趙［2011］p.224。
17）周［2011］pp.24-26。

18) 趙 ［2011］p.220。
19) 〈http://jp.fujitsu.com/imgv3/jp/group/fri/column/opinion/201305/zhao201305-1.jpg〉
20) 孫 ［2003］pp.193-203。
21) 石川 ［2012］。
22) 木幡 ［2003］p.282。
23) 丸川・高山編 ［2004］pp.158-159。
24) 丸川・高山編 ［2004］pp.159-160，孫 ［2003］pp.235-237。
25) 周 ［2011］pp.28-29。
26) 上山ほか ［2009］pp.61-62。
27) 周監修 ［2009］pp.122-125。
28) 塩地 ［2004］pp.168-172。
29) 住友信託銀行 ［2010］pp.3-4。
30) 趙 ［2011］pp.227-229。
31) 〈http://www.toyota.co.jp/jp/news/2013.7.20〉
32) 周監修 ［2009］pp.136-138。
33) 梅・寺村 ［2008］p.58。
34) 孫 ［2003］p.113。
35) 林 ［1999］pp.178-179。
36) 塩地 ［2004］p.186。
37) 孫 ［2009］pp.110-112。
38) 孫 ［2009］pp.112-114。
39) 周監修 ［2009］p.152。
40) 周監修 ［2009］pp.154-155。
41) 米谷 ［2001］pp.31-56。
42) 米谷 ［2003］p.58。
43) 塩地 ［2004］pp.185-186。
44) 関 ［2006］pp.308-309。
45) 村松ほか ［2010］pp.41-42。
46) 上山ほか ［2009］pp.71-72。
47) 梅・寺村 ［2008］p.57。
48) 孫 ［2009］p.113。
49) 塩地 ［2004］pp.173-174。
50) 丸川・高山編 ［2004］pp.162-163。
51) 孫 ［2009］p.117。

【参考文献】

石川和男 ［2012］「日系自動車メーカーにおけるマーケティング・チャネル・システムの中国移転」『中国における日系企業の経営』白桃書房。
上山邦雄 ［2005］「中国自動車産業の発展とグローバル競争」上山邦雄・塩地洋・産業学会自動車研究会編『国際再編と新たな始動―日本自動車産業の行方―』日刊自動車新聞社日本多国籍企業研究グループ。
上山邦雄・郝燕書・呉在烜著 ［2009］『「日中韓」産業競争力構造の実証分析―自動車・電機産業における現状と連携の可能性―』創成社。
木幡伸二 ［2003］「中国自動車市場の発展と日本の自動車産業」『福岡大学商学論叢』48（3）。
米谷雅之 ［2001］「四位一体型自動車販売システムの構築」『山口経済学雑誌』第49巻第2号。

米谷雅之［2003］「転換期の中国自動車流通」座間紘一・藤原貞雄編著『東アジアの生産ネットワーク』ミネルヴァ書房。
塩地　洋［2004］「マーケティングの現状と課題」丸川知雄・高山勇一『グローバル競争時代の中国自動車産業』蒼蒼社。
周　政毅監修［2009］『中国を制す自動車メーカーが世界を制す』フォーイン。
周　磊［2011］『中国次世代自動車市場への参入戦略』日経BP社。
住友信託銀行［2010］「産業界の動き―日系自動車メーカーの中国市場での成長課題」『調査月報』6月号。
関　満博［2006］『中国自動車タウン―広東省広州市花都区の発展戦略―』新評論。
孫　飛舟［2003］『自動車ディーラー・システムの国際比較』晃洋書房。
孫　飛舟［2009］「中国自動車販売におけるグローバル競争と民族系の発展」上山邦雄編『巨大化する中国自動車産業』日刊自動車新聞社。
中国経済網［2009］「新能源汽成2009年投資主題　自主品牌優勢明顕」『証券日報』3月25日。
中国汽車工業史編審委員会［1996］『中国汽車工業史 1901-1990』人民交通出版社。
中国汽車工業技術研究中心・汽車工業協会［2008］『中国汽車工業年鑑』。
趙　容［2011］「急成長の中国自動車産業と課題」古賀義弘編著『中国の製造業を分析する』唯学書房。
中村研二［2009］「巨大化する中国自動車産業」上山邦雄編『巨大化する中国自動車産業』日刊自動車新聞社。
日刊自動車新聞社［2011］『自動車年鑑』日刊自動車新聞社。
梅松林・寺村英雄［2008］「新たな段階に向かう中国自動車産業の課題」『知的資産創造』野村総合研究所，7月号。
服部健治［2009］「国際貿易」日本国際貿易促進協会，1月27日付。
林　廣茂［1999］『国境を越えるマーケティングの移転』同文舘出版。
丸川知雄・高山勇一編［2004］『グローバル競争時代の中国自動車産業』蒼蒼社。
丸山惠也編［1997］『新版アジアの自動車産業』亜紀書房。
村松潤一・石川和男・柯麗華［2010］「中国自動車流通市場の形成と日系自動車メーカーのチャネル政策」『アジア市場経済学会年報』第13号。

（石川　和男）

第3章

家電企業

1. はじめに

　戦後日本の家電企業は，対米輸出マーケティングと米国参入によって世界の最先端にあったアメリカ家電企業から生産とマーケティング技術を学び，それをベースに世界最高の高品質の商品を生み出し，世界の消費者から高い評価を勝ち得るとともに，アメリカに代わって家電王国を築いた。しかし，先進国で蓄積されたマーケティング技術は，新興国市場では通用しなかった。そこには何が問題であったのか。本章では，新興国インドを対象に日本の家電企業のマーケティング戦略の歴史を分析することによってその原因を解明する。

　インド市場はアジアの中では中国に次ぐ人口をかかえ，購買力を持ち始めている。ここではボリュームゾーンを形成する中間層の拡大が大きく，将来市場として非常にポテンシャルが高く，現在世界企業の注目の的となり競争が激化している市場である。しかし，貧弱なインフラ，未整備な流通，複雑な税制，一筋縄ではいかないインド人など，他の新興国と比較したとき高いハードルがある市場でもある。そのため，人口が多く巨大市場であるが，インドは儲からない市場ともいわれている。ジェトロの調査によると，アジア21カ国のうち下から3番目に儲からない市場という答えが出ている[1]。従来インド市場は，極端に二極分化した市場であった。高所得層を対象とする高級品は，数が少なく限られていた。低所得層は安いものでないと買えないため，日本企業の市場対象とはならなかった。ところが，図表3-1の「世帯収入別世帯数」に示されるように，近年高級品にも十分手が届く年収20万〜50万ルピー（Rs）の上位中間層が2005年の1,320万世帯から2010年には2倍近くに，2015年には3.4倍へと急増が予想されている。この上位中間層をターゲットに，日・韓・欧・米と力を増してきたインドの地場企業が加わり，激しい競争を展開している。インドの地場企業はこれまで低価格

図表3-1　インドの世帯収入別　世帯数

世帯年収（単位：万Rs）	世帯数（単位：百万世帯）			
	2001年	2005	2010	2015
100Rs以上（Rich=富裕層，約300万円以上）	0.8	1.7	2.9	4.2
50〜100万Rs（Strivers=所得上層約150-300万円）	1.7	3.2	4.8	5.9
20〜50万Rs（Seekers=上位中間層約60-150万円）	9.0	13.2	25.9	44.3
9〜20万Rs（Aspirers=下位中間層27-60万円）	41.3	53.3	79.2	94.2
9万Rs未満（Deprived=低所得層約27万円以下）	135.4	132.2	112.1	95.0

（注）為替レートは1Rs ≒ 2.88円（2008年11月27日）で計算。
（出所）野村総合研究所［2008］p.5を基礎に筆者が改変[2]。

製品で9万ルピーから20万ルピーの旧来の中間層を中心に浸透してきたが，新中間層に対応するため上位商品の開発にシフトしてきている。

2. 日系家電企業のインド市場参入と韓国系企業のインド市場制覇

(1) 日系家電企業のインド市場参入

　インドは1947年にイギリスから独立以来，長い間鎖国状態を続けており，経済は長期に停滞していた。インド政府はこの事態を打開しようと，1991年に外資導入政策を打ち出した。

　外資導入前のインド市場には，現地の地場系企業，インド最大の総合家電メーカーであるVideocon（1987年設立），エアコンと冷蔵庫に強みを持つVoltas（1954年設立），テレビや洗濯機，エアコンなどのOnida（1981年設立），財閥グループのGodrajなどが存在していた。

　外資導入後は，欧米系のPhilips, Whirlpool，日系のパナソニック，ソニー，東芝，日立，韓国系のサムスン電子（以下「サムスン」）LG電子（以下「LG」）中国系のハイアール，TCLなどの家電企業が参入し，現地の地場企業と相互にしのぎを削っていた。

　日本企業では松下電器産業（現パナソニック）が1972年に現地企業オブレデ

ィと合弁でインドナショナルを，現地企業ラカンパルGとラカンパルナショナルを設立。両社とも乾電池を生産，1978年後半から急増し，高収益の会社に成長した[3]。1988年に炊飯器の生産，販売を開始していることから，「松下」「ナショナル」の名はインドでは一定の認知度があった。ところが1990年代になると，日本国内のバブル崩壊やアジア通貨危機を境に，多くの日本企業と同様にパナソニックインドは次々とインド事業を縮小撤退し，人員も削減した。2006年には当時販売の低迷にあった現地法人インド松下エアコンの清算を余儀なくされた。パナソニックの撤退は，パナソニックに対するインド人の信頼を大きく損なわせた[4]。

　パナソニックの他にも日本の代表的な家電企業が，インドに参入した。三洋電機が1984年にBPLインディア社と合弁会社を設立，高額所得者層を対象としたVTR生産を開始した。2005年にはBPLと折半出資でBPL Sanyoを設立，テレビ，冷蔵庫，アルカリ電池などを製造販売する。日立製作所は外資導入前の1948年に発電器セクターで進出，1983年にはグジャラートで富裕層を対象とした高付加価値のエアコンの製造販売を開始した。2003年には，Hitachi Home & Life Solutions Indiaを設立し，現在は，業務用と家庭用空調機器における高級タイプの製造販売社Hitachi Home & Life Solution Indiaなど7社で事業展開している。シャープが1986年に参入し，Kalyan社との合弁事業で20インチのカラーテレビの生産を開始する。2000年には現地のLarsen and Tobroとのジョイント・ベンチャーで参入し，テレビや洗濯機，冷蔵庫などを生産販売した。東芝は60年前にケララ州で乾電池の生産をしており，その後撤退をしたが，東芝ブランドとして乾電池のイメージは現在も残っている。2001年，現地法人東芝インドを設立し，テレビやPCを生産販売している。当初は富裕層をターゲットとした日本仕様のテレビを販売していたため，シェアは2010年には2％弱にとどまっていた[5]。ソニーのインド参入は，他社企業より遅く，1993年に現地代理店との契約に基づき，オーディオ製品（ラジカセ，ミニコンポ）をライセンス生産し，インド国内市場向けに販売する。1995年ブラウン管のカラーテレビ工場を設立し生産していたが，その後撤退し，現在はマレーシアから輸入している。国産ブランドよりも30％から50％高く，中産階層の中でも所得の高い一部の層にしか販売していなかった[6]。ともあれ，複雑なインド社会への対応は困難を極め，インド市場に定着できないまま，工場閉鎖や駐在員の引き上げといった事態が，1990年代末から2000年代初頭に相次いだ。日系企業の撤退と入れ替わりに参入

してきたのが，韓国の2大家電企業サムスンとLGであった。この両社はインド市場に対して全社を挙げた大規模な資源投資によって事業を着々と伸ばしていった。

(2) 韓国系企業によるインド市場の制覇

サムスンもLGも好んでこの難しいインド市場に参入し，はじめから成功したわけではない。当初は韓国企業も本格的に工場が立ち上がるまでは，現地企業との提携やOEM供給をするなどの試行錯誤の連続であった。

韓国は国内市場が狭いため，海外市場の開発を余儀なくされたという状況にあった。ところが海外市場はことごとく日本市場に制圧されており，しかも当時は技術水準もマーケティング力も日本企業の後塵を拝していた。苦慮の末，比較的日本企業の手薄なインド市場に目を付け，インド市場に先行参入している日本企業をベンチマークし，行動を開始した。そこで発見したことは，競争相手であるはずの日本企業は，日本やヨーロッパ向けに作った製品をそのままインドに持ち込み，その販売は現地の代理店任せにし，現地で自らの手による販路の構築をしていなかった。現地生産においても日本で古くなった金型を持ってくるなど，現地に深く関わった現地化戦略とはほど遠いものであった。その上，日本本社もインド市場の位置づけが弱く，本社のインド市場に対するコミットメントが少ない。支援はあったとしても，積極的な拡大のための投資ではなかった[7]。

サムスンがインドをグローバルビジネスの中心地として位置づけたのは，1995年であった。この年に，現地のVideoconとジョイントベンチャーで進出した。いち早くNoidaにテレビ工場を作り現地化政策を強め，テレビをはじめ冷蔵庫，洗濯機，エアコン，電子レンジ，携帯電話，タブレット，PC，カメラ，AV機器など総合電機企業として展開している。サムスンはインドをBRICsの中で最重要市場と位置づけ，年間100億円の投資を行い徹底した現地化の方針で臨んでいる。最先端の商品を，中間層に対してはインド特別仕様の現地化商品，生活騒音の高い地域を考慮し，テレビスピーカーの出力を高めたり，停電してもアイスパックを入れるなどして数時間は冷却状態が保てる冷蔵庫，インドの伝統衣装であるサリーを傷つけない特殊選択機能のついた洗濯機などを開発した。単に中間層と低所得層を対象とするのみならず，現地化とプレミアム戦略を並行させ，富裕層をもターゲットにした高価格戦略を採り，サムスンのブランドイメージを高

める戦略を意識的に行った[8]。サムスンは短期間で売り上げを伸ばし，2009年には約1,900億円の売り上げを達成している[9]。

　LGは1997年に100％出資の子会社，LG Electronics India. LTD.を設立し，テレビ，冷蔵庫，エアコン，洗濯機など70もの製品群を一挙に導入，総合家電メーカーとしてスタートしている。1998年にはバンガロールに現地人を中心としたR&D研究所設立，同時に国内製造によって低価格市場に積極的に進出し，普及品を中心にドラスティックな値下げを行い，地場メーカーの低価格競争に対抗している。高所得層中心の事業展開をしていた日本企業とは異なる道を選択し，インドのマスボリュームを形成する中間層に焦点を当て，徹底的な現地化を進めた。現地化を進めるために重視したのは，まずR&Dの現地化であった。インドでローカル・デザインチームを立ち上げた。このチームが開発した製品は，クリケットチームとマルチ言語対応を取り入れたテレビの開発，鍵のかかる冷蔵庫の開発，ネズミが入らない洗濯機などインド特有の製品を次々と開発し，売り上げを伸ばしていった。その結果，参入してわずか3年後の2000年には市場シェアNo.1にまで上り詰めている。

　LGが重視したもう1つの現地化は，インド全土にくもの巣のような1,800余の流通網と18カ所のサービスセンターの構築に全力を尽くしたことである[10]。パナソニックやソニーが，他国で作った製品を輸入してインド市場のビジネスを進めるのとは対照的である[11]。

　韓国系企業に先立ち参入した日系企業に先行者優位があるはずであったにもかかわらず，なぜ優位性が発揮できなかったのか。パナソニックインドの伊東社長によると「この時期は日本企業にとっては，中国や東南アジアへの投資が優先され，インドまで経営資源を割く余裕がなかった」また，「インド市場には魅力がなかった」という[12]。東京大学ものづくり経営研究センターのインド調査グループの現地日系家電企業の幹部へのインタビュー（2005年8月）では，次のような報告がされている。「インドでは5年前までは古いモデルで売れたが，今では売れない」「製品価格が市場にマッチするのが難しい時期があった。機能を付けて高価格で販売しようとしたが，インドの顧客には訴えることができなかった」「日本本社はインド市場に対するコミットメントが少ない。支援はもちろんあるが，少額の補填で，ポジティブな拡大のための投資ではない。インド市場でのブランド構築を考えると今は重要な時期にあるが，これに対して十分な資源を割いていない状態」など[13]。

日系企業の今後の課題は，韓国勢が作り上げてきたインド市場を対象とした現地化戦略を，どのように短期間で超えていくかということであろう。現在日系企業は韓国企業の現地化戦略をベンチマークとするなどして，チャレンジャーとして攻勢的に巻き返しを図っている。以下，パナソニックインドとソニーインドのマーケティング戦略を中心にその反撃の実態を解明し，日本の家電企業の復活の道を探ってみる。

3. パナソニックインドの反撃のマーケティング戦略[14]

　パナソニックインドはインド市場を一度撤退した経緯があり，従来本社の関わりが弱かったことの反省を踏まえ，本社バックアップのもとで，インドを新興国の最重点市場に据えサムスン追撃を鮮明にし，本社のインド大増販プロジェクトをたてた。2008年10月複数のインド事業を統合し，100％出資の子会社パナソニックインド㈱を立ち上げ，伊東大三氏がインド市場攻略の最前線に社長として送り込まれた。

　伊東社長は着任と同時に次のような一連の改革に着手した。
1) みすぼらしい事務所を本社の決済を待たず変更。
2) デジタル機器と生活家電など幅広い品揃えを実現。
3) 大幅な人事の入れ替えの実施。業界で豊富なノウハウを持っているインド人をヘッドハンティングし，元サムスンの有能な人物をセールス・プラットフォームの責任者に据えるなどして組織の一新を図った。

　組織強化と並行して，これまでのインド事業の問題点を明確にした。そこで出された結論は，「これまでインド市場をよく調べないで製品を投入していた。インド市場の理解が足りなかった」という反省に立ち，人，モノ，カネの徹底した現地化をいかに早く実現するかの視点に立ち矢継ぎ早に改革を実行していった。現在その成果の途上にあるが，図表3-2は2007年から2012年までの5年間の売上高を示したものである。その成果がここから読み取れる。

　以下，マーケティング戦略の視点から，具体的に見てみよう。

図表3－2　パナソニックインドの売上高推移

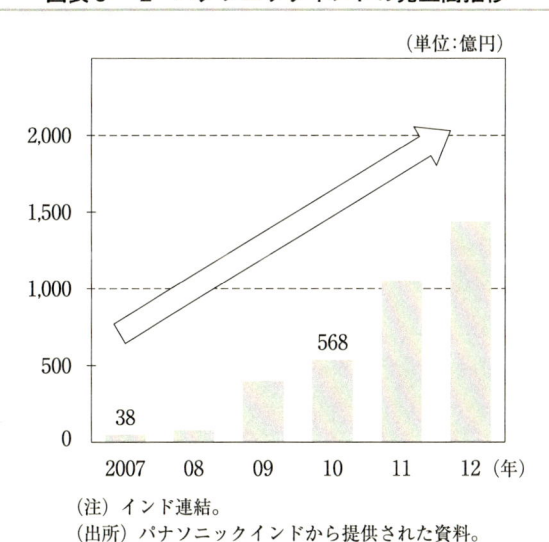

(単位：億円)

(注) インド連結。
(出所) パナソニックインドから提供された資料。

(1)　ターゲットとする顧客

　インドでパナソニックが従来ターゲットとしていた層は，富裕層の約290万世帯であったが，再参入においてはそれより下のボリュームゾーンと呼ばれる中間層約3,000万世帯にまでターゲットを拡大し，その上で徹底した現地化戦略を強めている。そのためには，ライフスタイル，趣味嗜好を的確に把握し，インドの中間層のニーズを踏まえた商品をスピーディに開発し，販売していく。インド大増販プロジェクトを立ち上げた大坪文雄前社長は，「徹底したグローバル化とは，煎じ詰めればこれからますます拡大してくる新興国の『ボリュームゾーン』に真正面から取り組むことを意味する」[15]と，ボリュームゾーンをターゲットとすることの重要性を明示している。

(2)　商品戦略

　商品に関しては，従来のように先進国向けに作られた商品を持ち込むのではなく，顧客に近いところでインド専用商品の開発を行う。そのためには，何よりもインドの消費者ニーズの把握が重要である。インド人社員による「ボリューム・

ゾーンマーケティング研究所」を作り市場調査から始めた。まず数百軒のインド人家庭を訪問した。その結果，日本人は冷風が直接体に当たるのを嫌うが，インド人は逆に強い冷風にさらされるのを好み，1日中つけっぱなしにするなど，驚くべきことが次々と発見された。こうした調査結果をもとに，マレーシアのエアコン開発チームとインド人との合同による開発により，日本人の発想では生まれない斬新なエアコンキューブを完成した。その製品の特徴の1つは，送風機能を簡略化した換気扇のようなシンプルなファンを背面に配置したことにある。すなわち一定の方向に強く冷風を送るだけにし，不必要な機能を全てそぎ落としインド人のニーズとコストダウンの両立を図った。もう1つは，電源のオンオフを頻繁にしないうえに風向制御も不必要であるため，リモコンをなくした。インドで主流のエアコンは，室外機と室内機が一体となった「ウインドー型」である。これは低価格であるが，室内に騒音が響き渡り，窓をふさぐという難点があった。先進国にある壁掛け型のエアコンは，3万ルピー（約6万円）以上で，インドの一般の人には高嶺の花である。キューブは，1万5,000ルピー（約3万円）と価格も低く抑えることができた[16]。

2008年に1％未満だったエアコン市場のシェアは2012年には15％に増大し，20％前後で首位にあるLGに迫ることができた。グラジャート州やマハラシュトラ州，タミルナードゥ州などいくつかの州では第1位になっている州もある[17]。

ヘアドライヤーはエアコンに続くインドモデルである。安いドライヤーは100度近い熱風がでるため，インド人は髪を傷めると恐れ購買する人が少なかった。パナソニックはこの問題を解決するために，50度の温風にした製品を開発した。開発と機能向上にコストがかかる分，他の機能を削り500ルピーと低価格に抑えたところ，爆発的に売れている。ヘアドライヤーをはじめとする美容商品でインドの売り上げを増やしている。現在，インドに限らず新興国では美容意識が高まっており，パナソニックはドライヤーの他，電気シェーバーや髪トリマーの販売を強化している。総合電機メーカーであるパナソニックは，「ドライヤーやシェーバーなどの美健商品においては，サムスンと比較しても圧倒的に強く，この強い分野で圧倒的に優位性を発揮し，テレビや冷蔵庫市場でしばしば生ずる価格競争に備える」と伊東社長は力強く語る。

インドの消費者の声を反映して作られた商品に，インドの民族衣装である生地の薄いサリーも洗え，停電でも使え，水を無駄にしない洗濯機がある。サリー専用コースの洗濯プロセスの開発に水流や洗濯プロセスなどの徹底的研究の結果，

シルクや綿・化繊などあらゆる生地のサリーに対応する洗濯コースを作った。この完成には100回以上の実験を繰り返し半年の年月を費やしている[18]。

　エアコンや洗濯機の商品はタイやマレーシアの工場から1カ月かけて運んできていたが，2012年12月に，インド北部ジャジャールのハリヤナ州にエアコン（生産能力100万台）と洗濯機（同40万台），溶接機の複合生産拠点工場を立ち上げ，現地化によってインド専門商品を商戦期などにタイミングよく販売店に届けることが可能となった[19]。

　これまでの日系企業がやってきたようなプレミアムレンジの商品だけからは，インドの消費者の選択ラインナップには入っていけない。プレミアムレンジから大衆的な商品まで幅広い商品の選択肢を提供し，消費者の選択の幅を広げなければならない。また，商品レンジが広いと，店頭にも並べてもらえる。商品レンジを広げ，商品ラインナップの拡大は店頭の棚を取るだけでなく，取り扱い店舗数を広げ，販売網を拡大することを可能にする。パナソニックはこの要求にスピーディに応えるため自社商品だけでなく，現地の他社からのＯＤＭ（Original Design Manufacturing Serviceの略省で，相手先ブランドによるデザインと製造の意味である）供給を積極的に進める。但し，品質に関しては，ＯＤＭ先に徹底した技術指導を行い，パナソニックブランドを付与するに値する商品に仕立て上げる。従来，ＯＤＭは本社の考えでは推進することは容易ではなかったが，今では本社もインドを戦略国としての位置づけを明確にするとともに，これまでの自前主義を撤廃し，ＯＤＭ商品との補完によって顧客に対して最適の品揃え重視に積極的に賛同している。

　パナソニックインドは，現地企業との製造・販売面での提携によって，現地化のスピードとともに深さをB to C，B to Bビジネスの両面において展開する一方，日印連合の強化によって，韓国系企業に真っ向から攻勢をかけている。後に紹介する日用品・化粧品販売会社モディケアとの連合はその1つである。また，タタ自動車を傘下に置くインド財閥タタ・グループと提携し，現地での協業を強化する方向で合意している。すでに取引のある音響機器やカーナビに加え，安全や走行に関する中枢部品への参入を目指す。インドの財閥リライアンスグループとも太陽電池やリチウムイオン電池などの環境分野や防犯カメラなどのセキュリティー分野で提携し，両社の結びつきを強化している[20]。これらの動きは，パナソニック本社のこれまでの消費者向けビジネスと並んで，企業向けビジネスの強化を進めようとしている方針と符合したインド版とでもいえよう。

(3) 価格戦略

　先進国市場で高品質・高価格の商品を追い求め続けてきたパナソニックは，現地ニーズにあった商品や価格でなかったため，インド市場では受け入れられなかった。「イノベーターのジレンマ」に直面したのである[21]。このジレンマを断ち切った最初の商品が「2万円の冷蔵庫」である。この冷蔵庫は基本的に現地のVideoconが作ったものであるが，パナソニック本社の生産技術と品質保証の社員たちがVideoconとの協力で完成したものである。ハイエンドな日本の技術を押しつけるのではなく，ロープライスなローカルメーカーの土俵に日本の技術者が上がり，インドの消費者が求める安全基準や性能の底上げを行うことで，パナソニック本社は，脱自前主義の転生をはかった[22]。

(4) コミュニケーション戦略

　インドのコミュニケーションは，映画やスポーツに関連する宣伝広告が大衆の消費動向に大きな影響を及ぼす。伊東社長はインドでのパナソニックの認知度が低いことに気づき，これらの広告手段を大胆に使ったという。ボリウッドの人気俳優・女優を次々と自社のブランド大使として広告宣伝に登場させ，人気クリケットチームのスポンサーにもなった。パナソニックはクリケットのデリープロチームのスポンサーとサッカーのナショナルチームスポンサーもしており，パナソニックブランドを多くの人に届けている。ボリウッドの俳優やクリケットプレイヤーによるブランド・アンバサダー，パナソニックブランドと各商品の特徴が相互に作用し合う三位一体のマーケティングを展開している。

　これには，本社からの大きなサポートがあった。例えば，2010年度予算では，パナソニックインドに対して数億円規模の広告宣伝費が投入されており，これは新興国市場に対する従来のパナソニックでは考えられない金額である。これに加えて社長ファンドという予算があり，そこからも巨額の広告宣伝費が支出されている。

(5) 流通チャネル戦略

　インドの家電量販店は，ナショナルチェーンと特定地域内で展開しているリー

ジョナル・チェーンストアがある。全国展開しているナショナルチェーンストアは未発達で，量販店は財閥系のクロマやリライアンス・インダストリーズなどがあるのみでそのシェアは15％程度，市場の圧倒的多数は「キラナ」(Kirana) と呼ばれる小規模の個人経営を中心とした中小小売店で占められ，その割合は85％である。この中小小売店の中には家電専売店や混売店がある。市場の圧倒的多数を占めるキラナの組織化は，インドにおいては決定的に重要である。パナソニックインドはこの中小小売店を活用し，セールスネットワークを構築している。パナソニック製品のみを扱う家電専売店パナソニックショップは，2013年現在160店舗ある。この店舗はフランチャイズ方式で展開しており，店のオーナーが場所を提供し，パナソニックが店の内装や陳列などを援助する。混売店は複数のブランドを取り扱っている中小小売店のことで，田舎の都市部ではこの店がほとんどであるため，これらの店を重視し取り組んでいる。

　インドでは広い国土を一気にカバーするのは難しい。そこで，パナソニックが地方開拓で重要視しているのは，「モディケア」という現地の化粧品・日用品販売会社と提携した委託販売である。モディケアは売上高年間10億ルピー（約18億円）の中堅企業，地方都市の販売員3万5,000人に上る主婦を抱えており，100万人を超える顧客を有している。パナソニックは，このモディケアを通してドライヤーや炊飯器を販売している。モディケアが得意とするのは，人口100万〜400万人の地方都市である。ここでは大都市のような宣伝広告は少なく，主婦の口コミ情報の効果が大きい[23]。このように，現地の小売業とパートナーを組み提携することは，広大なインドで地域末端までスピーディに組織するという点では極めて有効であるといえよう。

4. ソニーインドの反撃のマーケティング戦略[24]

　ソニーインドは，1994年11月にインドで事業を開始した。進出当初は売り上げが伸びなかった。ソニーが本格的にインド事業に力を入れたのは，2004年からである。図表3-3が示すように，その頃から年々売上高が伸び，年率25％の高い成長を示すようになった。2005年から2012年までソニーの売り上げは，高い成長を示している。2012年の売上高は日本円にすると，1,700億円である。サムスンの4,000億円やＬＧの3,000億円には及ばないが急速に接近している。

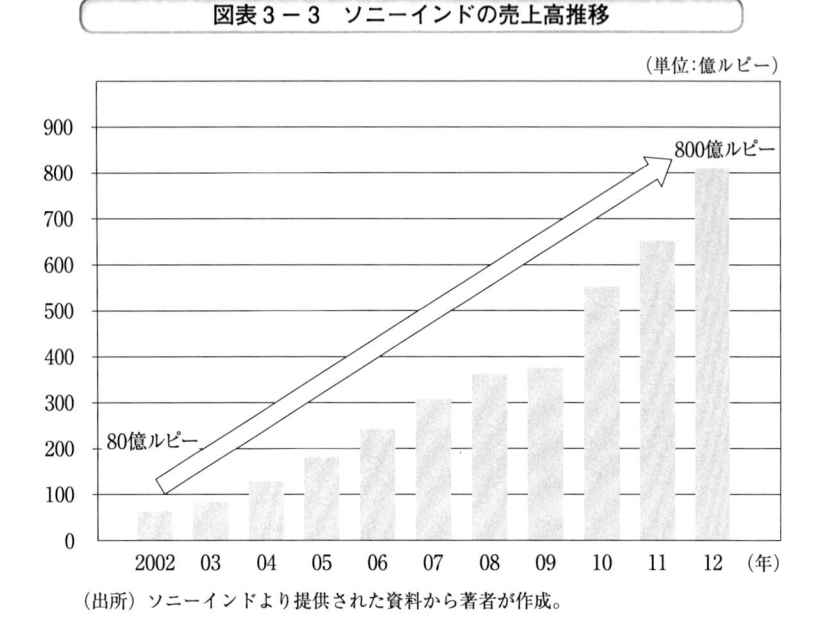

図表3－3　ソニーインドの売上高推移

(単位：億ルピー)

80億ルピー → 800億ルピー

（2002年〜2012年の棒グラフ）

（出所）ソニーインドより提供された資料から著者が作成。

(1) 競争状況

　ソニーインドの製品別に見た競争関係について見てみる。ソニーの主力製品テレビでは，もともとサムスンとＬＧがブラウン管テレビによって消費者に深く浸透しており，薄型テレビ市場においても両社が大きなシェアを占めていた。しかし，近年高機能モデルで充実した品揃えを持っているソニーが中間層への売り込みを強めている。2006年12月のインドにおける薄型カラーテレビ市場の金額ベースのシェアは，LGが26.0％，サムスン17.6％，ソニー10.2％であった。2010年にはソニーがNo.1になり2011年にはサムスンに抜かれたが，2012年には26％で再び首位に躍り出るといったデッドヒートの戦いを展開している。小型でシェアを稼いでいるサムスンやＬＧに対して，ソニーも中間層に向けた22型から26型のモデルも取りそろえ，サムスンやＬＧの土俵に挑んでいる。

　ソニーが得意とするデジタルカメラでは，40％という高いシエアを維持している。しかし，低価格部門はスマホに浸食されているため，一眼レフの高級市場をめざしている。この市場はニコンが首位で50％，キヤノンが2位で40％，ソニーは3位で10％と3社で独占している。パソコンのラップトップ，VAIOは15

%で，2, 3位で健闘している。ホームシアターのオーディオでは60％の高いシェアで，2位のフィリップスを引き離している。カムコーダーにいたっては，90％と敵なしの状況である。

　AV関係でサムスンやLGと比較したとき，ソニーの強みは，グループ内にインドでNo.1, 2を争うトップテレビ局を持ち，映画や娯楽など約10個の番組を配信するチャネルを持っている点である。バンガロールにはソフトウエア・センターがあり，2,000人の人材をかかえそこでソフトを制作している。

(2) ソニーインドの顧客ターゲット

　インド進出時の2005年時点で，ソニーがインドの顧客をターゲットとした層は，年収100万ルピーの富裕層（ソニーインドはGlobalsと命名している）と50～100万ルピーの所得上層（Strivers）の490万世帯であった。その後，Seekersと呼ばれる上位中間層の急増を背景に，2010年にはターゲットとする顧客層を年収20万～50万ルピーの上位中間層にまで拡大した。この層は年収20～50万ルピーであり，2から4万ルピー位の買い物が可能である。木村マーケティング社長によると「日本人の感覚でいえば1カ月分の収入20～40万円くらいになり，彼らにとっては小型テレビの購入は高嶺の花，お金を一生懸命貯めてDiwaliなどの祭りの時に家族で購入する，という一大イベントである」という。

　インドの消費者がよく使う言葉に「Value for money（費用対効果）」がある。高すぎても手が出ないし，安かろう悪かろうのものは購入しない。この中間層は，従来の層に比べて購買行動がさらに慎重で，価格に対しても敏感である。

(3) マーケティング戦略

① 製品戦略

　日系企業の多くがインド参入時に，先進国市場で成功した製品をそのまま持ち込んだ時，一部富裕層を除きボリュームゾーンを形成する中間層には受け入れられなかった。特に，ソニーが取り扱っている民生用電子機器製品のように標準化の性格の強い製品においても，何の調整や修正もなく持ち込むと成功はしないことは経験済みである。では「ゼロからインド発の商品を作るとするとすれば，それは失敗すると思われる」と木村マーケティング社長は警告する。とはいえ「イ

ンド人は普通はよいものを好み，世界的に売れ行きのいいものはインドでも売れる。しかし，それだけでは，爆発的な売れ行きには結びつかない。インド人の嗜好をしっかり取り入れなくてはならない」と，現地化の重要性を強調する。続いて「ソニーの扱っているオーディオビジュアル品の場合は，『インド画質』と『インド音質』にこだわり，世界共通のものの上にインドのスパイスを振りかけることで飛躍的に商品をよくするものがある」と木村社長は世界標準化と現地適合化の関係を適切に説明する。この標準化を基礎とした現地適合化の成功ケースとして2012年のブラビアの体験がある。

　インド人好みの「インド画質」とは何か。画質を良くしようという気づきは，サムスンの絵の設定が，非常にギラギラして目が眩しいほど明るく，店頭ではよく目立つ，ということからであった。日本から10人を超える規模のエンジニアがインドを訪れ，インドの100人くらいの消費者を対象にかれらの好む色彩の調査を実施し，その結果赤や青の際だった色であることがわかった。それを数値化，データ化した。これをもとに画質を変えることによって，売上が前年の25％増になり，首位を奪還することができた。

　画質での成功が，音質のエンジニアに火をつけ，これまでもオーディオはソニーの独壇場であったが，インド音質を加えることで，ホームシアターで他社の参入をブロックし60％の首位キープのみならず，競合の激しい比較的廉価なスピーカーシステム市場においても大幅な売上増を実現した。

　「インド音質」とは何か。「インド音質とはバスが効き，うるさいほどの音圧があり，ボーカルが強調される音である。」映画好きのインド人の音は，全て映画の音からきており，この音はインド映画の音からきている。

　インド人好みの音を画質同様，日本からかけつけた音の職人肌のエンジニアが聞き取りし，分析，数値化，カード化し，それをベースに大口径スピーカーを掲載したモデルを開発，大ヒットした。2013年夏にはＰＣのＶＡＩＯにまで応用され，前年を上回る好調な売れ行きを見せている。

　ソニーインドでは顧客に近い販売会社がイニシアチブをとり，現地で設計・エンジニア・商品企画が1つになり，現地とコラボレーションして検証する中で，彼らのモチベーションも上がっていると木村社長は語る。

　インドに限らず初めて新商品を手にする新興国の顧客に対しては，目立つ画質や音，つまり「品質の見える化」がいかに重要であるかがここからわかる。コトラーのいう「知覚品質」をベースとした「知覚価値」重視による成功事例といえ

よう[25]。現在，本社の強いサポートを得て，ソニーインドがそれぞれの事業分野で持つ最新の技術を持ち寄り「ワンソニー」となり取り組んでいるのが，スマートフォンの戦艦モデル「エクスペリアZシリーズ」である。エクスペリアZは，ブラビア（テレビ）やウォークマン（オーディオ），サイバーショット（カメラ）などのハイテクノロジーとエキサイティングな個々の技術が多数満載され，さらには土埃の多いインドの風土に適合した防水・防塵を備えたユニークな製品で急成長を続けている。インドでは2013年4-8月期，サムスンの48.3％，Nokia13.4％，Apple10.2％に次いでソニーが8.9％（4位）である。

ソニーはインドに工場はなく，製品は日本，マレーシア，タイ，中国などから輸入している。テレビはかつてはインドで生産していたが，パネルや高機能部品などを輸入する必要があり，白物家電ほど現地生産のメリットがないため効率的生産をめざし，マレーシアの工場に集中している。

② 価格戦略

創業以来ソニーは，一貫してブランド・イメージの向上を重視してきた。この戦略は，新製品導入の際には，まず他社製品よりも高めの価格設定で参入し，ブランドイメージを高めた後に，普及価格帯の製品を投入しマーケットシェアをとるというやり方である。

木村維人社長によると「ソニーインドの価格戦略は，競合（主にサムスン）より10％程度高い値付けを行う。決して，こちらから低価格を誘引しない。また，1モデルだけではなく，必ず複数モデル投入し，より利益率の高い商品へとステップアップできるように心がけている」という。例えば，「エクスペリア」シリーズの新製品発表会で，木村マーケティング社長は次のように語っている。「今は高級機種を強化していく段階。その後，販売台数が増えると稼げる普及価格帯に手を伸ばしていきたい。高級機種の展開でブランドを確立すれば，普及価格帯の製品も売りやすくなる。」

実際，デリーやムンバイの家電量販店に並ぶソニーの液晶テレビは，他社製品よりも若干高い価格設定になっており，ここにソニーの価格戦略の特徴が見られる。

③ コミュニケーション戦略

ソニーの成長を支えているもう1つの重要な要因は，テレビ広告を中心とした

コミュニケーション戦略である。インドにおけるソニーのブランド・イメージは，電子製品においては No.1 を維持している[26]。このソニーのブランド優位を支えている要因として，プロモーションの役割が大きい。

　インド人にアピールしようとすれば，スターを使うことが重要である。多様性を特徴とするインドで，訴求手段はパナソニックのところでも見たように，インドで絶大な人気を誇るクリケットと映画に限定される。この絶大な人気のあるクリケット選手とボリウッドの俳優の起用による広告が，ソニーのブランドイメージ No.1 にも大きく貢献するとともに，液晶テレビでのソニーのサムスン追撃の原動力となっている。クリケットのワールドカップシーズンで，2011 年 1 月〜3 月期に薄型テレビ市場の 40％を狙い大がかりな広告キャンペーンを展開した。10 億ルピー（約 18 億 5,000 万円）を投じ，インドクリケット代表チームのキャプテン，M. S. ドーニーをブランドのシンボルに据え，合計 3,000 回以上のテレビ広告を投入した[27]。このインド人に絶大な人気を誇るクリケット選手の起用が功を奏し，テレビの売り上げを大きく伸ばした。Hakuhodo Percept Private Limited 社長武藤太郎氏は「ソニーの広告戦略が成功しているのは，目的がはっきりしており，ブランドイメージを高めるということのみに目的を絞っているからである」と強調する[28]。

④　流通チャネル戦略

　ソニーインドの成長を支えている決定的に重要なものとして，綿密に計算されつくされた販売網がある。多様性を特徴とするインド市場では，所得階層別と同時に，エリア別に分けた細かいマーケティングが重要である。ソニーインドはインド市場を大都市から小規模の都市まで都市ごと，人口 300 万人規模のメトロ都市（Tier1）8 都市，100 万〜300 万人規模の都市（Tier2）40 都市，20〜100 万人規模（Tier3）400 都市の 3 クラスに分けて戦略を展開している。この 448 都市に 23 の営業支店とソニーの商品が入っている販売店を，全国に 18,000 店舗展開している。その内訳は，テレビで 6,000 店，カメラ 2,000 店，ＰＣで 4,000 店，スマホで 6,000 店である。直接セールスパーソン 300 人，携帯を入れると 500 人，それに加え 1,500 人の契約社員として雇用しているプロモーターを派遣している。プロモーターはソニーが重点とする店舗に，携帯，テレビ，VAIO・カメラの商品カテゴリー別に派遣されている。プロモーターは店舗で店員と同じように，顧客にソニー製品の説明や推奨などを行う。さらには販売実績や在庫，競合他社の

情報などを収集し，販社と全国23カ所の営業支店に毎日報告する。送信されてきたデータは，ソニーインドのマーケティング社長も加わり，子細に解析し，実需を把握する。個々の販売店の在庫を日次で詳細に管理し，出荷調整をすることによって過当競争が発生しないよう配慮するとともに，売れ行きの悪い店をチェックし，その原因を突き止め，改善を促すなど援助し販売店の信頼を強めている。木村マーケティング社長によると「6年前には押し込み販売をしていたが，現在では日々売れただけ補給し，店に過度の在庫を持たせず，実売に責任を持たせるようにしている」という。世界で最も多いインドの零細小売店からの実需情報を得ているソニーインドは，「エクセルの計算式を駆使して，月次と日次に必要に応じてスキャンし，解析を積み重ね予測の精度を高める。この情報をベースに週単位，月単位，数カ月の予測を行う。在庫補償も少ないので価格設定の変更などに機動的に対応できる」という。

　ソニーは100％ソニー商品を販売する特約店「ソニーセンター」など各地のブランドショップとも呼ばれるディーラー300店と協力して展開。これらは直営ではなくフランチャイズの展開で，各店に対して什器やオペレーションの仕組みやシステムを提供している。ここでは単にソニー製品を販売するだけではなく，商品を直接手に取り体験することができ，製品の魅力を実感することができる。ソニー製品を購入した顧客を招待し，製品の使い方や使うことの楽しさなどを教えている。

　その他，直営ではないが，現地の規模の小さいパパママ・ショップのサブディーラー1,600店とも密接な関係を保っている。

　都市部の家電量販店は低いシェアとはいえ，量がはけプレゼンスを示すことが可能となり，ブランド認知の高揚に貢献するので，積極的に取り組んでいる。しかし，全国をくまなくカバーすることができないばかりか，競争が激化すると，価格競争に巻き込まれるというデメリットもある。

5. 小　結

　本章では，日本家電企業のインドにおけるマーケティング戦略参入の歴史と現状を明らかにした。1991年外資導入の緩和を契機に，世界の家電業界のリーダーである日本の家電企業はいち早く参入した。しかし，日本の家電企業はインド

の顧客ニーズを詳細に調査することなく先進国向けの商品をそのまま持ち込んだ。このように上からの目線で参入した日本企業は，当然インドの消費者には受け入れられなかった。その間隙を縫って参入したのが，サムスンやＬＧであった。彼らは日本企業の失敗を教訓に徹底した現地化を重視した参入によって，インド市場を短期間で制覇した。

　先進国市場に代わり新興国市場が注目される中で，日本企業は過去の失敗を教訓に，インド市場に真の現地化を目指し参入し，本格的マーケティング投資を行い，現在大きな成果を上げていることを見た。このインドでの経験から日本企業の国際マーケティングのフレームワークとして，現地化とグローバル化という概念が浮かび上がってくる。

(1) 現地化について

① 製品開発の現地化。パナソニックインドはインドに生活開発センター「ボリュームゾーン・マーケティング研究所」と製品開発センターを開設し，現地の消費者ニーズに合った製品の開発に成功している。その例としてエアコン「キューブ」やインド専用モデルの冷蔵庫がある。

② 価格の現地化。インドの消費者が購入可能な低価格の製品の投入のためにはコスト削減が不可欠である。そのためには現地で生産する製品に使う部品の現地調達率を高めるとともに，部品の決定権を日本本社から現地法人に移し，品質基準も現地の実情に合わせたものにした。パナソニックインドが開発した低価格冷蔵庫は，先進国モデルの改良ではなく，新興国専用に設計された商品であった。パナソニックの冷蔵庫に見られるように，先進国モデルの改良ではなく，新興国モデル専用の設計モデルである。

③ 新興国の消費者の生活や文化を反映したコミュニケーション戦略の工夫。パナソニックインドもソニーインドも，インドの俳優やクリケットプレイヤーを起用した広告宣伝で成功している。

④ チャネル戦略の現地化。先進国の家電流通が家電量販店主導であるのに対して，中小小売商が圧倒的多数をしめているインドでは，グローバルな対応よりも，ローカルな対応を重視した小売業のネットワーク化が重視される。

⑤ 営業マーケティングを中心とした現地人の積極的採用と幹部登用の重要性が両社の実践から明らかになった。

(2) グローバル・マーケティング[29]について

　グローバル市場という場合，グローバル市場が一般的に存在するわけではない。国や地方の市場が集まったものが，グローバル市場として存在するのである。進出後の各国で成功することがまず重要である。本章ではインドという一国単位に限定した分析にとどまったが，パナソニックインドもソニーインドも，インドで独立してマーケティングを実践しているわけではないことは言うまでもない。例えば，ソニーの民生用電子機器の基本の開発はグローバルで，全世界をターゲットに設計される。しかし，ソニーインドの木村社長が述べるように，「世界共通の上にスパイスを振りかけることで飛躍的に商品をよくする」。ともあれ今後，中国，ベトナム，タイ，マレーシアなどの分析を行った上で，それらの相互の関係を解明し，新興国市場における共通したマーケティング戦略の特徴を明らかにする必要がある。

　グローバル時代の競争は，一国単位ではなく，グローバル競争を通して，各国間の競争が連動する。ここでは自動車企業や家電企業は一国の成功だけでグローバル企業として生き残れない。グローバルな観点から開発—調達・製造—マーケティング・販売・物流マネジメントすることでグローバルな規模での効率性の実現と同時に現地化によるローカルな消費者のニーズを実現するという現代企業のグローバル・マーケティングの課題がますます重要になっている。

〈本章は，平成23〜平成26年度科学研究費補助（課題番号23530536）による研究助成の一部である。〉

《謝辞》

　本調査に際しては，パナソニックインド伊東大三社長，ソニーインド木村維人マーケティング社長をはじめ Hitachi Home & Life Solutions India 森本元雄社長，東芝インド浦井研二社長，博報堂 Percept Private Limited 武藤太郎社長，インド日本商工会西本達生事務局長，InfoBRIDGE 繁田奈歩社長，JETRO 石本和夫海外投資アドバイザーの方々には大変お世話になった。厚く感謝したい。もとより，文責は筆者1人にある。

【注】

1）ジェトロ・ニューデリー事務所［2013］p.21。

2）岩垂［2008］は，次のように命名している（p.5）。Rich（リッチ），Strivers（所得上層），Seekers（富裕層予備軍），Aspirers（上層志向層），Deprived（貧困層）。
3）松下電器株式会社社史室［2008］pp.135-136。
4）吉野・大西［2011］p.91。
5）各社の社史より。
6）ソニーインドマーケティング社長木村維人氏。
7）朴・天野［2011］pp.52-54。
8）朴［2011］pp.94-100。
9）吉野・大西［2011］p.91。
10）朴［2011］pp.101-108。
11）中村［2011］p.81。
12）パナソニックインド社長伊東大三氏インタビュー（2013年7月2日）。
13）朴・天野［2011］p.54。
14）パナソニックインドのマーケティング戦略に関しては，特に断りのない箇所については，パナソニックインド社長伊東大三氏のインタビュー（2013年7月2日）をもとに作成した。
15）大坪［2010］p.262。
16）吉野・大西［2011］p.92。
17）Color and India News and India Services. 28 May 2013.
18）〈http://ggsoku.com/2013/04/panasonic.india-sari/〉（2013年9月20日アクセス）
19）『朝日新聞』2013年3月31日
20）『朝日新聞』2013年10月30日。
21）Christensen（訳本）［2012］。Christensenは『イノベーションのジレンマ』で「すぐれた経営者は，市場の中でも高品質，高収益率の分野へ会社を導くことができる。しかし，会社を下位市場へ導くことができない。日本の大企業は，世界中の大企業と同様，市場の最上層まで上りつめて行き場をなくしている」（p.x）。
22）財部［2011］pp.212-213。
23）吉野・大西［2011］p.93。
24）ソニーインドのマーケティング戦略に関しては，特に断りのない箇所については，ソニーインドマーケティング社長木村維人氏のインタビュー（2013年7月1日）をもとに作成した。
25）Kotler（邦訳［2001］）p.576。
26）ソニーのブランド資産は，インドでは非常に高く，2009年から2012年の4年間において，ソニー，サムスン，ＬＧを比較した時，持続してトップにランキングされている（ソニーインド社長木村維人氏のインタビューより）。
27）繁田［2011］p.87。
28）Hakuhodo Percept Private Limited 武藤太郎社長インタビュー，2013年6月29日。
29）グローバル・マーケティングは国際マーケティングの現代的形態であり，国際マーケティングは国境を越えて複数の国で展開されるマーケティングである。

【参考文献】

岩垂好彦［2008］「変貌するインド市場と事業戦略」野村総合研究所『ＮＲＩ』5月。
大坪文雄［2010］「わが『打倒サムスン』の秘策」『文芸春秋』7月号。
近藤文男［2004］『日本企業の国際マーケティング：民生用電子機器産業にみる対米輸出戦略』有斐閣。
財部誠一［2011］『パナソニックはサムスンに勝てるか』ＰＨＰ研究所。

ジェトロ・ニューデリー事務所［2013］『インドの経済状況とビジネス環境』。
繁田奈歩［2011］「出遅れた日本勢の活路」『日経ビジネス』5月23日。
中村真司［2011］「韓国を逆転できる」『日経ビジネス』5月23日。
朴　英元［2009］「インド市場で活躍している韓国企業の現地化戦略」『赤門マネジメント・レビュー』8巻4号。
朴　英元［2011］「韓国企業の新興国市場戦略」日本機械輸出組合『韓国のFTA政策と韓国企業の経営戦略』。
朴英元・天野倫文［2011］「インドにおける韓国企業の現地化戦略」『一橋ビジネスレビュー』季刊 WIN.59巻3号。
松下電器産業株式会社社史室［2008］『社史　松下電器変革の三十年』。
吉野次郎・大西孝弘［2011］「特集 新興国の中小都市を攻略せよ，インドの挫折と反攻」『日経ビジネス』3月21日。
Christensen, C. M.［1997］*The innovator's dilemma*, Harvard Business School Press.（玉田俊平太監修／伊豆原弓訳［2012］『イノベーションのジレンマ』翔泳社。）
Kotler, P.［2001］*Marketing Management*, Millennium Edition.（恩蔵直人監修・月谷真紀訳［2001］『コトラーのマーケティング・マネジメント』ピアソン・エデュケーション。）

（近藤　文男）

第4章

化粧品企業

1. はじめに

　いま，アジアの化粧品市場は新興国の急速な経済発展に伴い，大きく拡大を続けている。例えば，イギリスの国際的な市場調査会社であるユーロモニター・インターナショナルによれば，タイ，インドネシア，シンガポールなど東南アジア諸国連合（ASEAN）主要6カ国の2011年の化粧品市場は約52億ドル（約4,600億円）であり，2006年と比較すると，市場規模は7割近く拡大した。この傾向は今後も継続し，2016年には約72億ドルと，2011年に比べて4割拡大することが見込まれている[1]。

　本章では，このように大きな成長を遂げつつあるアジアの化粧品市場のうち，特に中国に焦点を当て，そこにおける日本の化粧品メーカーの国際マーケティング戦略について検討するとともに，その特徴と今後の課題を明らかにする。

　ところで，化粧品は用途の違いからコスメティック（Cosmetic）とトイレタリー（Toiletry）という2つのカテゴリーに分類されることが多い[2]が，本章では，便宜上，コスメティック（スキンケア商品，メイクアップ商品，フレグランス商品）にトイレタリーの一部（シャンプーやヘアリンスなどのヘアケア商品）を加えた商品群を指すものとする。

2. 海外市場進出の背景

　日本の化粧品業界において，従来，国内市場を主戦場としてきたメーカーが海外市場への本格的な進出を試みるようになったのは1980年代以降のことであった[3]。ここでは，その背景を見ておくことにしよう。

日本の化粧品業界は，戦後復興期から高度成長期を通じてはほぼ一貫して二桁の高い成長を遂げてきた。しかし，1977年に対前年度増加率が9.6％に落ち込んだのを契機として，それ以降，一桁台の低い成長率が続いた。1985年には19.0％という大幅な伸びを記録し，出荷額も初めて1兆円の大台に乗ることとなった。ただ，これは化粧品業界の統計が自主統計から通産統計に移行し，データベースが変更されたことに伴うもので，実質的な伸びは1～2％台の微増であった[4]。1980年代を通じて，日本の化粧品市場は成熟化の様相を呈すようになったのである。

　こうした中で，国内化粧品市場に新たな動きが見られるようになった。1つは外資メーカーによる攻勢が強まったことであった。1980年代後半のバブル景気のもと，空前の消費ブームが起こり，消費者の高級化志向の高まりを追い風に，新たに日本の化粧品市場に橋頭堡を築こうとする新興のクリニークのほか，シャネル，クリスチャン・ディオールといった欧米系メーカーの高級ブランドが百貨店市場で飛ぶように売れ，二桁以上の勢いで売り上げを伸ばした[5]。また，このような状況が新たな外資メーカーの市場参入を呼ぶという循環が繰り返された。

　もう1つは異業種メーカーの化粧品市場への参入が活発化したことであった。1980年代には，日用品，衣料品，医薬品などの業界から業種の垣根を越えた新規参入が相次いだ[6]。こうした勢力の筆頭格が花王（1980年参入）であった。花王は化粧品市場の成熟化が進む中で，主に低・中価格品を取り扱う量販店ルートを中心に対前年比6割を超える売上高の伸びを記録するなど，大きく成長を遂げていった。

　こうして，1980年代の日本の化粧品業界においては，国内専業メーカーに国内外からの新規参入組が加わって，限られたパイをめぐる熾烈な競争が展開されるようになった。この結果，資生堂をはじめとする国内専業メーカーの多くは売上高の伸び悩みやシェアの低下に直面することになったのである。

　見られるように，1980年代の国内化粧品市場は成熟化段階を迎え，大きな伸びが期待できない状況にあった。こうした中で，各メーカーが目を向けたのが海外市場であった。彼らが継続企業[7]として生き残っていくためには，国内市場に大きく依存してきた従来の方針を改め，成長の機会を海外に求めざるを得なくなったのである[8]。

3. 中国化粧品市場の発展

　このような状況のもとで，日本の化粧品メーカーが新たな市場の創出・獲得を目指して参入したのが中国であった。日本の化粧品メーカーの中で最も早く中国市場に参入したのは資生堂であった。1981年，北京市からの要請もあり，友誼商店や北京飯店等の大型商店やホテルなどで化粧品や石鹸など60品程度の商品を輸入販売したのが始まりだった。その後，現地工場への技術協力のプロセスを経て，1991年には北京麗源公司との合弁会社「資生堂麗源化粧品有限公司」を設立し，1994年，中国専用ブランド「オプレ」を発売するなど，現地生産を開始した。資生堂に次いで中国市場への参入を果たしたのがコーセーであった。1988年，浙江省杭州市の孔鳳春化粧品廠との合弁により，「春絲麗有限公司」を設立し，中国での事業をスタートさせた。シャンプーやリンスなどの生産から始め，次第にスキンケア商品やメイクアップ商品へと生産の幅を広げていった。1995年には，それまで技術協力にとどまっていたカネボウが，中国大手化粧品メーカーの上海家化連合有限公司（以下「上海家化」）と合弁会社「上海嘉娜宝化粧品有限公司」を設立し，高級化粧品ブランド「嘉娜宝」の製造販売を始めた。このように，日本の主要化粧品メーカーは1990年代の半ばまでに中国市場への本格参入を果たすこととなった。ここでは，なぜ日本の化粧品メーカーが中国市場をターゲットにしたのかという問題意識を念頭に置きながら，中国化粧品市場の発展プロセスを確認することにしよう。

　1978年の改革開放以後，中国政府は積極的な外資導入を推進した。課税の優遇などによる経済技術開発区への誘致や，国有企業との合弁・合資などによる参入の許可などの段階を経て，外国資本に対する制限は次第に撤廃されていった[9]。これに伴い，先進国からの中国への投資は活発化し，その規模も大型化していった。また，改革開放政策による市場経済化は中国経済を大きく成長させ，国民の生活水準を向上させるとともに，相応の可処分所得を有する富裕層，中間層を生み出すことになった。

　中国の化粧品市場は1978年の改革開放政策を機に本格的に成立した。それ以前，毛沢東時代，とりわけ文化大革命期には，化粧をすることは悪であると認識され，女性が化粧をするという行為自体が「否定」されていた。しかし，「美しくありたい」，「化粧をしたい」という，元来，女性が持っている欲求を長期にわ

たって抑えつけることは，誰も，どのような体制もできなかった[10]。改革開放以後，それまでの化粧に対する考え方が改められ，抑圧された状況から解放されると，女性の「美」に対する意識は急速に高まり，化粧品需要は大きく拡大していった。

改革開放以後の中国の化粧品市場の発展を化粧品工業生産額の推移によって見てみると，1980年にはわずか2億元に過ぎなかった市場規模が，1988年には17億元，1991年には45億元，1996年には220億元へと飛躍的な成長を遂げることとなった[11]。また，図表4-1は最近5年間の中国化粧品市場規模の推移を示したものである。2012年の市場規模は1,230億元（前年比9.6％増）であったが，ここ5年間はほぼ10％程度の成長率で市場規模を拡大させてきていることがわかる。図表4-2に示されているように，中国では富裕層・中間層が増加することが見込まれており，化粧品市場の拡大は今後も継続すると考えられる。

ただし，ここで注意しなければならないのは，中国は日本のような均質な市場ではないということである。中国は13億人の人口と広大な国土を有する巨大市場であるが，これまで中国における化粧品消費の大半は経済発展が進み，中・高所得者が多く居住する沿岸部の都市に集中しており，内陸部での化粧品消費は限定的であった。しかし，今後は政府の公共投資等によって内陸部の経済発展が進展し，そこに居住する消費者の所得および生活水準の向上がもたらされることが

図表4－1　中国化粧品市場規模の推移（2008年～2012年）
〈ブランドメーカー出荷ベース〉

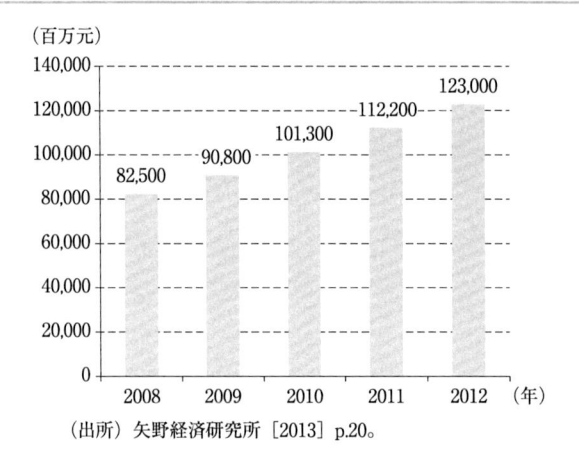

（百万元）

年	金額
2008	82,500
2009	90,800
2010	101,300
2011	112,200
2012	123,000

（出所）矢野経済研究所［2013］p.20。

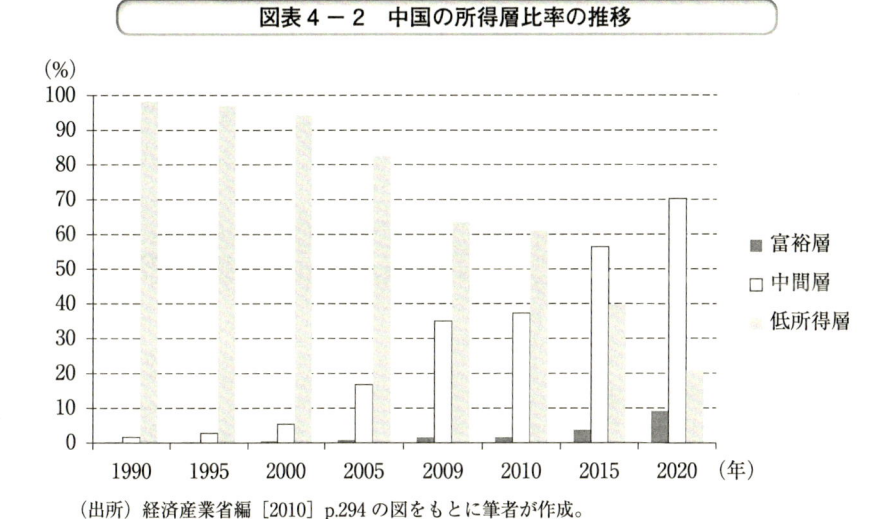

図表4－2　中国の所得層比率の推移

（出所）経済産業省編［2010］p.294の図をもとに筆者が作成。

予想される。このことから，化粧品の消費市場は従来の沿岸部に内陸部が加わり，地理的により一層拡大すると考えられる。

　1980～90年代の世界の化粧品市場を見渡したとき，欧米の先進国の化粧品市場は成熟しつつあった。このため，もし参入を果たしたとしても，有力外資メーカーとの間で限られたパイの争奪戦となるため，大きな成長は見込めなかった。これに対して，中国化粧品市場はまったく未成熟・未開拓な市場であり，大きく成長する可能性を秘めていた。こうしたことから，日本の主要化粧品メーカーはさまざまなリスクの存在を承知しながらも先発優位の獲得を目指して中国化粧品市場に進出していくことになったのである[12]。

4. 日系化粧品メーカーの国際マーケティング戦略

　図表4-3は中国化粧品市場で最も大きなウェイトを占めるスキンケア化粧品市場における化粧品メーカーのシェア（2012年）を示したものである。現在，中国化粧品市場では3,000社を超えるメーカーがしのぎを削っているといわれるが，上位10社で65.3％のシェアを占めている。1位のロレアルは世界最大の化粧品メーカー，2位の資生堂はこれまで長きにわたって日本化粧品業界のトップに君

図表4－3　中国スキンケア化粧品市場における化粧品メーカーのシェア(2012年)

(単位：百万元，％)

	メーカー名（国籍）	売上高	シェア
1	ロレアル（フランス）	13,510	16.8
2	資生堂（日本）	8,265	10.3
3	P&G（アメリカ）	7,905	9.8
4	メアリーケイ（アメリカ）	5,654	7.0
5	アムウェイ（アメリカ）	4,194	5.2
6	エスティローダー（アメリカ）	3,500	4.4
7	伽藍（中国）	2,928	3.6
8	バイヤスドルフ（ドイツ）	2,331	2.9
9	上海家化（中国）	2,202	2.7
10	アモーレ（韓国）	2,054	2.6
	その他	27,936	34.7
	合計	80,479	100.0

(出所) Euromonitor International。

臨してきた日本を代表する老舗化粧品メーカー，3位のP&Gは世界最大の一般消費財メーカーである。見られるように，日系メーカーのうち，資生堂はロレアルやP&Gなどの欧米系メーカーに伍して一定の地位を構築しているものの，カネボウやコーセーなどその他の日系メーカーの売上規模は小さく，上位10社にはランクインしていない[13]。また，中国系メーカーとしては，伽藍（7位），上海家化（9位）がトップ10に名を連ねている。

中国化粧品市場の市場構造を見ると，日本の場合，シェア上位を国内メーカーが独占している[14]のに対して，中国の場合は上位の大半を外資メーカーが占めている。1980年代には，中国における化粧品需要の大半は国産品によって満たされていた[15]というから，その後，20年余りの間，市場構造がいかに大きく変動したかが理解できよう。

ところで，化粧品という商品はブランド力やブランド・イメージが決定的に重要な意味を持つ[16]。化粧品メーカーが，販売上の安定性を確保しながら，売上高やシェアの維持・拡大を実現できるかどうかはこの一点にかかっていると言っても過言ではない。その意味で，化粧品メーカーは自社ブランドのイメージをい

かに構築し，維持し，高めるかに最大の関心を寄せることになる。当然のことながら，化粧品メーカーのマーケティングもこの点に焦点を当てて展開されることになる。ここでは，中国化粧品市場に対する日系メーカーの国際マーケティング戦略を，欧米系メーカー，中国系メーカー，および韓国系メーカーとの比較も織り交ぜながら検討する。

(1) 製品・価格戦略

　中国化粧品市場は，商品の価格帯によって，ハイプレステージ市場（400元以上），プレステージ市場（200～400元），ミドル市場（100～200元），マス市場（100元未満）の4つのセグメントに区分される。もともと，1990年代初頭までの中国化粧品市場は，当時新たに形成されつつあった高級輸入化粧品を中心とするハイプレステージ市場と従来の国産品を中心とするミドル・マス市場から構成され，両者は完全に分離されていた。しかし，1990年代を通じて中国経済が急速に発展するのに伴い，沿岸部の大都市を中心に，ファッションに敏感な女性が急増し，「輸入品は買えないが国産化粧品は欲しくない」という需要が生じてきた。このような状況から，ハイプレステージ市場とミドル・マス市場との間に新たにプレステージ市場が登場してくることになった[17]。以下，中国化粧品市場に対する化粧品メーカーの製品・価格戦略を見ていくことにしよう。

① 欧米系メーカー

　欧米系メーカーは中国市場への参入以降，高所得の女性をターゲットとしてハイプレステージ市場やプレステージ市場におけるブランド展開に注力してきた。しかし，1990年代から2000年代初頭にかけて，これらの市場での競争が次第に激しくなる一方，中間層が台頭してきたことを受け，ミドル・マス市場に参入した。その結果，欧米系メーカーはすべてのセグメントを網羅することとなった（図表4-4）。主要メーカーについて見てみると，1988年に中国に進出したP&Gはハイプレステージ市場に「SK-Ⅱ」，ミドル市場に「マックスファクター」，「オレイ」などを投入している。また，1996年に中国市場に参入したロレアルはハイプレステージ市場に「HR」，「ランコム」，プレステージ市場に「ビオテルム」，「VICHY」，ミドル市場に「ロレアルパリ」，「メイベリンニューヨーク」，マス市場に「ガルニエ」，「小護士」などを投入している。

図表4-4　中国化粧品市場における市場セグメント別主要ブランド

	日系メーカー	欧米系メーカー	韓国系メーカー	中国系メーカー
ハイプレステージ (400元〜)	資生堂「クレ・ド・ポー・ボーテ」、カネボウ「インプレス」、コーセー「コスメデコルテ」「雪肌精」、ポーラ「BA」	P&G「SK-Ⅱ」、ロレアル「HR」「ランコム」、エスティローダー「ESTEE LAUDER」「BOBBI BROWN」、LVMH「GUERLAIN」「CD」、シャネル「CHANEL」		
プレステージ (200〜400元)	資生堂「オプレ」「DQ」「SHISEIDO」「マキアージュ」、カネボウ「アクアブリナ」「コフレドール」「ルナソル」、「アプリーレスベリア」、「フリープラス」、花王「ソフィーナ」、コーセー「アルビオン」「アルビオン」、「エスプリーク」、メナード「DIVUM」、ファンケル「FANCL」	ロレアル「ビオテルム」「VICHY」、ロクシタン「L'OCCITANE」、エスティローダー「M・A・C」、クリニーク「CLINIQUE」、アムウェイ「ARTISTRY」、クラランス「CLARINS」、ジュリーク「JURLIQUE」、メアリーケイ「MARY KAY」	LG「ISA KNOX」、アモーレ「LANEIGE」	伽藍「自然堂」、上海家化「双妹」
ミドル (100〜200元)	資生堂「ウララ」「Za」、カネボウ「アクアレナッシュ」「ケイト」、ディーエイチシー「DHC」、ロート製薬「肌研」、オルビス「ORBIS」	P&G「マックスファクター」「オレイ」、ロレアル「ロレアルパリ」「メイベリンニューヨーク」、エイボン「AVON」	LG「DEBON」、スキンフード「SKINFOOD」、ザ・フェイスショップ「THE FACE SHOP」、アモーレ「MAMONDE」、ミシャ「MISSHA」	上海家化「佰草集」、広州丸美「丸美」、伽藍「自然堂」
マス (100元未満)	資生堂「ピュアマイルド」、コーセー「レシピオ」、ちふれ「CHIFURE」、常盤薬品工業「SANA」	ロレアル「ガルニエ」、小護士、バイヤスドルフ「NIVEA」、コティ「丁家宜」、ジョンソン&ジョンソン「大宝」		伽藍「自然堂」、上海相宜本草「相宜本草」、薬美特「素美特」、上海高姿「高姿」

(出所) 矢野経済研究所編 [2013] p.19 の表に筆者が一部加筆・修正。

これら欧米系メーカーで特徴的なのはブランド買収が活発であるということである。具体的には，ミドル・マス市場に展開している既存の有力な現地ブランドをM&Aによって買収し，傘下に収める方法によって，新たな市場セグメントへの参入を果たすとともに，ブランド・ポートフォリオの拡充を図ってきた[18]。ロレアルによる「小護士」(2003年)，ジョンソン&ジョンソンによる「大宝」(2008年)，コティによる「丁家宜」(2011年)の買収などが事例としてあげられる。

② 日系メーカー

日系メーカーも，ブランド・イメージを重視する観点から，ハイプレステージ市場やプレステージ市場を中心にブランドを展開してきた。しかし，欧米系メーカー同様，有望な成長市場であるミドル・マス市場にまで訴求対象を拡大させ，各市場に新たなブランドを投入することによって，すべてのセグメントにアプローチしている（図表4-4）。主要メーカーについて見てみると，資生堂はハイプレステージ市場に「クレ・ド・ポーボーテ」，プレステージ市場に「オプレ」，「SHISEIDO」，「マキアージュ」，ミドル市場に「ウララ」，「Za」，マス市場に「ピュアマイルド」などを投入している。カネボウはハイプレステージ市場に「インプレス」，プレステージ市場に「アクアスプリナ」，「コフレドール」，ミドル市場に「アクアルナッシュ」，「ケイト」などを投入している。コーセーはハイプレステージ市場に「コスメデコルテ」，「雪肌精」，プレステージ市場に「プレディア」，「エスプリーク」，マス市場に「レシピオ」などを投入している。

日系メーカーの国際マーケティングの1つの特徴として，先進国市場に参入する場合と新興国（中国）市場に参入する場合では，マーケティングの訴求対象が異なる点を指摘できる。すなわち，先進国市場への参入がハイプレステージ市場に特化したものであるのに対して，新興国（中国）市場ではハイプレステージ市場のみならず，プレステージ市場，ミドル市場，マス市場の4つのセグメントすべてを訴求対象としている。

標準化―適応化の観点から見たとき，日系メーカーが中国市場で販売するブランドは両者を含んでいる。例えば，資生堂の場合，「クレ・ド・ポーボーテ」や「SHISEIDO」などのグローバル・ブランド（輸入品）は前者に該当し，「オプレ」や「ウララ」などの中国専用ブランドは後者に該当する。これらの中国専用ブランドは日本の研究所において開発され，中国の工場で生産されることになった商品である[19]が，いずれも中国女性の美に対する意識や嗜好，肌質のほか，

中国各地の気候などに関する徹底した現地調査に基づいて開発されたものであった。特に，中国ではきめ細かいながらも乾燥肌に悩んだり，白い肌への憧れを抱く女性が多かった。「オプレ」や「ウララ」はこうした現地のニーズに適合した商品であったため，中国女性に広く受け入れられ，高い評価を受けた。

③ 中国系メーカー

欧米系メーカーや日系メーカーがハイプレステージ市場やプレステージ市場を中心にブランド展開したのに対して，中国系メーカーはミドル・マス市場を主なターゲットとしてブランドを投入してきた（図表4-4）。しかし最近は，2010年に上海家化が老舗ブランド「双妹」をプレステージ市場へとリブランディングしたケース[20]に象徴されるように，より上位の市場を目指す動きが見られるようになってきた。

④ 韓国系メーカー

最近，急速な成長を遂げているのが韓国系メーカーである。アモーレ，LG，ザ・フェイスショップ，スキンフード，ミシャなどの韓国メーカーは主にミドル市場に注力しており，「日系のプレステージブランドには手が届かないものの，ローカルのマスブランドでは満足できない女性」をターゲットとしている[21]。しかし，韓国メーカーも中国メーカー同様，より上位の市場に訴求対象を拡大させつつある（図表4-4）。

従来，日系メーカーと欧米系メーカーはハイプレステージ市場とプレステージ市場，中国系メーカーはミドル・マス市場，韓国系メーカーはミドル市場を中心としたブランド展開を行ってきた。しかし，近年，日系メーカーと欧米系メーカーはミドル・マス市場へ，中国系メーカーと韓国系メーカーはハイプレステージ市場やプレステージ市場へ参入するといったように，市場セグメントを超えた競争が展開されるようになってきており，取り扱い商品はフルライン化する方向にある。

(2) 販売促進戦略

アメリカの調査会社[22]によれば，2012年の中国広告市場規模は425.7億ドル

であった。これはアメリカ（1,694.8億ドル），日本（472.5億ドル）に次ぐ世界第3位の規模に相当する。この世界有数の規模を誇る中国広告市場において，「広告産業の牽引者的存在」となっているのが化粧品である。

　中国化粧品市場では，中国系メーカーのほか，欧米系，日系，韓国系などの外資メーカーが，右肩上がりの成長を続ける巨大市場の獲得をめぐって熾烈な販売競争を展開している。一般に，化粧品は消費者が品質を客観的，定量的に識別・判断することが困難な商品であり，「夢を売る商品」とも称されるようにイメージやムードといった要素が強く作用する[23]。こうしたことから，化粧品メーカー各社は自社ブランドの認知度を高めることに加え，ブランド・イメージを向上させるために積極的な広告宣伝活動を展開している。

　例えば，中国系メーカーの上海家化はテレビ広告，インターネット広告，雑誌広告，新聞広告，および屋外広告といった多彩なメディアを活用した自社ブランドの宣伝を大量に実施している。このうち，同社が主体としているのがテレビ広告と屋外広告である。2012年のテレビ広告投入費用は広告宣伝費全体の約45％，屋外広告が45％，雑誌・インターネット広告といったその他の宣伝費がおおよそ10％であった。なお，同社が2012年に投下した広告費が総売上高に占める割合は約10％であった。また，韓国系メーカーのアモーレの広告宣伝活動はテレビ広告，紙面広告，雑誌広告，インターネット広告といった方式で実施されている。このうち，テレビ広告は45％，紙面広告は30％，雑誌・インターネット広告は25％を占めている。なお，同社の広告費は総売上高の約3〜5％であった[24]。

　しかし，広告宣伝活動において最も目立つのはP&Gやロレアルといった欧米メーカーである。これらの企業は巨額の広告費を投下した宣伝により，中国市場における自社ブランドの認知度やイメージの向上に成功し，業界1, 2位のポジションを獲得することになった[25]。

　これに対して，資生堂をはじめとする日系メーカーは，メディアを利用した広告よりも，小売店頭での店員やビューティー・コンサルタント（以下「BC」）によるきめ細かなサービスの提供と顧客とのコミュニケーションを通じた信頼関係の確立によって，ブランド・ロイヤリティを高め，リピーターを獲得するという方法を伝統的に重視してきた。しかし，2000年代に入り，メーカー間競争が激化する中で，欧米系メーカー等の広告宣伝の圧力に対抗する必要性から，従来の方法は堅持しつつも，各種メディアを利用した広告活動の強化に乗り出す動きが

見られるようになった。例えば，資生堂は 2004 年,「オプレ」のメイクアップシリーズのフルリニューアルに伴い，テレビ広告をスタートするとともに，地下鉄の駅構内でのアピールを強化した[26]。

　日系メーカーの広告手法については，日本で 1970 〜 1980 年代に盛んに行われ，すでに化粧品のプロモート手法として確立されている楽曲タイアップでのメッセージ発信を実施する[27]など，日本で成功した手法を中国市場に適用するケースが多い。しかしその一方で，メディアを介した広告宣伝には中国で人気のある女優やモデルを起用するなど，現地の状況に応じて柔軟に対応している部分もある。

(3) チャネル戦略

　2000 年代半ばまで，中国化粧品流通は百貨店と化粧品専門店によって担われていた。百貨店はハイプレステージ市場とプレステージ市場，化粧品専門店はミドル市場とマス市場をそれぞれターゲットとしていた。しかし，2000 年代半ば以降，化粧品の流通チャネルは急速に多様化し，組織小売業，通信販売，薬局などが次々と台頭した。その背景には中国小売流通分野における外資進出に対する地域，出資，出店数などに関わる制限の撤廃（2004 年）があった。

　2012 年の中国化粧品市場を流通チャネル別に見てみると，百貨店が 38.9％，化粧品専門店が 19.9％，組織小売業が 17.6％，通信販売が 8.5％，薬局が 8.0％，訪問販売が 7.1％を占めている[28]。百貨店が依然として中国化粧品流通の中心であることに変わりないが，近年はシェアを落としつつある。これに対して，通信販売（特にインターネット通販）と並んで近年急速にシェアを拡大させているのが，化粧品専門店である。現在，中国化粧品市場で事業展開している化粧品メーカーの多くは複数のセグメントに異なるブランドを投入しており，それらを別々のチャネルを通じて販売する手法を採用しているが，最近は化粧品専門店への参入が相次いでおり，競争が激化している。

　化粧品専門店がシェアを拡大させている理由は，従来百貨店を主要なチャネルとしてきた外資メーカーが，市場獲得のための新たなチャネルとして参入したためである。ハイプレステージ市場やプレステージ市場におけるメーカー間競争が激化したことにより，百貨店チャネルにおける成長が見込めなくなったこと，従来沿岸部に限定されていた中国経済の発展が内陸部に及ぶようになり，地方の中小都市や農村部において所得水準が向上し，化粧品需要が高まったこと，これら

の地域には百貨店が存在しなかったこと，化粧品専門店の急速な増加が見られたこと，などがその背後にある[29]。

　外資メーカーの中で，化粧品専門店の本格的な開拓に最初に取り組んだのは資生堂であった。資生堂の化粧品専門店の開拓は2004年にスタートした。日本で培ったチェーンストア運営のノウハウを活用して，個人経営の化粧品専門店をボランタリーチェーンとして組織化するというものであった[30]。中国化粧品専門店専用ブランド「ウララ」を中核商品として，販売網を拡大していった。「ウララ」の発売は2006年であったが，それ以前は中国以外の海外でも販売されている商品を販売していた。専門店契約を結んだ店舗の数は2005年には1,000店，08年には2,500店，そして11年には5,000店を超えるまでに成長した[31]。また，2008年には従来からの「ウララ」を中心に取り扱う専門店に加え，取り扱いブランドを中低価格帯の「ピュアマイルド」に限定した「PM（ピュアマイルド）優良店」を新設した。なお，これらの商品は（資生堂）→（特約店）→（化粧品専門店）といったルートを通じて販売されている。

　資生堂の専門店開拓が成功を収めたことに刺激を受け，他のメーカーも専門店チャネルの構築に積極的に乗り出した。日系メーカーでは，コーセーが2008年，カネボウが2011年に専門店チャネルに参入した。いずれも，資生堂同様，日本で成功したチェーンストアの仕組みを中国市場に適用・導入したものである。欧米系メーカーでは，ロレアルが2009年に「魅力連盟」という契約専門店網づくりプロジェクトをスタートさせた。また，バイヤスドルフ傘下のニベアが2010年に専門店チャネルの開拓を開始している[32]。

　見られるように，中国化粧品市場における専門店チャネルの構築は日系メーカーと欧米系メーカーを中心に進められている。ただ，チャネル構築の進め方は両者の間でやや異なり，欧米系メーカーが短期での量的拡大を優先したものであるのに対して，日系メーカーは長期的視野に立って専門店や消費者とのより良い関係づくりに地道に取り組むなど，質的充実を重視したものとなっている。

5. 小　結

　最後に，中国市場に対する日本の化粧品メーカーの国際マーケティング戦略の特徴と今後の課題について簡単に触れておく。

特徴としては，少なくとも3点をあげることができる。第1に，日系メーカーとその他メーカーとの比較を通じて指摘できることである。欧米系メーカーが積極的なM&Aを通じたブランド買収によってブランド・ポートフォリオを充実させたり，巨額の広告費の投下によって自社ブランドの認知度やイメージを高めるプル戦略に重点を置いているのに対して，日系メーカーは小売店頭での店員やBCによるきめ細かなサービスの提供と顧客とのコミュニケーションを通じて，リピーターの増大を図る戦略を重視している。また，韓国系メーカーや中国系メーカーがミドル市場やマス市場を主なターゲットとしたのに対して，日系メーカーはハイプレステージ市場をねらって市場参入した。

第2に，先進国へのマーケティングと新興国へのマーケティングの比較を通じて指摘できることである。従来，日系メーカーは先進国市場に進出する場合，ハイプレステージ市場に特化して参入してきたが，新興国である中国市場ではハイプレステージ市場からマス市場まで幅広いセグメントを訴求対象としてきた。

第3に，日系メーカーの中国市場に対する国際マーケティングを標準化—適応化の観点から見た場合，双方を組み合わせた戦略が採用されたことである。標準化の事例としては，日本で展開しているブランドや全世界でプレステージ商品として展開しているグローバル・ブランドを導入したこと，日本で成功したチャネル戦略を中国市場に適用したことなどがあげられる。一方，適応化の事例としては，中国専用ブランドの開発・導入やメディアを利用した広告において中国で人気のある女優やモデルを起用したことなどがあげられる。

今後，中国化粧品市場において，日系メーカーが規模で勝る欧米系メーカーや近年急速に力をつけつつある中国系メーカー，韓国系メーカーとの競争を有利に進めるためには，日本企業の強みである品質の高さと小売店頭における手厚いサービスの提供など，顧客接点を重視した販売手法を愚直に追求していくことが重要な課題となる。また，自社ブランドの認知度やイメージをより一層向上させるための販売促進活動や社会貢献活動なども不可欠である。

【注】

1）『日本経済新聞』2013年1月18日，13面。
2）山岡［1990］p.30。
3）それ以前に，日本の化粧品メーカーによる海外進出がまったくなかったわけではない。例えば，資生堂は1957年に台湾に進出し，その後，アジア各地に販売エリアを拡大する一方，1962年にはハワイに合弁会社を設立，1963年にはイタリア市場に参入した。カネボウ

やコーセーも 1960 年代〜1970 年代にかけて東南アジアを中心に事業を拡大させている。しかし，それらの多くは積極的な市場の獲得を意図したというよりも，国内市場の付加的要素，すなわち国内市場で生じた在庫品を処分する，あるいはブランドイメージを向上させて国内市場への販売に活用することをねらったものであった（資生堂編［1972］，花王ミュージアム・資料室編［2012］，コーセー編［1998］）。

4）山岡［1990］pp.20-24。
5）『日経産業新聞』1987 年 6 月 17 日，21 面。
6）『日経産業新聞』1981 年 10 月 31 日，8 面，『日経産業新聞』1982 年 11 月 12 日，12 面。
7）小原［2011］p.47。
8）ただ，リスクを取って海外市場に打って出ようとする動きは鈍く，中小メーカーを含めた海外進出が本格化するのは 2000 年代に入ってからであった（大石［2009］p.2）。
9）宮本［2013］p.83。
10）安部［2010］p.41。
11）房［1999］pp.190-191。
12）Dyer, et al.［2004］邦訳 p.308，Jones［2005］邦訳 pp.176-177。
13）富士経済東京マーケティング本部第一統括部第二部編［2013］によれば，2012 年度の資生堂の中国における売上高は 850 億円であった。これに対して，カネボウは 45 億円，コーセーは 110 億円（香港における販売実績を含む）であった。
14）日経産業新聞編［2012］pp.260-261。
15）宮本［2013］p.82。
16）安部［2010］p.42，史［2007］p.253。
17）矢野経済研究所［2013］pp.15-16。
18）金・古川［2004］p.103。
19）宮川［2009］p.26。
20）矢野経済研究所［2013］p.16。
21）矢野経済研究所［2013］p.19。
22）eMarketer［2012］
23）光澤・神保［1995］p.164。
24）矢野経済研究所［2013］p.260，p.411。
25）金・古川［2004］。
26）金・古川［2004］p.104。
27）太田［2009］p.23。
28）矢野経済研究所［2013］p.40。
29）宮川［2009］pp.25-26。
30）資生堂編［2005］p.13。
31）資生堂がそれまでプレステージ商品で構築してきたブランドイメージが化粧品専門店の開拓に大きく貢献したことは想像に難くない。
32）謝［2011］pp.31-33。

【参考文献】

安部悦生［2010］「資生堂の中国戦略—中国女性をより美しくする—」『経営論集』第 57 巻第 1・2 号，明治大学経営学研究所，pp.37-62。
大石芳裕［2009］「問題意識と分析視角」大石芳裕編著『日本企業の国際化—グローバル・マーケティングへの道—』文眞堂，序章所収，pp.1-13。
太田正人［2009］「中国における資生堂ブランドマーケティング」『マーケティング・リサー

チャー』第109号，日本マーケティング・リサーチ協会，pp.20-25。
花王ミュージアム・資料室編［2012］『花王120年　1890-2010年』花王。
金春姫・古川一郎［2004］「ブランディング・イン・チャイナ─化粧品：イメージ・メーカーの戦い─」『一橋ビジネスレビュー』第52巻第2号，東洋経済新報社，pp.96-107。
経済産業省編［2010］『通商白書（2010年版）』日経印刷。
コーセー編［1998］『創造と挑戦　コーセー50年史』コーセー。
小原　博［2011］『基礎コース　マーケティング（第3版）』新世界。
史　樺［2007］「グローバル経営とコーポレート・コミュニケーション：資生堂を事例として」『人間社会環境研究』第13号，金沢大学，pp.245-258。
資生堂編［1972］『資生堂百年史』資生堂。
資生堂［2005］『アニュアルレポート2005』。
謝　憲文［2011］「中国「低線市場」変革の潮流（2）　化粧品専門店チャネルの主導権争いが熾烈化」『国際商業』第44巻第10号，国際商業出版，pp.30-32。
日経産業新聞編［2012］『日経シェア調査　2013年版』日本経済新聞出版社。
房　文慧［1999］『化粧品工業の比較経営史』日本経済評論社。
富士経済東京マーケティング本部第一統括部第二部編［2013］『グローバル化が進む化粧品メーカーの事業戦略2013』富士経済。
光澤滋朗・神保充弘［1995］「化粧品のマーケティング」マーケティング史研究会編『日本のマーケティング─導入と展開─』同文舘出版，第6章所収，pp.159-182。
宮川　勝［2009］「中国事業は資生堂の成長エンジン」『グローバル経営』第330号，日本在外企業協会，pp.24-29。
宮本文幸［2013］「中国における化粧品市場の成り立ちと今後の展望」『愛知大学国際問題研究所紀要』第141号，愛知大学国際問題研究所，pp.81-97。
矢野経済研究所［2013］『中国化粧品マーケティング総鑑（2013年版）』矢野経済研究所。
山岡良夫［1990］『化粧品業界』教育社。
Dyer, D., F. Dalzell and R. Olegario［2004］*Rising Tide: Lessons from 165 Years of Brand Building at Procter & Gamble*, Harvard Business School Press.（足立光・前平謙二訳［2013］『P＆Gウェイ』東洋経済新報社。）
Jones, Geoffrey［2005］*Renewing Unilever : Transformation and Tradition*, Oxford University Press.（江夏健一・山中祥弘・山口一臣監訳［2013］『多国籍企業の変革と伝統：ユニリーバの再生（1965-2005年）』文眞堂。）
『日経産業新聞』。
『日本経済新聞』。
eMarketer［2012］
〈http://www.emarketer.com/Article/Japan-Lose-Ad-Spend-Edge-China-2014/1009575〉閲覧日：2013年9月28日。

（神保　充弘）

第5章

食品企業

1. はじめに

　味の素㈱，江崎グリコ㈱，大塚製薬㈱NC（ニュートラシューティカルズ）事業部（50音順）の，アジアでの消費者向け食品事業のマーケティング展開を取りあげる。地理的ターゲットはASEAN諸国と中国である。

(1) 味の素㈱

　味の素㈱は，海外の消費者向け食品事業の約8割をアジアに依存している。ASEAN 6カ国（タイ，インドネシア，マレーシア，ベトナム，フィリピン，シンガポール）がその柱である。各国の現地法人はそれぞれ総合食品企業に成長している。多くの製品カテゴリーで，グローバル・ブランドであるうま味調味料「味の素」を始め，現地専用の有力ブランドを擁し，それらブランドは各国の最も保守的であるといわれる食生活にしっかりと根をはっている。現在は，新商品の導入や南西アジアと中東への地域拡大など，積極的な強化的成長戦略を実践中である。中国では，低飛行が続いている。

(2) 江崎グリコ㈱

　江崎グリコ㈱の海外売上の8割超がアジアである。売上の柱は日本発グローバル・ブランドへ成長途上の「ポッキー」と「プリッツ」である。豊かな中間層の子弟たち，特に，高校生・大学生の女性をコア・ターゲットにして，彼女たちが好むPOP-Cultureを取り込んだソフト価値重視の文化マーケティングを展開して成長中である。アジア事業は歴史的にタイと中国が早く，現在二本柱として成

長中である。販売エリアは，タイではバンコクなどの大都市周辺から地方へ，そしてインドネシアやベトナムなどの周辺国へ，中国では沿海部などの重点地域展開から全国の大都市展開へ拡大中である。

(3) 大塚製薬㈱ NC 事業部

　NC（ニュートラシューティカルズ）事業部の主力商品は，「ポカリスエット」，「ソイジョイ」などである。当該事業部は，アジアでも日本と同様に，何らかの科学的根拠のある・健康に資する飲料や食品を丹念に消費者教育をしながら販売するマーケティングを実行している。始めたら成功するまで止めない持久力・継続力を発揮中である。

　2013年現在，インドネシアがアジア最大の売上規模を擁している。18,000もの大小の島が東西5,000kmに連なる島嶼国の全域に販売網を張り巡らして，さらに成長中だ。今後はタイ，ベトナムでの浸透を目指す。中国では緩やかな成長を続けている。

2. マーケティング知識の移転[1]

　企業のグローバル・マーケティング，それは，「顧客価値創造の源泉である自社のマーケティング知識を，世界中で，自国や相手国に学びながら相互に移転（Transfer）し実践して，企業業績（売上や利益）の『グローバル最適』を目指す経営活動」である。以下で本章のフレームである筆者の移転理論を説明する。

(1) まず，移転する「マーケティング知識の 4P 戦略」を定義しておこう

　日本企業がグローバルに相互移転するマーケティング知識を，「(P) プロダクト」，「(P) プログラム」，「(P) プロセス」，「(P) ピープル」の4P戦略と定義する。

　「プロダクト戦略」は，顧客価値の源泉である商品開発をガイドすること。「プログラム戦略」は，競争優位にマーケティングの4P戦略ミックス（個々の商品

とそのブランド戦略，広告・販促戦略，流通戦略，価格戦略）を構築し実践すること。「プロセス戦略」は，プログラム戦略を立案・実践するためのマーケティング管理プロセスのこと。そして「ピープル戦略」は，マーケティング知識は人から人へ移転されるので，HRM（人的資源管理）のダイバーシティをグローバルに最適化することである。

(2) マーケティング知識は，AI 移転と SA 移転でグローバル進化する

　日本企業が海外のマーケティング知識を学び・移転して，自社に内部化して進化するモードを3ステップの AI 移転・AI 進化とする。内へのグローバリゼーションである。プロダクト戦略の移転では，ある商品カテゴリー（家電など）を欧米から学んで採用し模倣して，二番手で値段が安い商品を造って本邦初で市場を開拓する。次に，学んだことを応用し改良・改善を加えて，二番手だが性能や機能を高めた改良商品を造って既存市場を進化させる。やがて，習熟して革新し，新しい市場創造型の商品を世に送り出す。

　そして，日本企業が海外へ成長機会を求める移転を，SA 移転の2ステップとする。標準化と適用化による外へのグローバリゼーションである。家電では AI 進化しながら，SA 輸出や SA 現地生産で日本企業がかつて世界を席巻したのは

図表 5－1　マーケティング知識の AI 移転と SA 移転

日本へ…
採用と模倣（Adopt and Imitate）
応用と改良（Adapt and Improve）
習熟と革新（Adept and Innovate）

日本から…
標準化（Standardize）
適応化（Adapt）

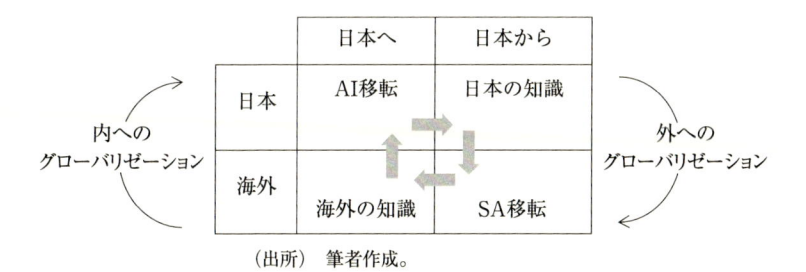

	日本へ	日本から
日本	AI 移転	日本の知識
海外	海外の知識	SA 移転

内へのグローバリゼーション　　外へのグローバリゼーション

（出所）　筆者作成。

記憶に新しい。

　現在では，日本企業が世界中で消費者から学び，SA 移転の適応化ではなく，現地での AI 移転による現地専用商品・現地専用ブランドも開発販売されている。現地化・AI 移転で，現地で First-and-Best な顧客価値を創造する。自動車や家電の現地専用モデルでは，リバース・イノベーションで現地での商品開発をして，やがて先進国市場の中間層にも販売する。食品や化粧品では，現地のライフスタイルに学んでゼロから現地で商品とそのブランドを開発・販売する。

(3) 文明商品と文化商品ではグローバル移転の仕方に違いがある

　「プロダクト戦略」で，プロダクトを文明商品と文化商品に分ける視点が必要である。文明商品と文化商品の両方の属性を備えたハイブリッド商品も多い。そして，それぞれの商品の属性を「かたち」と「こころ」に分ける。
　自動車や家電などの文明商品のグローバル展開では，技術ベースの機能や性能で競争優位性が客観的に評価される。そのため，日本発の商品の「かたち」をあまり変えない標準化で，現地の心理的・情緒的なニーズやウォンツに沿ってコミュニケーションで「こころ」を変える現地文化への適応化が中心となる。機能・性能・利便性・価格といった「かたち」の文明価値は，文化の違いにあまり拘束されることなく（Culture-free），値段とのトレード・オフでグローバル移転される。日本企業はこれまで，文明商品でのグローバリゼーションが得意だった。その代表例が自動車や家電で，多くのグローバル企業が育った。
　食品やアニメなどの文化商品では，日本「ならでは，らしさ」の文化価値である「こころ」は変えない標準化で，味，香りなど「かたち」を変える現地文化への適応化。「かたち」も「こころ」も変えない，コテコテ日本の標準化移転もある。また日本発の食品から離れて，一から現地の食文化に学んで，「かたち」も「こころ」も現地化＝AI 移転で現地発の食品を開発する事例もある。日本発の文化価値は普遍価値ではなく，それを好きで受け入れる人々にとっての特殊価値（Culture-bound）である。
　文明商品の自動車や家電でも，近年は新興市場を中心に，最初から「かたち」も「こころ＝デザインやイメージ」も現地での AI 移転化が進んでいる。それに遅れた日本の家電企業は韓国勢に敗退し，それに気付いて現地 AI 移転に取り組

んだ自動車企業は競争力を回復しつつある。

(4) 本章で取り上げる3社の商品は，食品＝文化商品である

　味や品質の「かたち」は譲れないが，「家族で美味しく食べる幸せ」（味の素），「大切な人と楽しさをシェアする幸せ」（グリコ），「身体に良いことをしている幸せ」（大塚）といった「こころ＝幸せ」の文化価値・ソフト価値を提供している。技術優位の差別性ではなく，ライフスタイルを豊かにするソフト価値の競争優位性の競争である。だから，現地文化を深く理解して，豊かな想像力と創造力を働かせた顧客価値創造の優位性が最も大切な競争次元となる。
　マーケティング知識の4P戦略の移転という視点で，各社のアジアでのマーケティング展開を分析する。

3. 味の素㈱のアジアでのマーケティング[2]

(1) 味の素㈱でのアジア・マーケティングの位置づけ

　2012年度の連結売上高は1兆1,724億円，海外売上高が4,075億円で連結売上高の35％を占める。消費者向け食品事業の海外売上高は1,993億円，その8割近くの1,535億円がアジアの貢献である。成長率も利益率もアジアが最も高い。なかでもタイが最大の拠点であり，ASEAN本部が置かれている。
　ASEANの成功を牽引したビジネス・モデル（後述）は，タイ味の素社とASEAN本部が主導して創りあげた。タイが成功の先鞭をつけ，その成功モデルが他のASEAN諸国にSA移転され，各国でも成功を重ねて今日に至っている。今後のアジアでの成長戦略は，タイとインドネシアを商品開発と生産の拠点にして，南西アジアや中東へ一段と拡大することである。

(2) 味の素㈱のアジアでのマーケティング[3]

① ASEAN のビジネス・モデルは上方移行マーケティングである

タイのビジネス・モデルが現在 ASEAN 全域で現地適応化され成功を重ねている。タイに軸足を置いて ASEAN をレビューする。

タイ味の素社の 2012 年度の業績は，消費財で売上高 800 億円強，ASEAN 全体の 6 割を占め，成長率も高い。タイ味の素社は現在，同国を代表する総合食品企業である。タイに次いで，インドネシア 230 億円，ベトナム 150 億円（推定），フィリピン 100 億円（推定）も成長中である。

タイ味の素社はこれまで 50 年超にわたり，BOP（貧困層）→ MOP（中間層）→ TOP（富裕層）[4] へ，上方移行の対応力を丹念に磨きながら事業を拡大した。スタートした当初の 1960 年代から 70 年代は，人口の 9 割近くが貧困層であった。そのため，まず圧倒的大多数の貧困層の家庭の食卓に入り込むことに集中し，うま味調味料「味の素」を貧困層と下位中間層に提供して大成功した。

「米，野菜，魚が中心の家庭料理」という食文化は ASEAN で，特に肉がなかなか買えない貧困層の家庭で，共通している。そこでは「Meaty Taste= うま味」が決定的に不足する。商品「味の素」がそのうま味を提供した。タイが先鞭をつけ，やがて ASEAN 全域で「味の素のうま味」が普遍的な価値として受け入れられた。

② プロダクト戦略

グローバル・ブランドであるうま味調味料「味の素」は，SA の標準化移転で「かたち」も「こころ」も変えない。

うま味調味料「味の素」が定着し，ブランドと商品の多角化展開が可能になった。「商品 AJI-NO-MOTO のうま味」と「企業 AJINOMOTO への信頼・安全・安心」が確立したあと，タイの家庭料理の定番であるスープ・トムヤンクンなどに使うチキンだしやポークだし，というそれまでになかった少しプレミアムな複合調味料「ロッディー」やメニュー別調味料「ロッディー・メニュー」を，中間層の主婦のニーズとウォンツを分析・洞察することで，現地で開発発売した。「かたち」も「こころ」もタイから学んだ AI 移転である。製造技術は，日本の「ほんだし」の技術をタイの食生活に応用した。第 1 位の参入でトップ・シェア

（60％）を維持している。First-and-Best である。

　その後は日本に原型がある商品カテゴリーをタイ人の味覚や嗜好に適応化して，中間層をターゲットに缶コーヒー「バーディー」，インスタント・ラーメン「ヤムヤム」などを順次投入した。「バーディー」はネスレを抑えて60％超のシェアを維持している。日本発カテゴリーの SA 移転，「かたち」も「こころ」も現地文化への適応化で，特に「かたち」であるコーヒーの甘みや苦み，麺類の長さ・太さ・こしや味つけなどは現地のニーズを反映している。

　要約すると，タイ味の素社のプロダクト戦略は，2種類のブランド戦略（グローバルとローカル），3種類の移転戦略（商品「味の素」を標準化移転する，現地で一から AI 移転で開発する，日本発カテゴリーを現地へ SA 適応化して現地専用商品化する），そして3段階のターゲット戦略（BOP → MOP → TOP）で構成されている。

　そして原則として市場の先取り・第1位の参入で，First-and-Best を目指す。このタイ発のプロダクト戦略が ASEAN 全体に SA 移転された。

③　プログラム戦略

　原則として，現地に学ぶ AI 移転で戦略構築と実践をする。しかし，後述するように，プログラムを構築・実践するプロセスは，味の素㈱の全世界統一マニュアルに沿った標準化移転である。

　タイ味の素社，そして ASEAN 全域で SA 標準化されている「マーケティング実践の3A原則＝プログラム戦略」がある。ASEAN で，中でもタイで，現地 AI 移転で確立したマーケティング・プラクティスだ。Applicable, Available, Affordable である。「アプリカブルは，現地の食生活のニーズ・ウォンツに応えること」で，全てのプロダクトを串刺しにする基本哲学だ。「アベイラブルは，全国どこででも買えること」で，全国津々浦々の小売店に直販網を作りあげている。「アフォーダブルは，ターゲットの購買力に対応する価格設定のこと」で，価格戦略の基本である。

　例えば，うま味調味料「味の素」は，タイのほとんどすべての家庭料理に愛用されている。値段は，毎日1日分を当用買いする3g〜10g入りのサイズで，BOP や MOP の主婦が買える水準の2円〜5円である。

　もう1つ，販売での三現主義（現地・現物・現金）の実践がある。全国で何十万軒もある小さな小売店（ほとんどはウェット・マーケットといわれる大きな市

場の店子である）をくまなく訪問して現地のニーズを把握する。現物，つまり，商品を直販で小売店頭に届ける。販売代金はその場で現金回収する。1,200名の販売部隊が，二人一組で徹底して現場に密着した販売活動を展開している。タイだけでなくASEAN全域で，食品や日用品の小売流通の8割～9割がこのルートに依存している。

　広告や販促の制作は，現地主導で行う。特に現地の食に関するコミュニケーション，特に，家庭料理の美味しさや幸せのクリエイティブ表現は，現地人社員のコントロールで外部の現地人クリエイターに依存する。「日本人の美味しさのコンセプトやその表現方法にはこだわらない方がいい」と長年の経験で確信している。

④　プロセス戦略

　全世界の標準化プロセスに従う。つまり，マーケティング戦略の立案プロセスは，世界統一マニュアルによる標準化管理である。マニュアルは「味の素マーケティング管理マニュアル」で，もちろん厳重な社外秘である。マーケティング知識の共有化を推進しながら，プロセスはマニュアルに沿う標準化，マーケティング・ミックスの戦略プログラムは現地法人主導で，本社海外食品部と協議しながら，SA移転とAI移転の複合的組み合わせで立案・実践している。本社にはASEAN諸国での駐在経験が豊富な担当者を配属している。

　ブランド・マネジメント体制

　グローバル・ブランドは本社で一元管理される。リージョナル・ブランドやローカル・ブランドのマネジメントは，各現地法人が主導し，本社海外食品部と協議しながら実践する。グローバル・ブランドとローカル・ブランドのいずれも，ブランド・エクイティを構築するための統一したブランド・フォーマット「味の素ブランドスプーン」を全世界で活用している。

　「味の素ブランドスプーン」は，商品ブランドごとに「コア・バリューを定め，それを支えるいくつかのブランド・エクイティ次元（差別化やパーソナリティー要因，消費者ベネフィットなど）での競争力を明示的に定義し，ブランド・マーケティングの実践の場でその競争力を発揮させるための戦略フォーマット」である。

⑤ ピープル戦略

　タイ味の素社を含む，ASEAN 全域の現地法人の経営トップは日本人である。販売マーケティングの幹部レベルでは現地人が多い。派遣されている日本人は文化適応力に優れ，英語はいうまでもなくタイ語など現地語でも仕事ができるレベルでの語学能力を持っている。現地法人本社での戦略立案は現地人幹部も含め英語で，販売会社の日々の営業などオペレーションは現地語で行っている。

　一方では，派遣されている日本人は，味の素㈱の日本でのマーケティングに習熟した経験知をもち，標準化マニュアル（プロセス）に沿って，現地人スタッフの現地マーケティングの経験知に学びながら，各国で最適なマーケティング・プログラムを立案・実践し業績目標を達成するミッションを持っている。

4. 江崎グリコ㈱のアジアでのマーケティング[5]

(1) 江崎グリコ㈱でのアジア・マーケティングの位置づけ

　江崎グリコ㈱の 2012 年度連結売上高は 2,930 億円で，菓子部門の売上高が全体の 28％（約 820 億円）。海外事業の中心は菓子部門の海外展開である。同年度の海外売上高は，220 億円前後と推定した。菓子部門の売上高に対する海外比率は 27％である。海外売上の 85％を，タイと中国を二本柱にしたアジアで生み出している。

　最大ブランドであるチョコレート菓子「ポッキー」は現在世界 30 カ国で販売中である。しかし，近年までは，「あまり海外に首を突っ込まなくても国内市場の中で棲み分けができて生き延びてこられた。ただ機会があり，私どもの商品が受け入れられる余地があれば出ていく，というレベルだった」（常務執行役員・海外事業本部長）。

　3 年前に方針転換して，グローバル・マーケティングに本格的に取り込むことになった。その大きな目標は，チョコレート菓子「ポッキー」とプレッツェル「プリッツ」を名実ともにグローバル・ブランドに成長させることである。これがアジアでの成長が鍵だ。

　グローバル・ブランドの定義は，全世界で小売価格レベルの 10 億ドル（約

1,000億円）の売上をクリアし，ネスレの「キットカット」やクラフトの「オレオ」に肩を並べることである。

<u>タイグリコ社</u>

1970年にはタイグリコ社を合弁で設立し製造販売を開始した。チョコレート菓子「ポッキー」とプレッツェル「プリッツ」が最重点商品である。タイグリコ社は，ASEAN諸国の拠点で，シンガポール，マレーシア，インドネシア，ベトナムへ，そして香港，台湾へも輸出している。2012年から，タイの周辺国への本格的マーケティングの拡大を進めている。

<u>中国の現地法人2社</u>

1995年に誘いがあり中国へ進出し，製販を開始した。「ポッキー」「プリッツ」の他に，現地開発の現地商品も販売している。現在，上海江崎格力高食品有限公司と上海江崎格力高南奉食品有限公司の2社体制である。2012年までは5つのエリア（四川省，重慶，河北省，北京，天津）に重点を置いて「ポッキー」と「プリッツ」の認知度を高め，かなりの市場浸透を実現した。

(2) 江崎グリコ㈱のアジアのマーケティング

① MOP（中間層）マーケティングでの競争力を磨く

アジアの中間層[6]の急拡大。これが，江崎グリコ㈱にとって，ビジネス・チャンスになっている。主要なターゲットは，タイや中国の中間層世帯（年間世帯所得8,000～9,000ドル超）の子弟（高校生・大学生）で，女性が主流だが男性も女性に先導されて増加中だ。「かわいい・ファッショナブル・楽しい」菓子を自分たちの小遣いで購入して友達とシェアする。

中国では，20歳代後半から30歳代の女性が，やや高級な大人の菓子を購入するセグメントも拡大している。

<u>タイの業績</u>

売上高は，ピークが2008年の68.25億円で，以降は国内外企業との競争が激化して徐々に減少した。日本からは明治製菓，韓国のロッテやオリオン，そして現地の有力企業OISHI（オイシ）が対抗品を導入している。ネスレ「キットカット」やクラフト「オレオ」も強力なライバルである。本格的なマーケティングの優劣競争が盛んになっているのだ。

2011年の大洪水による生産ストップから完全復旧した2013年は，復活マーケティングを展開中で，タイでは「ポッキー」と「プリッツ」の売上が洪水前の水準に回復している。売上高目標は，2012年対比で1.9倍増の100億円である。

<u>中国の業績</u>

中国では，売上成長が順調に続いており，2012年秋の日本製品不買運動の影響はほんの僅かに留まった。2012年の売上高は，2009年対比で約2倍増の158.55億円であった。沿海部で，売上の約5割をしめる「ポッキー」と「プリッツ」が人気を高め，中国で開発した専用商品も伸びたおかげである。国内販売は対前年比で+20%伸びた。2013年の売上目標は対前年+10%である。これまで相対的に手薄だった華南（広東省，海南省など），華西（湖南省，湖北省など）を深耕・拡大する。

② プロダクト戦略

江崎グリコ㈱の商品は，日本の「こころ」＝日本らしさを伝える文化商品である。「日本をことさら表に出して売っていないが，日本の文化や日本らしさが好まれ，それが追い風になっているのは間違いない」（常務執行役員・海外事業本部長）。日本発の「ポッキー」「プリッツ」を重点に，美味しくて遊び心がある日本らしいかわいさの「こころ」を変えないで，甘さなどの「かたち」は現地の味覚に適応化している。

パッケージ・デザインでは，イメージは標準化で，色彩の濃淡や文字は現地適応化している。「ポッキー」でいえば，イメージは赤色が基調で，タイのパッケージの表側は「Glico, Pocky, いちご」と英語と日本語表記で，裏側はタイ語と日本語表記である。タイでは，日本語はポジティブ評価が得られる。中国は「Glico 格力高，Pocky 百奇」で，日本語はなく，英語と中国語の併記である。中国では，日本語はリスクだと考えられている。

また中国では，現地でAI移転して開発した中国専用商品も販売している。野菜を使った「菜園小餅」やチョコレート焼菓子「巧」などで，「こころ」も「かたち」も中国向けである。プラリーン・チョコレート「Mousa」は，大人をターゲットにしたデザート・チョコだ。商品コンセプトやレシピは，現地人スタッフが一から開発する。

③　プログラム戦略・プロセス戦略

<u>ブランド管理</u>

「ポッキー」と「プリッツ」の管理は，ブランドのコア・バリューを全世界標準化，パッケージ・デザインも原則世界統一である。そのため，グローバル・ブランドマネジャー（GBM）のもとで「グローバル・ブランド・ルールブック」をベースに全世界一元管理をしている。

「ポッキー」のコア・バリューは「Share Happiness」（ポッキーを通して大切な人と幸せを共有する）である。それには「友人と楽しくシェアしながら，ポキポキといくらでも食べられる」オケージョンがふさわしい。つまり，「モノ」としての「ポッキー」ではなく，「ポッキー」をシェアして得られる「コト」（絆）の価値を提供している。

その他の商品では，現地対応のプログラムを実行する。日本発のプログラムを現地適応化するか，現地のAI移転で現地独自のプログラムを実行するかは，現地主導でGBMのインプットを得て立案し，本社の承認を得て実行すればいずれでも構わない。

<u>広告・販促戦略</u>

コミュニケーション戦略は，「グローバル・ブランド・ルールブック」に沿って，つまり，プロセスは標準化で，現地のマーケティング担当が主導し，GBMの支援を得て立案・実行する。

広告表現のクリエイティブは，「現地の若者文化を理解している日本人クリエイターに依存する」（GBM）。日本の「こころ」を保ちながら，「かたち」（タレント，シチュエイション，背景など）は現地の若者文化への適応や，若者文化の先導ができるからだ。一方では，若者文化の変化のスピードに遅れないように，クリエイターは感度を磨き続けなければいけない。

タイと中国で今後，「ポッキー・アンド・プリッツの日」の定着を目指すキャンペーンを2012年11月に開始した。これは日本で1999年11月11日（縦棒が4本並んでいる日）にスタートして今も続いているキャンペーンで，アジアでも日本と同様に定着させようとしている。バンコクでは，「ポッキー・コンテスト」で選ばれたテレビCMのキャラクター女性3人がキャンペーン会場に登場し，大人気を博した。中国では11月11日（単身節）に「恋愛」をテーマにして，上海，青島などで，大手スーパーの広場を借りて，グリコの社員による即売会を開いた。「同じテーマで何年もやり続けることが大切で，それがグリコ商品を中心

にした若者文化を生むことにつながる」(GBM)。

流通・販売戦略
　現地化である。販売活動は，各国の小売業の実態「What is available to GLICO」に沿い，自社の販売能力に応じて実行している。

　バンコクでは，主な販売先である量販店やコンビニエンス・ストアは自社が直接に本部交渉で納入している。食品流通の7割〜8割を占めるウェット・マーケットやパパママ・ストアへは，二人一組でグリコ社員が販売車「キャッシュ・バン」で「現地・現物・現金」の販売活動を始めた。味の素㈱方式と同様だ。また，今後の地方拡大に向けて販売活動をどうするかは，大きな検討課題である。

　中国での販売先は現在，量販店とコンビニエンス・ストアが主で，自社の販売チームが本部で一括取引をし，店頭でのマーチャンダイジングに注力している。その他の小売店へは代理店経由だ。間接取引では，自社の販促施策が店頭で反映されづらく悩みの種になっている。

価格戦略
　現地のターゲットのアフォーダブル・プライスが前提である。各国で中間層の高校生や大学生の子弟がちょっと背伸びして，自分の小遣いで買える価格を設定している。「ポッキー」の例だと，ASEANで40グラム入りが50円〜60円，中国で60g入りが70円，日本では70グラム入りが150円である。

④　ピープル戦略
　2013年春時点で，タイと中国の現地法人の社長とマーケティング幹部は日本人である。現地人社員の幹部への登用はこれからである。「現地は現地人による経営」を目指すが，実現の道は遠いのが現実である。社員数はタイで1,100人，中国で2,000人である。

　「本社内で，能力開発が先なのか任せるのが先なのかの議論が続いているが，そんな議論は止めて，まず本社が変わらなければいけない。異文化のプレッシャーの中で経営できるグローバル人材を，これまで組織的・制度的にほとんど育ててこなかった。現在は外部から招聘しているが，早急に社内で育成するようにしなければいけない。海外では，現地人社員に責任ある仕事を任せながら能力開発を同時進行させる必要がある」(海外事業本部長，海外事業推進部長)。

5. 大塚製薬㈱NC事業部のアジアでのマーケティング

(1) 大塚製薬㈱NC事業部でのアジア・マーケティングの位置づけ

　当該事業部は，大塚ホールディングス㈱のグループ企業である大塚製薬㈱（2012年度の売上高5,980億円）の一事業部で，その売上高比率は大塚製薬全体の約22％である[7]。当該事業部のミッションは，「健康な人をより健康にするために」「科学的根拠を持つ，独創的な製品を世界に提供する」ことだ。独創的とは，これまで市場になかった価値を創造すること，とされる。

　当該事業部の海外売上高は公表されていない。以下の数字は，アジア各地で集めた情報を基にした筆者の推定値である。アジアでの販売品目は「ポカリスエット」と「ソイジョイ」が中心で，売上高は，出荷価格レベルで270億円〜280億円と推定した。事業部全体売上の約20％をアジアが占める計算だ。その9割超が「ポカリスエット」の売上だろう。ただし，韓国の合弁会社の売上高（100億円前後と推定）は含まれていない。

　事業部のアジアの売上高の約8割近くをインドネシアであげている。本格的なマーケティング支援と丹念な市場開拓をして大きく成長したのだ。その他のASEAN諸国と中国・香港・台湾を合わせて残りの約2割である。現在は，ASEAN諸国へインドネシアから輸出している。最近ベトナムで本格的なマーケティングの取り組みを開始したが，その他のASEAN諸国を含めて，インドネシアで成功したマーケティング知識をそれらの市場に体系的にSA移転できるかどうか，が成功の鍵を握っている。

　大塚ホールディングス㈱グループは医薬品部門を含め，インドネシアに6つの現地法人を持ち，その内大塚製薬㈱NC事業部のビジネスを担い「ポカリスエット」を生産・販売している現地法人は，P.T.アメルタインダ大塚（1997年設立）で，900人の社員を雇用している。

　中国には投資統括会社を含めて12社あり，その内の2社がNC事業部のビジネスを担当している。維維食品飲料股份有限公司と天津大塚飲料有限公司である。

(2) 大塚製薬㈱NC事業部のアジアでのマーケティング

① インドネシアは，現地文化への適応マーケティングで成功した[8]

デング熱のファースト・エイドとして

　インドネシアは，他のASEAN諸国と同様に，蚊が媒介するデング熱が頻繁に流行するが，「ポカリスエット」は高熱時の水分補給に最適だと医療関係者に認められ，その積極的な推奨もあって，デング熱対策の必需品になっている。この用途での売上高に占める割合は相当高い。

ラマダン明けの水分補給に

　インドネシア（人口2億4,000万人の86％がイスラム教徒）は，世界最大のムスリム国家である。人々はラマダン（断食月）の期間中は日没から日の出までの間に一日分の食事をとり，日の出から日没までは断食をする。その断食明けに水分補給が欠かせない。その水分補給に，水より体に良い成分が入っている「ポカリスエット」を飲む，というポジショニングを現地人社員の発案で開発し，ムスリムのライフスタイルに変化をもたらした。つまり，「ポカリスエット」の普遍的な機能価値コンセプトである「体液に大変近いイオンサプライ飲料だから体に良い」をイスラム文化に適応したのだ。

　「ポカリスエット」とイスラム文化との結合であり，「かたち」は日本発の標準化で，「こころ」は現地適応化，つまり現地文化に帰化したマーケティングの大きな成功物語だ。

日々の水分補給に

　飲用オケージョンがさらに拡がって，暑い国インドネシアの習慣である寝る前と目覚めたときの水分補給でも定番になっている。

　現在では，「ポカリスエット」の「イオンサプライ飲料」という言葉に，他の商品にない優位なベネフィット連想が生まれて人々の心の中に定着している。「ポカリスエット」はイオンサプライ飲料だから，「リフレッシュ」で「リカバリー」，つまり日本語で「しゃきっとする」に近い連想である。

　「ポカリスエット」の価格は1本500mlで60円，競合品の2倍の高価格である。営業利益率も高く二桁台のようだ。

　インドネシアで生産・販売を始めた当初の数年間は，日本と同じ「スポーツ飲料」のコンセプトで訴求したが，売上は「鳴かず飛ばず」だった。スポーツ人口

が少ないのだ。デング熱が流行した 2004 年の翌年に飛躍的に売上が伸長し，その後売上は 2004 年から 2012 年で約 10 倍増になった。

② プロダクト戦略

日本発で世界に通用する商品をグローバル・ブランドに育てる。これ以外の選択肢はない。つまり，現地専用の商品やブランドを開発することはない。

そして，商品の「かたち」は世界標準化し，「こころ」は現地文化への適応化をする。「ポカリスエット」がその典型例だ。ただし，「ソイジョイ」の「かたち＝味・フレイバー」は，現地の味覚＝果物の好みに合うように適応化している。

③ プログラム戦略・プロセス戦略

プログラム戦略は全て，現地主導・現地決裁で実行する。形式知としてのマーケティング・マニュアルはないが，現地対応の「洗練されたマーケティング」が暗黙の不文律になっている。

マーケティング・コミュニケーション

「ポカリスエット」や「ソイジョイ」が，「日本を売る，クール・ジャパンに乗る」ことはない。その国のライフスタイルに沿って，消費者へ機能的ベネフィットを愚直に訴求している。つまり，「こころ」の現地化を，丹念に時間をかけて実現していく。

クリエイティブ表現は，「ポカリスエット」を知っている日本人クリエイターが，現地の文化を理解し・現地の飲用オケージョンに向けて表現するのが今のところ最も効果的だという。

2012 年 11 月，日本の「AKB48」のインドネシア版アイドル・グループである「JKT48」をテレビ CM に起用して，「ポカリスエット」の若年層での認知を高めた。これまでのラマダンやデング熱の飲用オケージョンといったシリアス（真面目）な広告表現の他に，「頑張っている若者」にも「しゃきっとするために」飲んでもらいたい。ターゲットと飲用オケージョンの一層の拡大を狙っている。

流通戦略

小売への販売は，直販と問屋通しの二本立てで，現地の小売業の実態に学んで現地化を徹底している。島嶼国全体をカバーするために直販では，ジャワ島の首都・ジャカルタやその他の大都市であるバンドン，スラバヤ，ジョク・ジャカル

タなどの量販店とウェット・マーケットの小売店を自社の販売部隊がカバーする。約500人の販売員が二人一組で大都市の各小売店をカバーしている。その他の全国は，東はスマトラ島の北端・バンダアチェから西はニューギニア島（パパア）まで，問屋ルートでカバーしている。

　価格戦略

　「ポカリスエット」は中間層以上をターゲットにしていて，かなりプレミアムな価格設定をしている。価格は競合品の2倍である。提供するベネフィットに科学的根拠があり，デング熱対策やラマダン明けなどのオケージョンになくてはならない商品になっている。だから，生活文化との強い一体性・整合性を持った価値に見合う値段である。

④　ピープル戦略

　インドネシアでの日本人の駐在員は，2012年11月まで，技術1人と経営トップ1人の2人だけだった。その後，経営トップの日本人は一時帰国したが，2013年夏，同じ人物が理事長兼会長として再赴任した。ただし，P.T.アメルタインダ大塚の社長は，現地人社員に引き継がれる。

　現在900人の社員がいるが，現地経営は現地人に委ねる，を実践中である。「仕事を委ねて育てる」をこれまで徹底して実践してきた。生産・マーケティング・販売など全ての機能を現地人社員がしっかりと担っている，信頼すれば信頼が戻ってくる。「経営面で日本人は私一人でよかった。一人だと現地人社員に頼る，優秀な人を集める，彼らが更に育つ」（理事長兼会長）。「もし日本人が2～3人いたら，その間で意思決定してしまい，現地人社員が蚊帳の外におかれ育たなくなっていたはずだ」。

　一方では，現地人に100％任せきれない悩みもある。インドネシアは，多民族，多宗教国家なので，ある民族や宗教のトップ経営者が，同民族・同宗教の人たちだけを集め，優遇してしまう懸念がある。ダイバーシティのバランスをとるには，民族的・宗教的部外者である日本人がやるのが良い。また，時間の志向性が短期的で，かつ一生同じ会社に勤める発想が乏しい人たちが多い。簡単な解決策はなく，ますます魅力ある会社に育てあげて，社員が定着したいと思うようにするのが一番の方法であろう。

⑤ インドネシア・モデルの普遍性

インドネシアでのマーケティングは，現地文化に学びながら試行錯誤を繰り返して，「ポカリスエット」を同国の飲料市場で最大のブランドの1つに育てた。しかし他の ASEAN 諸国では，本格的なマーケティング支援をしていないのでブランド認知も低いままだ。インドネシアの成功モデルを形式知化して周辺国へ SA 移転するとき，そのモデルの体験者を送り込んで，経験知と暗黙知も SA 移転するという配慮が不可欠だろう。実際にやって見せる，というロール・モデルが必要だ。

6. 小　結

本章で取りあげた，味の素㈱，江崎グリコ㈱，大塚製薬㈱ NC 事業部，のアジアのマーケティング展開に，食品のカテゴリーは大きく異なっているが，いくつかの共通性が観察できる。

(1) 各社の海外売上高比率はまだ低いが，売上と利益のアジア依存が拡大している

各社の 2012 年度の実績で見てみよう。味の素㈱では連結売上の 35％が海外でその内アジアが 5 割近く，営業利益では海外が 52％でその 6 割がアジアである。江崎グリコ㈱の海外売上は連結売上の 7.5％に過ぎないが，その内アジアが 85％を占め，営業利益ではタイと中国で全社の 26％である。大塚㈱ NC 事業部の売上の 20％が韓国を除くアジアで，インドネシアがその 8 割を占めている。各社とも今後の成長センターがアジアであると認識している。

(2) 現地文化との親和性が不可欠だ。各社はアジアの「食文化」を内部化したビジネスを創造した，あるいはしつつある

多種多様な文化がモザイク状に重なっているアジアでの文化商品のマーケティングには，相手国の文化環境への適応力・適合力がことさらに求められることを本章で検証してきた。味の素㈱は，最も保守的な家庭での食事に普遍的な「うま

味」を提供することで，ASEAN で不可欠な家庭用食品企業になっている。江崎グリコ㈱は成長途上だが，豊かになった若者が友達と楽しみをシェアする新しい菓子文化を創造している。大塚製薬㈱NC事業部は，「科学的根拠があり体に良い飲み物」である「ポカリスエット」を，地域の感染症のファースト・エイドとラマダン明けの水分補給のライフスタイルに定着させた。

(3) 広いアジアの中で，各社の成功は限定的である

味の素㈱は ASEAN で有力な総合食品企業である。中国の消費者向けビジネスは長年低空飛行を続けていて，ブレークスルーが期待される。江崎グリコ㈱はタイと中国で成長軌道に乗っている。その他の ASEAN 諸国でも橋頭堡を築く取り組みが始まっている。大塚製薬㈱NC事業部では，アジアでインドネシアが最大の成功例であり，その他の国々でも本格的なマーケティング展開が待たれる。

(4) マーケティング知識の普遍化に課題がある

ある国・ある文化で成功したマーケティング知識を，普遍化・形式知化して全世界で共有しプロセス戦略を標準化する。一方では複数国や複数文化での成功体験・暗黙知・形式知を合わせた実践知を持ったピープルにガイドされて，新しい国・新しい文化での特有のマーケティング・プログラムの立案・実践のためにSA 移転とＡＩ移転を複合的に組み合わせる。そのために，企業はマーケティング知識のグローバル化を制度的・組織的に推進する必要がある。味の素㈱には中国が，江崎グリコ㈱にはタイ以外の ASEAN 諸国が，大塚製薬㈱NC事業部にはインドネシア以外の ASEAN 諸国と中国が，それぞれ今後の課題である。

【注】
1) 林［2013］pp.11-13 を加筆・変更。
2) 味の素㈱の業績数字は，2012 年度の IR 情報による。また，本節の当該社のアジアのマーケティングに関する記述は，林［2012］pp.78-132，そして 2012 年 6 月の筆者によるタイのバンコク，中国の上海・広州・西安での取材を基にして構成した。
3) 1) に同じ。
4) 世界銀行の定義で，PPP（購買力平価）レベルで年間世帯所得が，5,000 ドル未満（BOP＝貧困層），5,000～15,000 ドル未満（MOP＝下位中間層），15,000～35,000 ドル未満（上位中間層），35,000 ドル以上（TOP＝富裕層）。

5）本節は，江崎グリコ㈱の3人の役員・幹部へのインタビューとIR情報，そして筆者による2012年6月のタイのバンコクと中国の上海・広州・西安での取材を基にして構成した。インタビューは，2013年5月29日にマーケティング本部グローバル・ブランドマネジャーの松木剛氏，同年6月5日に常務執行役員・海外事業本部長の草間幹夫氏と海外事業推進部長兼タイグリコ社社長の堀田暁氏と，それぞれ実施した。
6）2012年時点で，アセアンで人口約6億人中3億人，中国で約13億人中6億人が，それぞれ中間層といわれる。
7）大塚製薬㈱広報部による。
8）『日経ビジネス』2012年5月22日号，『SAPIO』2012年10月3・10日号，大塚製薬㈱執行役員（現・P.T.アメルタインダ大塚の理事長兼会長）板東義弘氏の法政大学での講演（2013年7月26日），2012年6月の筆者によるインドネシアのジャカルタでの取材を基にして構成した。

【参考文献】

林　廣茂［2012］『AJINOMOTOグローバル競争戦略』同文舘出版。
林　廣茂［2013］「アジアで競争優位な顧客価値を創造するマーケティング」『Marketing Researcher』No.121。

『日経ビジネス』2012年5月22日号。
『SAPIO』2012年10月3・10日号。

（林　廣茂）

第6章

外食企業

1. はじめに

　近年，日本のサービス産業において海外進出が加速化している。とりわけ，ファストフード店やファミリーレストランを展開する外食企業の動きには目を見張るものがある。かつてハーバード・ビジネススクールのレビット (Levitt, T.) は，ファストフード業界の雄と目されるマクドナルドがサービス業に製造業の発想を持ち込むことで躍進してきたことについて言及した[1]。効率的な店内作業を助ける画一的な店舗施設の設計，経験が豊かな料理人に代わる厨房機器や設備の導入，そして従業員が担当する業務の徹底したマニュアル化が均質のサービスを効率的に提供することを可能にしてきたことについて説明したのである。

　実際，ハードとソフトの両面で標準化を追求してきたマクドナルドは，世界市場を舞台にチェーン展開を図ることによって成長してきた。現在，119カ国に3万4,480もの店舗を擁し，外食産業で世界最大の規模を誇っている[2]。サービスの工業化を指摘したレビットは，のちに世界市場が同質化する現象に着目し，地球規模での画一的な事業展開の可能性を示唆したことで有名である[3]。マクドナルドの躍進を彼の見解に依拠して整理すると，それは同質化する世界市場に画一的な対応を図ることからもたらされたと要約することができそうである。周知のように，こうした接近法を世界標準化と称する。

　しかし一方で，マクドナルドの国際展開には進出各国に備わる固有の文化や嗜好の特性に積極的な対応を施す現地適応化に相当する取り組みも見受けられ，その実態は欧米市場を基軸とするリージョナルな存在として評価する見解がある[4]。例えば，マクドナルドの国際展開は事業システムを構成する8割の部分を世界標準化しているが，商品開発や販売促進活動などの2割の部分で現地適応化を図っているといわれる[5]。また，日本市場における事業展開についても，本国で培わ

れた基本戦略を踏襲しながら,出店戦略,価格戦略,そして商品開発などの側面で現地適応化を図ってきたことが指摘されている[6]。このように見てみると,マクドナルドの世界市場における躍進は,現地適応化によってもたらされてきたと認識することもできそうである。

それでは,なにをどれほど画一化すると世界標準化に相当し,逆に修正や調整を図ると現地適応化に相当するのだろうか。こうした疑問は国際マーケティングの研究で長らく議論されてきたが,明確な結論を導くまでに至っていない。それぞれの企業が強みや特徴を最大限に発揮することを念頭に,あらゆる側面で標準化と適応化を模索しているのが実情ではないだろうか。本章は,日本で誕生したモスバーガーの国際展開を事例に国境を超越する外食企業のマーケティングに要求される現実的な視点について検討することを目的としている。

2. 外食企業の国際展開における「グローカル」の視点

冒頭で触れたように,マーケティングの研究におけるグローバリゼーションにかかわる議論は,通信技術や輸送技術の発展に伴い同質化する消費者像を見出すことで口火が切られた。地球規模で生み出される同質的な市場を標的とする画一的な事業展開が規模の経済性や経験効果をもたらすことに着目し,世界標準化の可能性が示唆されたのである。しかし,こうした市場認識と接近法の提案は,現実をあまりにも単純視しているといわざるを得なかった。

(1) 国境を超越するマーケティングに求められる現実的な視点

そして,より現実的な視点に立脚しようとする見解が示されてきた。例えば,ウィンド(Wind, Y.)は,市場の同質化や共通性に目を向けることの意義を認めながらも多様性から目を背けることはできないと主張し,地球規模の視野に立脚すると同時に進出各国の特性に対応したマーケティング戦略を描く必要性を唱えて「地球規模で考え,現地に立脚して行動せよ(Think Globally, Act Locally)」と謳った[7]。また,コトラー(Kotler, P.)は,世界各国には,消費者の嗜好,その行動,そして政府の規制や競争関係などの環境条件に多様性が備わるために,マクドナルドのように標準化された商品や顧客サービスを提供する企業であっても

現地市場の要求や特性に対応を図る必要性があるとして「地球規模の視点で計画し，現地に立脚して行動せよ（Plan Global, Act Local）」と説いた[8]。さらにダグラス（Douglas, S. P.）とウィンドは，世界市場が収斂する動きを認めながらも各国に温存される固有性を意識する必要性を唱え，純粋な標準化と純粋な差別化を両軸に据え，その中間の範囲で効率性と有効性を追求する複合戦略を提案した[9]。

(2) グローカリゼーションとマーケティング

　以上のような視点から国境を超越するマーケティングについて検討することを助ける概念として，「グローカリゼーション」を取り上げることができる。1980年代に世界的な潮流となった経済や政治のグローバリゼーションに対して，1990年代に着目されることになったローカリゼーションの視点を組み合わせて生み出された合成語である[10]。この言葉の起源は，ソニーの盛田昭夫が1988年に開催された日本本社と海外販売会社の重役が集う会議の席で「日本，アメリカ，ヨーロッパ，東南アジアのそれぞれの地域において，全く新しい目標を持って，ソニーをローカライズ（局地化，現地化）しなければならない。しかも，そのローカライズは，ソニーとしてグローバル（世界的）な目的の下にされなくてはならない。そこで，『グローバル・ローカライゼーション』を，ソニーの新しい精神を表す言葉として，掲げたい。各々のマーケットとニーズに適した，しかも技術とコンセプトは共通した考えであること。これがソニーの新しい生き方である[11]」と唱えたことにある。

　グローカリゼーションは，さまざまな学問領域で魅力的な概念として取り上げられてきた。その先駆者となる社会学者のロバートソン（Robertson, R.）は，グローバリゼーションがローカリゼーションと共に進行し，しかも相互に影響を及ぼし合いながら進展する現象として理解した[12]。グローバリゼーションの波が押し寄せる国や地域でローカリゼーションが誘発され，それぞれのローカルな場所で異なる展開がもたらされるというのである。また，文化人類学者の前川啓治は，マクドナルドの世界的な普及を目にして，グローバリゼーションの波に乗って世界各国に到達した文化要素がローカルの文化要素に接触する中で融合する現象として理解した[13]。グローバリゼーションは世界市場に同質化をもたらしてきた部分もあるように思われるが，世界各国には歴然と多様性が存在している。ゲマワット（Ghemawat, P.）は，こうした状況を「セミ・グローバリゼーション」

と称している[14]。

　常識的に考えると，世界標準化は市場の多様性や異質性から目を背けることで進出各国における適応的な対応を妨げる。逆に，現地適応化は世界各国の市場に存在する共通性や同質性を軽視することで広範な市場で強みを標準的に発揮することを妨げる。いずれも，マーケティングを放棄しているかのように映る。こうした両極端の接近法は，同時に追求することはできないのだろうか。グローカリゼーションの概念は，この矛盾した課題への対応を助ける。地球規模の広がりを追求するグローバルな視点と国や地域に溶け込むことを追求するローカルな視点を融合することからもたらされた「グローカル」の視点は，国境を超越するマーケティングに取り込むことができる。例えば，スベンソン（Svensson, G.）は，マーケティングの世界標準化を志向しながらも現地市場で適応化を追求する「グローカル・マーケティング」を提案している[15]。世界標準化と現地適応化を同調させることから国内で培ってきた強みを広範な市場で訴求すると同時に，進出各国に備わる伝統や文化を尊重することによって現地に密着した事業展開を追求するのである。

3.　モスバーガーの事例

　外食産業を含めるサービス業のマーケティングは，サービスの内容に加えて，サービスを提供する仕組み作りや人材育成が重要な課題となる。サービス・マーケティングにおいては，サービスを提供する過程やサービスを提供する人材の管理をマーケティングと有機的に繋ぎ合わせるサービス・マネジメントの重要性が唱えられてきた[16]。明確なコンセプトを備えたサービスを考案し，それを具現化するために施設や設備などの物理的な条件を整備することに加え，実際に顧客と接触してサービスを提供する人材の教育や管理が求められる。また，サービスと商品が分かち難く結び付くサービス業の場合には，商品や原材料の調達体制を確立することも要求される。外食企業が国境を超越するに際しては，こうした体制を進出各国で構築することが基本的な課題となる[17]。そこで重要になるのがグローカルの視点である。本節では，モスバーガーの国際展開を事例にグローカルの視点に立脚したマーケティングの実態に迫ることにしたい。

(1) 国内展開

　日本でファストフード業界が活気を帯び始めたのは，1970年代の初頭のことである。1970年にアメリカのミスタードーナツやケンタッキー・フライドチキンが日本に上陸し，その翌年にはマクドナルドが東京都の銀座に第1号店をオープンして脚光を浴びた。モスバーガーは，こうした賑やかな時流の中で誕生した。その起源は，1972年6月に東京都板橋区で成増店をオープンした時に遡る。その翌月に株式会社モスフードサービスを設立し，モスバーガーの本格的な事業展開に乗り出した。そして現在，日本国内では47都道府県に1,395店舗を展開するに至っている。

　その名称に付される「モス（MOS）」には，2つの意味合いが備わる。1つは，「Merchandising（商品化計画）」「Organize（組織化）」「System（仕組み）」の頭文字に由来しており，優れた商品化計画を効率的・効果的な組織体制で創造するという目標が込められている。もう1つは，「Mountain（山）」「Ocean（海）」「Sun（太陽）」の頭文字が組み合わせられたものである。山のように気高く堂々と，海のように深く広い心で，そして太陽のように燃え尽きることのない情熱を持った人間集団でありたいという創業者の櫻田慧が抱いた想いが込められている。

　創業以来，「人間貢献・社会貢献」という経営理念のもとで「食を通じて人を幸せにすること」を企業目標に掲げてきた。日本人の味覚に合う味にこだわり，和食文化を取り入れたユニークな商品開発に挑戦してきた。それは1973年に日本初のテリヤキバーガーを開発したことに始まる。味噌や醤油を用いた和風味のハンバーガーは，アメリカ生まれのハンバーガーとはまったくの別物であった。次いで1987年には，バンズ（パン）の代わりにライスプレート（米）で具材を挟むライスバーガーを開発して独自性を際立たせた。また，商品の提供方法にも工夫を凝らした。当時のファストフード業界では商品の作り置きが常識であったが，注文を受けてから調理を始めるアフターオーダー方式を採用することでハンバーガーの鮮度や品質を追求した。当初，資金力に乏しかったモスバーガーは，巨大な競合企業との直接対決を回避するかのように地価や家賃の安い二等地や路地裏に出店することで漸進的に店舗網を広げた。

　日本のハンバーガー業界では，1980年代の終わり頃から首位のマクドナルドと後塵を拝するロッテリアとの間で熾烈な低価格競争が繰り広げられた[18]。そして，バブル経済が崩壊した日本社会で多くの消費者を引きつけた。また，1990

図表6-1 モスバーガーの業績推移（国内）

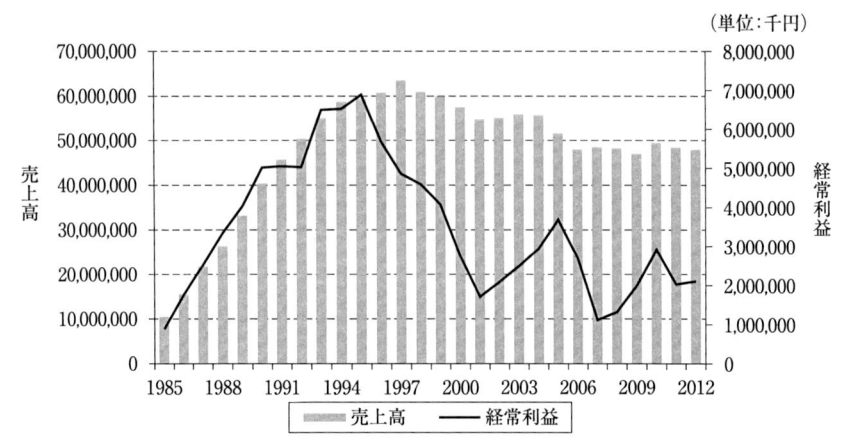

(単位：千円)

図表6-2 モスバーガーの出店推移（国内）

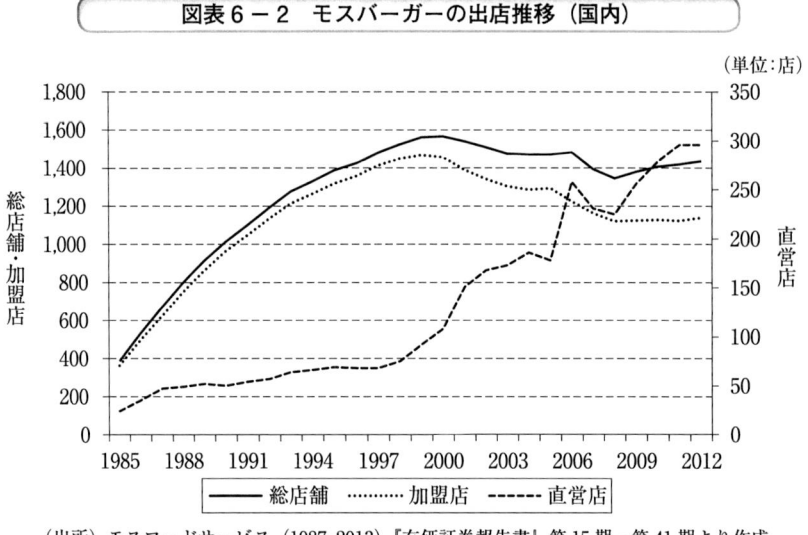

(単位：店)

（出所）モスフードサービス（1987-2013）『有価証券報告書』第15期 - 第41期より作成。

年代の終わり頃からマクドナルドが二等地に小型店の出店を開始し，メニューには高級ハンバーガーを投入してきた。モスバーガーは，マクドナルドと直接対決に直面することになった。1996年には上場して初の経常減益を経験し，1998年から減収を経験してきた（図表6-1）。出店数の推移を見ても，2000年の1,566店

図表6-3 日本のハンバーガー業界における市場シェアの推移

年	日本マクドナルド	モスフードサービス	ロッテリア	ファーストキッチン	その他
2012	76.4	13.7	4.1	4.4	
2011	75.8	14.2	4.0	4.5	
2010	75.7	14.0	4.4	4.5	
2009	75.8	13.5	4.7	4.6	
2008	75.4	14.2	5.0	3.9	
2007	74.7	15.0	5.2	3.5	
2006	71.7	15.9	6.2	4.4	
2005	70.1	17.4	6.6	4.1	
2004	68.4	18.8	7.0	3.8	
2003	67.5	18.8	8.2	3.4	
2002	66.8	17.7	8.0	5.6	
2001	68.1	17.1	8.6	5.6	
2000	65.2	18.6	8.6	5.8	
1999	62.4	20.6	9.0	6.1	
1998	61.4	20.7	9.4	6.6	

（出所）日経産業新聞編（1999-2013）『日経シェア調査（市場占有率）』日本経済新聞社より作成。

をピークに停滞している（図表6-2）。その結果，日本のハンバーガー業界における市場シェアも逓減の一途を辿ってきた（図表6-3）。

　このように苦戦を強いられた時期においても，モスバーガーは業界他社との競争を過剰に意識することなく一貫して独自性を追求した。例えば，1997年には「新価値宣言」を行い，協力農家と密接な取引関係を構築することで安全性の高い新鮮な食材の調達に努めてきた。現在，約3,000に及ぶ協力農家においては極力農薬や化学肥料を用いない栽培がなされている。近年では，農業生産者と共同で農業法人を設立することによって自ら農業に携わり，安心と安全を保証する商品開発に取り組んでいる。また，新業態の投入も注目に値する。2004年以降，赤い看板を掲げる既存店（赤モス）をゆったりと落ち着いた店舗空間における丁寧な顧客サービスの提供をコンセプトとした新業態の緑モスに転換してきた。

　こうした中で，国内外で食にかかわるさまざまな問題が顕在化してきた。食生活の多様化に起因する生活習慣病の増加，食品の農薬汚染，遺伝子組み換え食品の普及，そして家畜疾病の発生が社会を脅かしてきた。その結果，食の安心と安全が重視されるようになり，スローフード運動に象徴される食生活や食文化を根本から考え直そうとする社会的な意識が芽生えた。モスバーガーの取り組みは，消費者の食に対する価値観や食を取り巻く環境変化に見事に対応していた[19]。

幸いにも，同業他社による低価格競争の展開がモスバーガーの取り組みを際立たせた[20]。

モスバーガーは，フランチャイズチェーン方式を軸に店舗網を拡大してきた。1986年には，日本の外食産業で初めて47都道府県に出店を達成した。現在，総店舗数の8割に相当する1,140店舗がフランチャイズチェーンの加盟店である（図表6-2）。一般的に，この方式ではマニュアル化された行動規範を厳守することが求められる。なぜなら，それが均質のサービスを効率的に提供することを助けるためである。しかし，モスバーガーのマニュアルは，最低限度の決め事として位置づけられている。各々の加盟店が主体性を持ちながら，本部やその他の加盟店と信頼関係を築いて協力する「フランチャイズボランタリー」と称される独自のチェーン形態を追求してきた[21]。マニュアルを越える心からの商品づくりやサービスの提供を重視し[22]，加盟店の自主的な姿勢を尊重することで地域に密着した店舗網の構築が促された。それは，加盟店が中心となって組織する共栄会が指揮を執り，自主的に「心のこもったおもてなし（Hospitality）」「安全で高品質なおいしい商品の提供（Delicious）」，そして「磨き上げられた清潔なお店（Cleanliness）」を追求するHDC活動を展開してきたことに象徴されている。こうした取り組みは，着実にモスバーガーの評価を高めてきた。例えば，日経リサーチが実施した小売業や飲食業，商業施設の店舗・施設の魅力度に関する調査においては，首位にランキングされている[23]。

(2) 国際展開：台湾進出の事例

モスバーガーの国際展開には，およそ四半世紀の歴史がある。それは1989年にハンバーガーの本場といわれるアメリカのハワイへ進出したことに始まる。次いで台湾に進出し，シンガポール，中国，マレーシア，香港，タイ，インドネシア，オーストラリア，そして韓国へと邁進してきた[24]。現在，地理的条件や文化的背景に共通性が備わるアジア太平洋地域の8つの国と地域で311店舗を展開するに至っている（図表6-4）。

① 台湾市場への進出

モスバーガーの海外進出の背景には，国内市場における業績の低迷がある。既に触れたように，1990年代の中頃から成長に陰りが見え始めていた。そのよう

図表6－4　モスバーガーの海外市場における店舗展開

進出国・地域	第1号店の設立	2003	2004	2005	2006	2007	2008	2009	2010	2011	2012
台湾	1991年02月	75	105	104	123	132	147	165	185	218	231
シンガポール	1993年05月	15	17	18	22	21	23	24	28	26	28
香港	2006年10月				3	6	9	14	15	16	13
タイ	2007年03月					1	3	6	7	6	7	7
インドネシア	2008年12月						1	4	4	4	2
中国	2010年02月								1	4	17	22
オーストラリア	2011年03月									1	4	5
韓国	2012年02月										1	3
合計		91*	122	122	149	162	186	215	243	293	311

＊2003年度は，ハワイで1店舗を展開していた。
(出所) モスフードサービス［2007-2013］等より作成。

な状況の中で，それまでの躍進を目にした海外企業が経営に強い関心を示していた[25]。モスバーガーの海外進出は，そうした声に耳を傾け創業時に掲げられた「食を通じて人を幸せにすること」という企業目標を海外で追求しようとする想いが原動力となって始動した。

台湾市場への進出は，日本でバブル経済が崩壊して間もない1990年11月に現地で大手電機メーカーの東元電機，日本の総合レジャー企業であるヒューマックス，そしてモスフードサービスが合弁で安心食品服務股份有限公司（以下「安心食品」）を設立することで実現された。東元電機との提携に際しては，同社が飲食事業の経験を持たないことが評価された。飲食業者としての癖がない同社には，モスバーガーの経営理念や企業目標を素直に受け入れてもらうことができると考えられたのである。また，現地の文化や商習慣などの諸事情に精通するパートナーの存在は，事業展開を助ける大きな力になる。実際，東元電機の知名度や信用力が店舗開発や人材確保の面で多大な力を発揮し，現地に密着した事業展開を助けてきた[26]。

② 知識移転と人的資源管理

サービス業の国際展開においては，本国で培った知識や技術の移転が最初の課題となる。モスバーガーでは，それは日本から現地法人に駐在員を派遣すること

で取り組まれる。駐在員が経営理念や企業目標の浸透に努め，現地法人と本社のやり取りで潤滑油の役割を担う。台湾進出に際しては，当時営業部長であった櫻田厚（現・代表取締役社長）が派遣された。当初は国際展開のノウハウが確立しておらず，駐在員の自由裁量で試行錯誤が繰り返された。そして，「ノウハウを教えてあげる」という姿勢をとったために現地でなかなか受け入れられなかった。こうした経験を介して，その国の言語や文化の理解に努めながら現地のパートナーと協業を図ることの重要性を学んだ[27]。なお，日本から派遣される駐在員の数は最小限度にとどめられている。日本国内で加盟店の主体性を尊重するフランチャイズボランタリーを追求してきたのと同様に，可能な限り現地の資本と人材に主導権を譲ることで現地市場に密着した事業展開が図られてきた。

　モスバーガーの国際展開は，進出各国で経営目的を具現化するために人材育成に力を入れている。とりわけ，第1号店の出店に先立つ人材教育を重視している。台湾で1号店をオープンするに際しては，8名の人材を日本に派遣して3ヵ月に及ぶ研修を実施して備えた。最初に明確な基準を設定し，それを現地で根付かせるためである。そして2号店の出店からは，日本で研修を受けた現地の人材が中心となって教育を担当した。現地における教育活動においては，すべての従業員が意識を共有することを重視している[28]。そのための道具として，現地の言語に翻訳したマニュアルやオリエンテーション用のビデオ教材などを用意している。台湾では，日本本社から渡されたマニュアルが店舗の運営手法を中心とするものであったことから，独自に従業員の教育や管理などにかかわる説明を加えることで包括的なものにしてきた。

　人材教育は，マニュアルを厳守させることから始まる。その後，社員会，店長会，さらにパート・アルバイトの会を開催して補完する。台湾では，新入社員は必ず5日間の研修を受講する。最初の2日間で経営理念や基本方針を講義し，残りはオペレーションの実習に費やされている。新たな国へ進出するに際しては，店長やマネジャーを対象に日本で3週間にわたる研修の機会が設けられている。座学で基本方針を教育した後に，日本本社に設置されているキッチンでトレーニングを行う。そして，日本の店舗で実務を経験して体得する内容となっている[29]。

③　店舗展開

　台湾における店舗展開は，1991年2月に台北市大安区で新生南路店をオープ

ンしたことに始まる。参入当初は，日本で採用してきたフランチャイズチェーン方式の展開が検討されていた。しかし，この方式では商品や店舗運営の質を保証できないと危惧した東元電機側の意向を尊重し，すべての店舗を直営で展開してきた[30]。その意思決定には，現地で顧客の声を経営や商品づくりに迅速に反映させたいという考えもあった[31]。現在，台湾全土で231店舗を運営しており，モスバーガーの海外展開では最大規模を誇る。

参入当初は，認知度を高める必要性，消費者の経済力，そして商品調達や物流にかかわる社会基盤を考慮して台北を中心に出店してきた。日本における経験を踏襲し，二等地に30坪ほどの小型店を出店することから開始した。しかし，台湾の商圏特性は日本のそれとは大きく異なっていた。台湾ではバイクが主要な交通手段であるために日本よりも各店舗の商圏が広くなり，集客力のある場所も分散していた。したがって，都市部に出店する場合は，住宅地とオフィス街が重複するエリアに路面店を設置する方針を採用してきた。また，立地条件を選択するに際しては，車やバイクで移動している時に目につきやすい注視性を重視している。こうした取り組みの中で店舗規模を当初の2倍程度に拡大させてきた[32]。店舗の内外装については，日本国内と同様に自然をモチーフとする落ち着いた雰囲気の演出に取り組まれている。

④ 商品開発

海外市場における商品展開は，日本のメニューを基本としている。日本で定番商品となるモスバーガーや焼肉ライスバーガーなどについては，日本のレシピが踏襲されている。台湾ではテリヤキバーガーがなかなか受け入れられないが，味を変えずに時期を変えて何度も挑戦してきた。また，商品の核となるパティやソース類なども日本と同様の商品設計がなされる。しかし，およそメニューの2割は進出各国で開発されたものとなっている[33]。

台湾での商品開発は，日本の海外商品部による指導のもとで安心食品と現地工場が意見や情報を交換しながら共同で取り組む。およそ4割から5割のメニューが現地で考案されている[34]。朝食をしっかり摂る習慣がある台湾では，日本に先駆けて創業当時から早朝営業に着手し，朝食メニューを充実させてきた。朝食メニューのハンバーガーには，ケチャップの代わりにピーナツバターが使用されている。また，慌ただしい朝の時間帯は作り置きしたサンドイッチなどの朝食セットを販売する。さらに，台湾では日本よりもライスバーガーの種類が充実して

いる。海鮮，きんぴら，しょうが焼き，焼肉の定番商品に加え，期間限定や店舗限定で多様な商品を提供している。現在（2013年10月）は，イタリアン・ローストチキンや韓国風焼肉などのライスバーガーが販売されている。さらには，現地の食文化や味覚の嗜好に応じるきめ細やかな取り組みもみられる。例えば，和風チキン（モスチキン）は辛さを加えると同時に，チキンのサイズを大きくしている。また，海鮮かきあげライスバーガーの塩だれは，日本のレシピから塩分を40％ほど減らしている[35]。いずれも現地の嗜好に応えて調整したものである。

⑤ 食材調達

以上で概観した店舗展開や商品開発は，その背後で取り組まれる食材の調達活動によって支えられている。日本では関連会社に製造委託しているが，台湾では現地に自社工場を設置した。均質の原材料を安定的に確保するためには，セントラルキッチンを設置する方式が適していた。第1号店をオープンして僅か2カ月後の1991年4月に，現地の食品メーカーなどと合弁で台北県林口郷（現・新北市林口区）に魔術食品工業股份有限公司（以下「魔術食品工業」）を設立した。それから店舗網の拡大に備えて1994年に台北県樹林市（現・新北市樹林区）へ拠点を移し，現在は2つの工場と物流センターを擁してサプライチェーンを統括する基地として，主要食材の仕入れ，パティやソースなどの生産，そして配送を担っている。

台湾においては，食材や調味料の現地調達を重視している。例えば，豚肉と鶏肉はすべてが国産で，野菜についても入手が困難な季節以外は国産を使用している。その他については，台湾に存在する日系食品メーカーの子会社や輸入を介して調達してきた。日系企業からの調達は，日本企業としてのブランド構築にも繋がっている。また，安心と安全を保障するためにトレーサビリティーの実現にも挑戦してきた。野菜や卵など生産履歴をウェブサイト上で公開し，店頭の黒板でも生産地情報を提示している[36]。

なお，その他の進出国における原材料の調達は，現地の工場に製造委託されている。製造工程においては，価値観や習慣の違いから工場担当者との意思疎通が困難に直面することもある。そうした場面では，創業時から継承してきた経営目標や考え方を丁寧に説明し，話し合いを重ねて相互理解に努めている。また，進出各国における委託工場の設備やその性能は一様でないために，品質管理には困難が伴う。こうした問題については，定期的に工場を訪問し，製造工程を監査す

ることで対応を図っている[37]。

4. 小　結

　モスバーガーは，日本人が西洋伝来の食文化に独自の価値観と和食文化を調和させることで誕生したという意味から和魂洋才を体現するグローカルな存在として認識することができる。現在，「日本のモスからアジアのモス，そして世界のモスへ」を謳い文句に欧米諸国への進出を目指している。2010年に「10年ビジョン」を掲げ，海外の店舗数を1,800店まで増やし，収益の3割を海外市場で生み出すことを目標としている。

　本章では，モスバーガーの事例を手がかりに，外食企業の国境を超越するマーケティングにはグローカルの視点が要求されることについて検証してきた。モスバーガーの台湾市場における事業展開は，最初から順風満帆であったわけではない。参入当初はアメリカから進出していた競合他社の模倣と囁かれ，単年度で黒字転換するまでには5年の歳月を要した。そうした中でも，日本における経験と同様に消費者の健康や食材にこだわる姿勢を貫きながら，現地で適応的な取り組みを図ることから市場地位を確立してきた。その結果，2004年には累積赤字を解消することができた。こうした努力が実り，台湾で有力な経済誌の『遠見』によるファストフード店の総合評価で首位にランキングされた経験もある[38]。そして，いまや台湾人が運営する台湾企業と自負するまでに至っている。さらに，台湾における事業展開は，アジア太平洋地域で拡大するための橋頭堡となっている。中国への進出に際しては安心食品が主導的な役割を担い，オーストラリアへの進出についても現地で豊富な実績を持つ東元電機の支援を受けた[39]。また，魔術食品工業はシンガポールと香港に食材を供給しており，モスバーガーの国際展開を支援する供給基地としての役割を担っている。

　モスバーガーに備わるグローカルの視点は，台湾で事業展開を率いてきた者達の見解にも窺われる。例えば，参入当初に指揮を執った社長の櫻田厚は「守るべきものを守り，変えるべきものは勇気をもって変える[40]」ことの重要性を学んだと述べている。また，日本から派遣されて副総経理を務めた福光昭夫は「『この部分を崩したらモスバーガーがモスバーガーでなくなってしまう』という核心的な部分を除いて，その他は現地化することも必要と考えています。つまりモス

バーガーにとって『おいしさ』『安心』『安全』『健康』等は絶対に守らなければならない核心的価値ですが，それ以外の部分は必ずしも日本のものをそのまま持ってくる必要はない[41]」と述べている。さらに執行副総経理を務める黄尚仁は「日本側が我々の意思をよく尊重してくれたことが，合弁事業発展の基礎となりました。モスバーガーの核心価値である『おいしさ，安全，健康』が守られるのであれば，後は台湾にまかせる，という日本側のおおらかさがなければ，今日の台湾モスバーガーはなかった[42]」と述べている。

　これらの見解には，いずれもグローカルの視点を見出すことができる。まず，経営理念や経営目的などの企業経営を掌る根幹的な部分を堅持することの重要性が示されている点で共通している。また，その根幹的な部分を具体化する過程では，創造的かつ適応的な取り組みを許容することの重要性が示されている点についても共通している。このように見てみると，グローカルの視点は国境を超越するマーケティングに明確な指針を提示することができていないように思われる。しかし，そうした曖昧な部分が創造的な取り組みを誘発する肥沃な土壌となっているのではないだろうか[43]。グローカルの視点は，広範な市場で多様な取り組みを許容する柔軟な枠組みを提示している。

【謝辞】

　本章を執筆するに際しては，中國科技大學の林興郎先生（元安心食品服務股份有限公司・副總經理），安心食品服務股份有限公司の佐藤康文氏（協理），並びに同公司の林雅莉氏（人才發展課副理）にお話を伺う機会を賜った。また，調査活動に際しては，中國科技大學の陳玉燕先生に支援を受けた。記して感謝を申し上げる。なお，本章は科研費（課題番号：22530469）の助成を受けて実施した研究成果の一部であることを明記する。

【注】

1）Levitt［1972］pp.44-46.
2）McDonald's Corporation［2013］p.11.
3）Levitt［1983］pp.92-96.
4）Watson［1997］, Vignali［2001］, Rugman［2005］pp.166-167.
5）Ghemawat［2007］pp.125-126.
6）若林［2003］pp.263-270。
7）Wind［1986］p.26.
8）Kotler［1986］p.15.
9）Douglas and Wind［1987］pp.27-28.

10) この言葉を最初に取り上げた辞典といわれる 1991 年版の *The Oxford Dictionary of New Words* によれば，「グローカル（glocal）」とは「グローバルであると同時にローカルでもある状態」や「市場をグローバルな視点で認識しながらも現地の考え（状況）に合わせること」と定義されている。また，その動詞形の「グローカライズ（glocalize）」については「現地の考えや状況を考慮に入れながら地球規模で事業を組織すること」と定義されている（Tulloch [1991] p.134）。
11) ソニー広報センター [2000] p.393。
12) Robertson [1992] pp.173-174.
13) 前川 [2004] pp.18-51。
14) Ghemawat [2003] p.139.
15) Svensson [2002] p.579.
16) Normann [1991] pp.40-48, Lovelock [1991] pp.380-382.
17) 川端の先駆的な研究では，外食チェーンの海外進出には①食材調達・加工・配送システム，②店舗開発，③人材教育という側面からオペレーション・システムを構築することが要求されると説明されている（川端 [2013] pp.11-12）。
18) 大滝 [2008] pp.98-100。
19) 三村 [2006] p.135。
20) 沼上 [2000] p.199-207。
21) モスフードサービス [2005] p.34。
22) 木下 [2011] pp.305-306。
23) 『日経流通新聞』2013 年 5 月 18 日。
24) モスバーガーは，これまでにハワイ（1989-2003），中国（1994-1997），そしてマレーシア（1998-2001）から撤退した経験がある。
25) 日本貿易振興機構 [2010] p.1。
26) 野村総合研究所 [2012] p.6。
27) 加藤 [1997] pp.347-359。
28) モスフードサービス [2010] p.8。
29) 日本貿易振興機構 [2010] p.6。
30) 野村総合研究所 [2012] p.6。
31) モスフードサービス [2010] p.5。
32) 野村総合研究所 [2004] p.6, 野村総合研究所 [2012] p.7。
33) モスフードサービス [2011] p.22。
34) 野村総合研究所 [2012] p.6。
35) モスフードサービス [2010] p.6。
36) モスフードサービス [2009] p.23。
37) モスフードサービス [2011] p.22。
38) モスフードサービス [2010] p.6。
39) 野村総合研究所 [2012] pp.6-7。
40) 『日本経済新聞』2011 年 7 月 27 日。
41) 野村総合研究所 [2004] p.7。
42) 野村総合研究所 [2012] p.6。
43) この点については，類似の見解が存在している。ロバートソンは，グローバルな活動の中でローカルな側面に能動的な適応を図ることに加え，その過程で新たなものを創造する試みを包摂する概念としてグローカリゼーションを認識している（Robertson [2007] p.574）。

【参考文献】

大滝精一［2008］「いかに競争するか」東北大学経営学グループ著『ケースに学ぶ経営学（新版）』有斐閣，pp.95-109。
加藤勝美［1997］『夢みる雑草たち（改訂版）』出版文化社。
川端基夫［2013］「外食グローバル化のダイナミズム」『流通研究』第15巻第2号，pp.3-23。
木下繁喜［2011］『羅針盤の針は夢に向け』東海新報社。
ソニー広報センター［2000］『ソニー自叙伝（第2版）』ワック。
髙頭弘二［2000］『「モスバーガー」経営の味』ダイヤモンド社。
日本貿易振興機構海外調査部［2010］『サービス産業の国際展開調査：株式会社モスフードサービス（国内）』。
沼上　幹［2000］『行為の経営学』白桃書房。
野村総合研究所［2004］「台北を中心に80店舗のモスバーガーを展開」『中華民国台湾投資通信』Vol.104, 中華民国経済部投資業務処，pp.6-7。
野村総合研究所［2012］「モスバーガーグループの海外事業を牽引する安心食品服務」『中華民国台湾投資通信』Vol.200, 中華民国経済部投資業務処，pp.6-7。
前川啓治［2004］『グローカリゼーションの人類学』新曜社。
三村優美子［2006］「モスフードサービスのクオリティ・フードビジネス」『季刊マーケティングジャーナル』第25巻第4号，pp.134-139。
モスフードサービス［2005］『社会・環境報告書2005』。
モスフードサービス［2007-2013］『モスのコミュニケーションレポート2007-2013』。
若林靖永［2003］「マクドナルド化と日本企業」丸山哲央・G. リッツア編『マクドナルド化と日本』ミネルヴァ書房，pp.253-287。
Douglas, S. P. and Wind, Y. [1987] "The Myth of Globalization," *Columbia Journal of World Business*, 22（4），pp.19-29.
Ghemawat, P. [2003] "Semiglobalization and International Business Strategy," *Journal of International Business Studies*, 34（2），pp.138-152.
Ghemawat, P. [2007] *Redefining Global Strategy*, Harvard Business School Press.（望月衛訳［2009］『コークの味は国ごとに違うべきか』文芸春秋。）
Kotler, P. [1986] "Global Standardization: Courting Danger," *The Journal of Consumer Marketing*, 3（2），pp.13-15.
Levitt, T. [1972] "Production-Line Approach to Service," *Harvard Business Review*, 50（5），pp.41-52.（セオドア・レビット［1982］「サービスに"生産ライン方式"を」『Diamondハーバード・ビジネス』第7巻第6号，pp.49-64。）
Levitt, T. [1983] "The Globalization of Markets," *Harvard Business Review*, 61（3），pp.92-102.（セオドア・レビット［1983］「地球市場は同質化へ向かう」『Diamondハーバード・ビジネス』第8巻第4号，pp.9-22。）
Lovelock, C. H. [1991] *Services Marketing Second Edition*, Prentice Hall.
McDonald's Corporation [2013] *Annual Report 2012*.
Normann, R. [1991] *Service Management Second Edition*, John Wiley & Sons.（近藤隆雄訳［1993］『サービス・マネジメント』NTT出版。）
Robertson, R. [1992] *Globalization: Social Theory and Global Culture*, Sage.（阿部美哉訳［1997］『グローバリゼーション』東京大学出版会。）
Robertson, R. [2007] "Glocalization," in Robertson, R and Scholte, J. A.（eds.）*Encyclopedia of Globalization*, Vol. 2, Routledge, pp.545-548.
Rugman, A. [2005] *The Regional Multinationals*, Cambridge University Press.
Svensson, G. [2002] "Beyond Global Marketing and the Globalizing of Marketing

Activities," *Management Decision*, 40 (1), pp.574-583.
Tulloch, S. [1991] *The Oxford Dictionary of New Words*, Oxford University Press.
Vignali, C. [2001] "McDonald's: 'Think Global, Act Local'-The Marketing Mix," *British Food Journal*, 103 (2), pp.97-111.
Watson, J. L. ed. [1997] *Golden Arches East*, Stanford University Press.（前川啓治・竹内恵行・岡部曜子訳 [2006]『マクドナルドはグローバルか』新曜社。）
Wind, Y. [1986] "The Myth of Globalization," *The Journal of Consumer Marketing*, 3 (2), pp.23-26.

（鳥羽　達郎）

第7章

中堅外食企業

1. はじめに

　日本国内における外食産業のチェーン展開は，1960年代から本格的に始まり，1969年の第二次資本自由化を契機に，アメリカの外食企業が日本で合弁会社を設立するなどして店舗展開を始めたことにより大きく加速した。特に，FC展開という外部の資本と人材を有効に活用する業態が導入されたことがその成長を加速させた。結果，ハンバーガー，ドーナツ，回転寿司，牛丼などの丼物，ラーメンやそば・うどんやスパゲティなどの麺類，カレーライス等々の広い意味でのファストフード業態によるチェーン展開の他，ファミリーレストラン，居酒屋，喫茶店，給食産業と，さまざまな業種・業態の外食企業がチェーン展開を行っている。弁当や総菜の持ち帰り販売店などの中食産業も含めるなら，さらに多様性に富んだ業種・業態による事業展開が行われてきている。

　このような中で，消費者の外食産業に求める新規性・多様性へのニーズは高く，新たな参入企業も多く，M&Aも活発に行われている[1]。また，国内人口の減少や高齢化による市場規模の将来的な縮小もあり，外食チェーンによる海外展開が，大手企業に限らず中堅・中小企業においても活発に行われている。そこで，本研究では，JASDAQ上場中堅2社の事例研究を通して，外食産業のアジア展開の現状と今後の方向について検討する。

2. 「大戸屋」の事例

　1つ目の事例は，おいしくヘルシーな「日本の家庭料理」を世界に届けるべく，「大戸屋ごはん処」などを国内で277店舗[2]，海外で71店舗[3] 展開している㈱

大戸屋ホールディングス（以下「大戸屋」）である[4]。

(1) 「大戸屋ごはん処」の展開

　大戸屋は，1958年に，現会長の三森久実氏の養父三森栄一氏が東京・池袋で「大戸屋食堂」として開店したのが始まりである。「全品50円均一」というシステムで始めた日本の家庭食を提供する店であったが，評判がよく，養父の急逝で久実氏が継いだときには，48坪の店で1日1,000人以上が来店する繁盛店であった。1979年に店を受け継いだ久実氏は，店舗展開を目指して1983年に㈱大戸屋を設立している。その後，紆余曲折があったが，「大戸屋ごはん処」吉祥寺店の火事消失のリニューアルに際し，「女性の入れる定食屋」にしたのが大きな転機となった。1992年に再オープンした吉祥寺店は，その後のモデル店となる。そして，2001年に日本証券業協会に株式を店頭登録し[5]，店舗展開を加速した。2003年に東京・目黒区にFC1号店を開店，2011年には持株会社移行のため，㈱大戸屋を㈱大戸屋HDとし，新たに子会社として国内における「大戸屋ごはん処」の直営およびFC展開を担う㈱大戸屋を設立している。

　大戸屋は，大手チェーンではできないことで違いを出そうと，「店内で注文を受けてからの手作りと，安全な材料の使用にこだわり，独自の『総合オペレーション』のもと，すべての店舗でそれらを実践する」ことを経営の基本方針とした[6]。そして，事業展開にあたっては，企業理念を曲げず，経営の軸をぶらさないことで，結果的には顧客からの信頼を勝ち取るとしている。

　店内で注文を受けてからの手作りを基本としているため，一般の外食チェーンと異なりセントラルキッチンを持っていない。手作りといっても，店舗によってばらばらな料理を提供することなく，よい材料をうまく調理できるよう，厨房にはさまざまな工夫がなされた機器が導入されている。例えば「炭火焼グリラー」は厨房メーカーと共同で開発したもので，ガスコンロの上に網を敷き，その上に備長炭を置いてガスコンロの火と備長炭の両方で焼く仕組みになっている。備長炭の熱が魚や肉の中まで直接届き，旨味や香りを中に閉じ込めて提供しているのである。大根おろしも，摺りたてを提供すべく，これも調理器メーカーと共同開発を行い，ボタンを押すと1回で60g出てくるようにしてある。まだ全店には行き渡っていないが，かつお節の削り器も共同開発し，順次店舗に導入するとともに，かつお節が合う料理メニューの開発・提供も始めている。

素材面での取り組みの1つとして，葉物野菜の自社生産も始めている。㈱みらい（千葉県松戸市）から完全制御型植物工場の技術供与を受け，2008年から山梨県に植物工場「大戸屋 GREEN ROOM」を建設し，2009年から水菜などを栽培し，店舗の食材に使用している。最終的には，「大戸屋の何々という料理はうまいね。また，何々を食べたいね。」と言ってもらえるようなダントツ料理を提供していくことを目標にしている。

(2) 海外事業展開の基本ステップ

　大戸屋では，3段階で海外事業を展開することを基本にしている。第1段階は直接経営で，展開国における「大戸屋」ブランドの浸透を図りつつ，収益力を確立することである。そのため，当初は100％子会社での事業展開を行うか国・地域の事情に合わせ合弁会社で行うことにしている。第2段階は現地の有力なパートナー企業に経営を譲渡すべく，その候補探しと選定，そして実際の事業譲渡である。子会社または合弁会社の株式をすべてパートナー企業に売却し，パートナー企業とはエリア・フランチャイジーの契約を結ぶのである。第1段階で現地企業との合弁会社を設立している場合は，合弁先が譲渡先の最有力候補となる。第3段階は，エリア・フランチャイジーとなった現地企業による多店舗展開を支援し，大戸屋としてはロイヤリティー等で収益をあげていくのである。

　さまざまな国・地域で店舗展開をするには多大な投資が必要となる上，適切な立地場所を確保するための物件情報も現地企業でないとなかなか把握しにくいことが多い。また，和食メニューによる展開であるため，食材選択や調理，接客も含めて人材の育成も求められる。それらを効果的・効率的に行うため，最初の店舗開設から数店舗までは運営に直接関わり，運営ノウハウの移転と知名度が確立された段階で，大戸屋の理念を共有できる企業に子会社または合弁会社の株式をすべて譲渡し，その後の事業展開を任せる形をとることにしているのである。回収した投資は，さらなる店舗展開などの資金として活用している。

(3) タイにおける事業展開

　最初に海外店舗を開設したタイでは，2004年，バンコクに現地の合弁会社 OOTOYA THAILAND CO. LTD. を㈱大戸屋（現在の大戸屋HD）50％弱，残り

を日系企業の現地法人8社の出資で設立し，翌2005年1月に第1号店を開設している。2006年の2回目の増資の際，住商フーズ㈱（住友商事㈱の子会社）の紹介で鶏肉や豚肉の仕入れ先となっていた現地の肉などの卸売業者であるBETAGRO社に，将来はパートナー企業としてタイにおける「大戸屋」の運営を任せる予定で資本参加（42％）してもらい，社名もBETAGRO OOTOYA (THAILAND) CO. LTD. に変更している。その後，順調に店舗展開を進め，2011年3月期には27店舗にまで拡大したことから，第2段階としてBETAGRO社への合弁会社の株式譲渡を提案した。しかし，先方は外食事業を自社で運営していくのが難しいと判断したため，別の現地パートナー企業を探すことになった。結果，CENTRAL RESTAURANTS GROUP CO. LTD.（以下「CRG社」）[7]に大戸屋が保有する現地合弁会社の株式45.8％を売却し，CRG社とFC契約を結んだのである。その後CRG社は「天丼てんや」[8]や「かつや」[9]ともFC契約を結び，外食事業を拡大してきており，「大戸屋」も36店舗となっている。フードコート等で総菜販売を行う「大戸屋キッチン」の店舗もCRG社傘下の企業にすべて譲渡している。

なお，タイには直営店舗が1店残っているが，これは日本での「おとや」業態に近い店舗で，大戸屋の子会社であるOOTOYA (THAILAND) CO. LTD. が運営している。タイでは「大戸屋」も「おとや」も聞こえ方が同じであることから，現在は「みつもり」[10]の店舗名となっている。「みつもり」は定食屋ではなく小料理屋に近く，地鶏の焼鳥や手打ちそばなども提供している。海外では，店舗名は異なるが，香港で2店舗，米国で2店舗を展開している。現状は，アンテナショップとしての展開となっている。

(4) 他のアジア諸国・地域での事業展開

台湾については，2006年3月に100％子会社の台湾大戸屋股份有限公司を設立し，同年1号店を開設している[11]。2012年3月期には14店舗まで拡大したことから第2段階に進むべく，株式の譲渡先を検討した結果，同年9月，全家便利商店股份有限公司（以下「台湾Family Mart」）[12]に全株式を売却し，台湾におけるエリア・フランチャイジー契約を同社と結ぶ形に改めている。同時に，台湾における大戸屋事業の基盤が確立された段階で，両社で中国に合弁会社を設立し，中国で日本食レストランの店舗展開を行うことでも合意している。

図表7－1　大戸屋の海外店舗（2013年10月1日現在）

国・地域	店舗数	経営主体	開設年
タイ	37店	子会社の OOYTOYA(THAILAND)CO. LTD. が1店，FC の CENTRAL RESTAURANTS GROUP が36店	2005年
台湾	17店	FC の全家便利商店股份有限公司（台湾 Family Mart）が子会社の台湾大戸屋股份有限公司（大戸屋 HD の元子会社）により展開	2006年
香港	5店	子会社の香港大戸屋有限公司による直営店展開	2007年
インドネシア	5店	FC 契約を結んでいる現地企業（元の合弁会社）PT. OOTOYA INDONECIA が展開	2008年
シンガポール	3店	子会社の OOTOYA ASIA PACIFIC PTE. LTD. による直営店展開	2009年
中国・上海	2店	現地企業との合弁会社である大戸屋（上海）餐飲管理有限公司による FC 展開	2011年
ニューヨーク	2店	子会社 AMERICA OOTOYA INC. で直営店展開	2011年
合計	71店		

（出所）㈱大戸屋 HD の Web サイトなどを基に整理。

　すべての国・地域において基本スキーム通りに展開しているわけではない。インドネシアでは，日本の商社の紹介で現地の事務機器卸売企業から提携の申し込みがあり，合弁で OOTOYA ASIA PACIFIC PTE. LTD. を設立した。その上で，同社と FC 契約を結び，シンガポールとインドネシアでの展開を始めた。その後，シンガポールについては家賃が高くなかなか利益が出ないことから，合弁会社を100％大戸屋の子会社としてシンガポールでの展開を行うことになり，第1段階からやり直すことにした。一方，インドネシアについては，前出の事務機器卸売企業の100％子会社である PT. OOTOYA INDONECIA と FC 契約を結び店舗展開を行っている。インドネシアについては最初から現地企業が展開しているが，ブランド認知が確立されるまでは，一般的な FC 契約以上の協力を行うことにしている。

　このように，海外事業の展開は3段階を基本としつつ，インドネシアのような例外もある。これは，この3段階そのものが，実際の事業展開の中から確立された方針だからである。最初の展開国であるタイで，BETAGRO 社から食材調達の取引だけでなく物件情報の提供や仲介なども含めてさまざまな面で協力しても

らい，そのような中から，現地パートナーとの連携の必要性を確信してきている。中堅・中小企業の海外展開においては，人材が不足しがちであり，それを補うため国内で取引のある金融機関や商社などの現地事務所の協力を得ることになるが，そこからの紹介などを通じて現地企業と取引以上の連携を進めていくことが肝要となる。特に，外食産業は立地に左右される側面も大きいため，物件については現地パートナーとのきめ細かな情報交換が求められるのである。

(5) 日本国内とまったく同じ内容のメニュー・サービスによる事業展開

　大戸屋は店内での手作りと安全な材料の使用，独自の「総合オペレーション」による日本の家庭料理の提供を経営の方針としている。このため，海外の直営店であってもFC店であっても，指定の食材の利用とその仕入先について詳しい取り決めをしている。

　メニューについては，国内の大戸屋とまったく同じにするため，食材全体の約1/3程度を日本から送っている。特に多いのが自社特製のたれで，25種類のたれを提携先の国内の食品メーカーに作ってもらい，冷凍して送っている。魚類も，アラスカ産やノルウェー産など海外からの輸入材料が多いが，開いたり塩水に漬けたりする前処理を施し，その上で現地に送っている。野菜や肉などは現地で調達することが多いが，取り決めた仕入先から調達することになっている。もちろん，海外のFC店から新たなメニューの提案があれば検討し，合意すれば新たな料理の提供や仕入先の変更も可能であるが，これまでのところ新たな提案はない。タイの協力工場でホッケの加工をしてもらい，タイ国内と香港では日本を経由せずに使うようにしている。提供する料理だけでなくサービスの仕方，厨房機器と調理方法，食器などについても取り決めを行い，料理同様，基本的には日本と同じにしている。

　このように，日本と同じ料理の提供をしているため，コスト面から現地では日本でのポジションよりも高級な飲食店のポジションとなっている。為替レートによる変動もあるが，概ね，客の平均単価は日本国内よりもタイや台湾で100円前後，香港やシンガポールでは200円～300円高くなっている。日本国内に比較してのことであるから，現地では庶民が日常的に通う飲食店よりはワンランク上の業態の店となっている。

3. 「8番らーめん」の事例

2つ目の事例は,「食生活の味わいをネットワークするシステム産業」として 'Tasty Innovation' をコンセプトに,「8番らーめん」などを国内で 152 店舗[13],海外で 110 店舗[14] 展開している㈱ハチバン(以下「ハチバン」)である[15]。

(1) 「8番らーめん」開店当初から FC 展開を推進

ハチバンが展開する「8番らーめん」は,1967 年 2 月に石川県加賀市の国道 8 号線沿いに第 1 号店をオープンしている。都市人口が周辺の郊外に移動し,ロードサイド型の物販・飲食店が形成されてきた時期である。炒めた野菜をたっぷりのせたラーメンは評判となり,25 席の店で一日に 1,300 杯を売り切るほどに繁盛した。加えて,創業者の後藤長司氏は,アメリカ視察を踏まえ,創業当初から FC システムによるチェーン展開を志向し,同年 9 月には FC1 号店を開店するに至っている。1967 年という年は,青池保氏が東京の両国に「札幌ラーメン どさん子」の 1 号店をオープンするとともに,FC 本部を設立しチェーン展開した年でもある[16]。また,1968 年には「くるまやラーメン」が,1970 年には郊外型ファミリーレストランのさきがけとなる「スカイラーク」の 1 号店が国立市にオープンし[17],翌 1971 年には「ロイヤルホスト」1 号店が北九州市八幡区にオープンしている。

このように,「8番らーめん」は郊外で外食チェーンの展開をいち早く行った企業群の 1 つであったが,店舗展開はそれほど速くはなく,直営店を含めて 100 店に達するのが創業から 19 年後の 1986 年である。しかし,提供する料理の品質や味を一定に保つべく,1972 年には創業店の一部で行っていたたれの生産を新設の加賀工場に移転,1973 年には金沢市に餃子食品工場を,1978 年には麺の自社生産を,1981 年には煮豚・スープの生産を開始しており,加工食材の自社生産体制を構築してきている。現在は,自社工場だけでなく海外や外注先での食材生産も行っているが,生鮮品については約 7 割が,それ以外の食材(麺,たれ,スープ,餃子など)はほぼ全量を国内店舗に供給している。このようにセントラルキッチン方式を採用しているため,物流面から北陸中心の店舗展開となっている。

(2)「8番らーめん」のタイでの展開

　ハチバンにおける海外展開もタイから始まっている。北陸地方に年1～2回は来日していたタイの繊維会社の経営者が，福井県の「8番らーめん」で食事をして感動し，タイでも「8番らーめん」を展開したいと要望してきたのである。突然のオファーに一度は断ったものの，先方の強い熱意もあり，現地視察を行うことにした。確かに，タイには麺料理を食する文化もあり箸を使う文化もある。しかし，タイには多くの屋台があり，国内の「8番らーめん」が1杯450円の時に，屋台ラーメンは当時の日本円で60円～70円であった。日本で製造したラーメンをタイに送っていたのでは，庶民対象のチェーン展開は難しいと考えた。実際，バンコクに出店していた日本のラーメン店は750円～1,000円という価格帯で，あくまで日系人対象であった。そこで，一旦は断ることになるが，三度ほど現地視察を行った後に，タイ進出を決断したのである。

　タイのパートナーとなる繊維事業者としては，自動車や電機関連の産業が盛んになってきていたことから，繊維関連の産業は賃金のより安い国・地域に移っていくであろうと考え，業績の良好なときに次の事業の柱を打ちたてようと，外食事業を選んだのである。一方，ハチバンとしても，いずれ訪れる国内の外食市場の飽和状態に対してグローバル化が不可欠であること，今後は国内展開も含めて優秀な人材の確保が必要であることなどから，海外展開を企業の魅力の1つとして，推進しようと考えたのである。

　タイでやるからには日本における事業と同様，庶民向けにラーメン店を展開しようと考えた。そのため，現地の食材を活用し，不慣れな従業員でも日本と同じ料理の提供ができるよう，日本での展開以上にセントラルキッチン機能を充実することにした。また，セントラルキッチンを設けるのに見合ったチェーン展開が必要であると，100店は展開しようと当初目標を掲げることとした。1992年，海外1号店として，タイの首都バンコクに「8番らーめんシーロムコンプレックス店」がオープンした。

　タイの料理は味が薄く，客が調味料で調整するのが普通であったが，あくまで完成された料理を提供する店づくりを行うことにした。パートナー企業からタイ料理に近いメニューも提供したいという提案があり，多様なメニューで開店したが，タイの人にとっては日本の料理が食べたくて来店するということもあり，結果的には日本で提供しているメニューを中心に現地開発のメニューも一部商品化

して提供している。サービス面も日本的とし，来店客に対する挨拶の徹底，会計を各テーブルで行うのではなくレジで行うシステムとしている。店の雰囲気も日本のラーメンを食する空間として，日本での内装に近付けている。価格は屋台ラーメンの3倍前後となったが，徐々に現地の人々も訪れるようになり，今日では完全にタイの庶民向けチェーンとして認知されている。

　タイでは，同社の子会社㈱ハチバントレーティング[18]と前出の現地企業，伊藤忠商事とで設立した合弁会社 THAI HACHIBAN CO. LTD.[19]（バンコク市，㈱ハチバントレーティング出資比率は14.3％）と「8番らーめんFCエリアライセンス契約」を結び，「8番らーめん」の展開を始めた。最初の数年間は試行錯誤もあり，店舗数は5年後で5店舗であったが，2000年頃から新規開店を増やし，21年間で102店舗までになっている。

　このように，多店舗展開はゆっくり行われたが，当初からセントラルキッチンは整備し，チェーン展開の準備を進めた。最初はパートナー企業の繊維工場の中に10店舗程度に対応できる製麺等の工場を整備し，その後，店舗数が増加したことから，2006年には200店舗の食材供給ができる新セントラルキッチンを整備している。食材の一次加工はすべてセントラルキッチンで行い，加工食材をタッパーウェアに入れて冷蔵配送するシステムを取り入れている。また，スープやたれ，スープエキス，調味料などの製造を㈱ハチバントレーティングジャパンと現地企業との合弁会社 DOUBLE FLOWERING CAMELLIA CO. LTD.（以下「DFC」）[20]で行い，ハチバンの非連結子会社 HACHIBAN TRADING (Thailand) Co. Ltd.[21]で，製造されたスープやたれを中心とした加工食品のタイ国内での販売と中国や香港への輸出を行っている。日本国内のスープも全量をDFCで製造し，㈱ハチバントレーティングジャパンが日本への輸入販売を手掛けている。

(3) 他のアジア各国・地域での展開

　香港は2003年に「らーめん元八」を開店したのを始めとして現在までに5店舗を展開している。香港は家賃が高いところに出店しているため，狭い厨房で効率よく調理する工夫をして黒字にしている。しかし，3年契約の更新が来るたびに賃料を値上げされるため，契約期間内に投資の回収と新たな投資のための利益確保が不十分で店舗拡大はできていない。ただ，図表7-2のように3業態で展開

図表7−2　ハチバンの海外店舗（2013年10月1日現在）

国・地域	店舗数	経営主体	開設年
タイ	102店	合弁会社 THAI HACHIBAN CO.LTD. とエリアライセンス契約を結び、「8番らーめん」を展開	1992年
香港	5店	合弁会社の香港元八有限公司とエリアライセンス契約を結び、「らーめん元八」2店、「8番らーめん」2店、「麺座」1店を展開	2003年
中国・大連	3店	大連の企業と2010年に合弁会社「大連紅葉八番餐飲管理有限公司」を設立し、エリアライセンス契約を結び展開	2011年
合計	110店		

（出所）㈱ハチバンのWebサイトなどを基に整理。

しており、今後の中国各地での展開に向けたブランド確立の地域としている。なお、タイや日本国内からの食材輸入は合弁会社の香港八番貿易有限公司が担い、香港元八有限公司に販売している。中国については、2005年に上海の合弁会社と青島の企業とそれぞれエリアライセンスの契約を結び、チェーン展開前提でセントラルキッチンも準備して臨んだが、食材調達や日本的なサービス導入でうまくいかず閉鎖している。その後、2011年から大連でFC店をオープンしている。

　マレーシアについては、タイの「8番らーめん」の繁盛をみたマレーシアの事業家からのオファーで、最初から出店するつもりでマーケットの調査を実施し、2003年に1店舗オープンした。その後1店舗を加え2店舗を展開したが、2007年にすべて閉店している。マレーシアにはマレー系の住民の他、中華系、インド系の住民がいるが、タイ同様ターゲットを庶民と設定し、約6割を占めるマレー系の人の宗教に配慮し、ハラールフード（イスラム法上で食べることが許されているもの）対応ということで豚肉や酒精分を使わない商品を開発した。しかし、出店したジャスコSCで買い物する客層は、約3割を占める中華系の人がほとんどで、中華系の人にとってはハラールフード対応のラーメンでは合わなかったのである。いずれは、再挑戦することにしているが、現段階では出店していない。

4. 中堅外食企業によるアジア展開の基本的方向

　マーケティングの基本は、「何を、誰に、どのように提供していくのか」につ

いて構想し，その実現を図ることにある。2つの事例企業におけるアジア展開は，「日本で提供している料理」を，「最終的には展開する国・地域の庶民」に，「国内と同じ仕組み」で提供していくことにある。このことをいかに実現していくかが大きなポイントとなるが，両社とも「展開する国・地域の考え方を共有できる地元企業と連携」し，段階を踏むことで実現している。

(1) 日本で提供している料理の提供

　食品メーカーが海外に工場を設けて事業展開を行う場合，業務用や消費者向けを含めさまざまな形で利用してもらい，生産量に見合った販売量を確保しようとする。そのため，展開する国・地域の食文化に適応する形で商品開発を行ったり利用方法を提案したりする。キッコーマンがアメリカで醸造しょうゆの販売促進に向け「しょうゆを使うアメリカ料理の研究」[22] を行ったことなどはその典型である。しかし，外食企業の場合，展開する国・地域で既に普及している料理との差異を明確化し，新たな食を求める消費者に訴求しなくてはならない。そのためには，日本で提供している料理を日本式で提供していくことが肝要となる。日本式での提供とは，食器や配膳の仕方，サービス等々も含めてのことで，日本の食文化を提供することになるのである。

　日本における海外からの食文化の受け入れ方を考えてみると，海外から入ってきた食を日本的にアレンジしたり洗練したりして日本の食として定着させてきていることも多い。ラーメンやオムレツはその典型であるし，モスフードの「ライスバーガー」などもあてはまる。海外からの食をアレンジすることは日本に限ったことではない。例えば，アメリカにおいては寿司のアイテムの1つとして「カリフォルニア巻き」が開発され，逆に日本に輸入されている。アジアで展開している日本食も，今後はそれぞれの国・地域でアレンジされることも多くなるだろう。しかし，それを行うのは現地の人々であり，日本企業は日本食を訴求することから始めるのが基本といえる。

(2) 最終ターゲットは現地の庶民

　日本の料理を提供する場合，日本から食材や厨房機器・食器などを持ち込んだり，現地に日本人スタッフを駐在させたりと，現地での価格帯はどうしても高く

なる。大戸屋では，食材の現地調達を推進しつつも，当面は日本よりも高い価格帯で，富裕層や庶民ならばハレの時の食事の場として提供している。国内における差異化がセントラルキッチンを持たず，店舗での手作りを特徴としていることから，ダントツ料理の提供という軸を曲げず，頻繁でなくても，庶民が来店したくなるようにしている。一方，ハチバンでは，庶民の手が届く範囲の価格設定とするため，食材の現地調達と国内以上にセントラルキッチン機能を充実させ，屋台よりは高いが庶民がある程度の頻度で来店できる価格帯にしている。

　都市部に数店舗展開するだけの形で事業を行うならば，日系人や現地の富裕層を対象とした事業展開もあり得るが，国内同様のチェーン展開を志向する場合，最終的には庶民をターゲットとして事業の仕組みを構築していくことになる。そのためには段階を踏むことである。食材調達の仕組みを徐々に現地化したり，当初は日系人や富裕層が多い大都市圏を中心に展開しつつ，店舗数の拡大に合わせて地方展開を進めたりするのである。店舗数が増加することで，駐在日本人スタッフの人件費に占める割合も相対的に減少し，さらにコスト的に庶民向けのメニューを提供できるようになるのである。もちろん，アジア各国の所得水準・消費力の向上も期待はできる。

(3) 国内と同じ仕組みの構築に向けた地元企業との連携

　「日本で提供している料理」を提供する以上，「国内と同じ仕組み」で提供できるに越したことはない。といっても，インフラが日本ほど整備されておらず，店舗立地に係るノウハウも不足している国・地域において同じ仕組みを構築するのはたやすくはない。そこで，「国内と同じ仕組み」を実現するため「考え方を共有できる地元企業と連携」することになる。「考え方の共有」の中でも大きいのが，単なる投資というのではなく，外食事業を本気でやろうという考え方である。このことを事例の両社とも，連携先選定の重要なポイントとして挙げている。投資目的が先行したために連携がうまくいかず，撤退した場合もあった。

　構築してきた具体的な仕組みは，食材の調達・加工から客に提供するまでの仕組みである。大戸屋は日本の家庭料理のおいしさをそのまま提供できるよう，店舗の厨房機器の充実と現地スタッフの人材育成に力を入れている。ハチバンではセントラルキッチン機能を国内以上に徐々に高度化し，どの店でもハチバンの提供する料理が一定に保たれるようにしている。また，スープについては，国内分

も含めてタイで生産することで，国内事業への成果還元も進めている。

　食品メーカーなどは，自社製品の認知度を高めるために外食事業を展開することがあるが，外食企業にとっては店舗展開そのものが本業であり，メニューやサービスも日本的な展開が基本となる。そのため，現地スタッフの能力獲得までは日本人スタッフの駐在・サポートが必要となり，コスト高の要因となるが，仕組みが移転され多店舗展開が行われるようになれば，ロイヤリティー収入を柱とする展開に移行することができるのである。

5. 小　結

　外食企業におけるアジア展開は，事例の両社に限らず，多くは「日本で提供している料理」を，「最終的には展開する国・地域の庶民」に，「国内と同じ仕組み」で提供すべく，日本の商社や金融機関のサポートを得，現地企業と連携して実現してきている。その際，単に日本の料理だけを提供していくのではなく，食器や調理方法，サービス等も含め日本の食文化の移転を試みている。ならば，食文化に限らず，文化そのものの輸出・海外展開という側面から外食事業を見渡し，事業展開に拡がりと厚みを持つようにする必要がある。

　エンターテイメントの輸出・海外展開という面で，クールジャパンの訴求が推進されているが，その普及にはWebサイトやSNS等の新しいメディアの活用が行われている。国内におけるラーメンも，チェーン展開やご当地ラーメン展開の後に，1990年代中頃からTVメディアがフード番組を好んで提供したこともあり，ラーメン店主が前面に出てくる新たな潮流を生み出してきている。「ラーメン道」なる用語も生み出され，ラーメン屋の作務衣化も始まっている[23]。ラーメンを食することとその情報交換がラーメン業界の活性化をもたらすようになってきているのである。このことを海外展開に当てはめるなら，健康に良い料理として認知され，欧米やアジア圏へ普及してきている日本食について，文化全体の波及の中で食文化展開の可能性を検討していくことも必要である。

【注】
1) ㈱コロワイド（甘太郎など）による㈱アトム（アトムボーイなど）の連結子会社化（2005年10月），同じく㈱レインズインターナショナル（旧レックス・ホールディングス，

牛角，土間土間など）の連結子会社化（2012 年 10 月）など。
2）2013 年 3 月期，子会社の㈱大戸屋が直営 142 店，FC 店 135 店。
3）図表 7-1「大戸屋の海外店舗（2013 年 10 月 1 日現在）」参照。
4）本部：東京都武蔵野市，資本金：1,465,024 千円，代表取締役会長：三森久実，代表取締役社長：窪田健一。本事例は㈱大戸屋 HD への訪問取材と同社公表の参考文献記載の資料などを参考にしている。
5）現 JASDAQ 市場。
6）大戸屋 HD・Web サイト「ご挨拶」。
7）タイの大手流通企業グループである CENTRAL GROUP の中核企業の 1 つで，KFC や Mister Donut，吉野家，ペッパーランチなどのファストフード店を展開している。
8）ロイヤル HD ㈱の連結子会社の㈱テンコーポレーションが展開する外食チェーンで，2013 年 10 月に CRG 社と FC 契約をしている（「Sankei Biz」2013 年 10 月 9 日）。
9）アークランドサービス㈱が展開するとんかつ専門の外食チェーンで，2013 年 10 月に CRG 社と FC 契約をしている（「NNA. ASIA」2013 年 10 月 8 日）。
10）代表取締役会長三森久実氏の名字由来の店名である。
11）2006 年 6 月に三菱商事や台湾三菱商事からも合計で 15％の出資を受け入れているが，その後，三菱商事などが出資を引き揚げたため再度 100％子会社にしていた。
12）台湾においてコンビニエンスストア「全家 Family Mart」を展開している企業。
13）2013 年 3 月期，直営 31 店，FC121 店。
14）図表 7-2「ハチバンの海外店舗（2013 年 10 月 1 日現在）」参照。
15）本社：石川県金沢市，資本金：1,518 百万円，代表取締役社長：後藤四郎氏。本事例は，㈱ハチバンへの訪問取材と同社公表の参考文献記載の資料などを参考にしている。
16）創業 1961 年で，1967 年に「札幌ラーメン　どさん子」1 号店を開店するとともにチェーン展開も始め，翌 1968 年に加盟店が 100 店突破，1977 年 2 月に 1,000 店を突破。
17）後に「すかいらーく」と平仮名表記となり，現在は GAST 業態などに転換している。
18）1989 年 12 月設立。2010 年に会社分割を行い，新たな子会社として㈱ハチバントレーティングジャパンを設立し，国内での輸入販売業務を移管し，残りの業務を㈱ハチバントレーディングを㈱ハチバンが吸収合併し，本社で担っている。
19）現地企業が繊維会社のため伊藤忠商事と取引があったことから，最初は伊藤忠商事にも資本参加してもらったが，その後，伊藤忠商事の出資分は現地企業に譲渡されている。
20）1997 年設立で，1999 年 8 月に㈱ハチバントレーディングの関連会社にしている。
21）2005 年 9 月に現地企業との合弁で設立。
22）茂木［2007］p.26。
23）速水［2011］p.207。

【参考文献】
安藤百福［2002］『魔法のラーメン発明物語』日本経済新聞社。
大崎裕史［2011］『日本ラーメン秘史』日本経済新聞出版社。
月刊食堂編［2011］『月刊食堂 2011 年 7 月号外食産業 50 年史』柴田書店。
日経 MJ（流通新聞）編［2012］『日経 MJ トレンド情報源 2013』日本経済新聞出版社。
速水健朗［2011］『ラーメンと愛国』講談社。
福江誠［2010］『日本人が知らない世界のすし』日本経済新聞出版社。
茂木友三郎［2007］『キッコーマンのグローバル経営』生産性出版。
《個別企業関連の参考文献》
1. ㈱大戸屋 HD 関連：同社 Web サイト，㈱大戸屋 HD（旧・㈱大戸屋も含む）の平成 16 年

3月期～平成25年3月期の「決算短信〔日本基準〕（連結）」, 21期～24期「事業報告書」, 25期～28期「株主通信」, 日経レストラン on line（2008年3月25日）
2. ㈱ハチバン関連：同社Webサイト, 平成25年3月期の「決算短信〔日本基準〕（連結）」, 35期～43期「事業報告書」,『環日本海経済ジャーナル』2008年8月31日発行・第79号,「8番らーめんの海外戦略」, 後藤四郎氏の講演録
3. 「NNA. ASIA」2013年10月8日／Yahoo ニュース
4. 「Sankei Biz」2013年10月9日／Yahoo ニュース
5. 各企業の Web サイト［CENTRAL GROUP of COMPANIES, アークランドサービス㈱, ㈱コロワイド, ㈱どさん子, ㈱ホッコク, ㈱吉野家 HD, ロイヤル HD ㈱］

（佐々木　勉）

第8章

小売企業

1. はじめに

　本章は，コンビニエンス・ストア（以下「コンビニ」）のアジア・マーケティング戦略を取り上げ，特にファミリーマートの国際化に焦点を当てる[1]。まず，日本大手コンビニ各社の海外出店状況を表にまとめた。各社の出店地域をみると，大半の出店がアジアに集中していることがわかる。うち，セブン-イレブンの海外出店は主にアメリカの 7-Eleven. Inc. と契約を結んだ国と地域であり，日本による進出は買収したハワイのほかに，中国の北京・天津・成都などの大都市に集中している。ファミリーマートの海外初出店は 1988 年で，大手各社の中でも早い段階の進出であり，さらに出店地域は数カ国・地域に分散されているのが特徴である。また，2013 年 12 月時点の海外店舗数は国内の約 1.3 倍であり，国内で最も国際化が進んでいる大手コンビニである。ローソンは日本のコンビニとして 1996 年に最初に中国に進出した企業であるが，一度中国側に経営の主導権を委ねた。2011 年 9 月に株式買収で再び主導権を取り戻して，重慶，大連，北京にも新規展開した。近年は，東南アジアにも進出し，国際化を強化しているのが特徴である。ミニストップは国内シェア第 5 位の企業で，ファミリーマートと同様に海外店舗数が国内店舗数を上回っている（図表 8-1 参照）。国内第 4 位の日本サークル K サンクスは海外進出に出遅れて，2013 年 11 月にようやくマレーシアに海外 1 号店を出店した[2]。

　そこで本章では，最も国際化が進展しているファミリーマートを取り上げて，東南アジアのタイ，ベトナム，インドネシアにおける事業展開プロセスを考察することが目的である。それぞれの国における小売事業モデルとマーケティング戦略の実態を把握し，現地化戦略のパターンを明らかにする。

　ここで使われている小売事業モデルと現地化戦略のパターンの概念は，矢作

図表 8 − 1　大手コンビニ 4 社の海外店舗数

(2013 年 12 月末時点，単位：店)

	セブン-イレブン	ファミリーマート	ローソン	ミニストップ
海外 1 号店	ハワイ[1] (1989 年)	台湾 (1988 年)	中国 (1996 年)	韓国 (1990 年)
アメリカ (本土・ハワイ)	8,155 (うちハワイ 59)	9	4 (ハワイ)	
カナダ	486			
メキシコ	1,690			
韓　国	7,085	7,932[2]		1,913
台　湾	4,919	2,903		
中　国	2,001[3]	1,064	397	67
タ　イ	7,429	1,048	28	
フィリピン	1,009	31		386
インドネシア	149	10	63	5
マレーシア	1,557			
ベトナム		20		17
シンガポール	537			
カザフスタン				7
オーストラリア	595			
スウェーデン	190			
ノルウェー	157			
デンマーク	196			
海外合計	36,155	13,017	492	2,395
うちアジア (日本を除く)	24,686	13,008	488	2,395
日　本	16,020	10,245	11,584	2,221

(注 1) ここはセブン-イレブンジャパンの状況であり，1989 年 12 月に米サウスランド社から 1982 年設立のハワイ事業を買収した。
(注 2) 韓国ファミリーマートは，2012 年に "UC" に店舗名称が変更された。ファミリーマートは，韓国からロイヤリティー等の収入を得る方針に戦略転換した。
(注 3) うちセブン-イレブンジャパンが運営している地域は，北京・天津，成都，青島，重慶であり，それぞれの店舗数は 206 店，79 店，32 店，2 店である。
(出所) 各社の公式サイト，2014 年 2 月期決算報告書，「ニュースリリース」，『コンビニ』2004 年 3 月号，p.54，および『日本経済新聞電子版』2013 年 12 月 19 日付より筆者作成。

〔2007〕のフレームワークを用いる。矢作〔2007〕の「小売事業モデル」は小売業務システム，商品調達システム，商品供給システムの3つの機能的サブシステムから構成されている。また，「現地化戦略のパターン」は小売事業モデルの標準化／適応化問題を，「完全なる標準化」志向，「標準化の中の部分適応」志向，「創造的な連続適応」志向，「新規業態開発」志向の4類型に分類した[3]。

簡単にファミリーマートの国際化の概略を述べよう。1981年に日本で誕生したファミリーマートは1988年に台湾に進出し，海外展開の幕を開けた。そして，1990年に韓国，1992年にタイへと進出し，初期段階の国際化を果たした。しかし，1990年代半ばから2000年代にかけて，国内事業の強化に集中したため，新たな海外進出は控えられた。そして，2004年に国際化を再開し，同時に中国と米国の2つの国に進出した。2000年代後半は東南アジアでの事業展開に着目し，2009年にベトナム，2012年にインドネシア，2013年にフィリピンに新規参入した。2009年にファミリーマートの海外店舗数は国内を逆転し，2012年2月には世界で20,000店を達成した。現在は2015年にグローバル25,000店舗の目標を掲げている。

2. タイ（1993年〜）におけるファミリーマートの苦戦と成長

(1) タイでの事業展開プロセス

タイの人口数は約6,000万人，1人当たりのGDP約5,400ドル（2011年時点）であり，国民の9割以上が仏教徒である。

タイは1988年の台湾，1990年の韓国に続き，ファミリーマートが1992年に海外へ展開した3つ目の国であり，ターゲット顧客層は10〜40歳代の男女に設定した。1号店は1993年7月に設立されたが，1号店の開店から16年経った2009年にようやく黒字転換を実現した。ここではまず，歴史的な側面からその発展プロセスと試行錯誤を述べたい。

1992年9月，ファミリーマート30％，伊藤忠商事10％，ロビンソン百貨店40％，タイの日用品卸売大手サハ・グループ20％の4社で合弁会社Siam FamilyMart Co., Ltd.（以下「サイアム・ファミリーマート」）が発足した。資本金

は1億バーツ（約3.18億円）であった。

しかし，タイは東南アジアにおける初出店であり，「事業性を見極めたい」と「現地実情に即したフランチャイズ・チェーンパッケージを作りたい」という2つの思いの元で，最初の2年間は5店舗による実験運営で開始された。店舗運営システムや会計パッケージも最低限の投資に抑えられ，事業拡張に必要なインフラが十分に整備されていなかった。一方，筆頭株主であったロビンソン百貨店は専任の経営責任者を派遣せず，同社の副社長が社長兼務という経営者不在の状況でファミリーマートの事業に取り組んだ。

1995年にようやく事業の本格展開に踏み込んだが，不運にも1997年7月にタイバーツの下落による通貨危機で，パートナー企業のロビンソンが会社更生適用会社になり，合弁パートナーの責任が果たせなくなった。そこで，主導権は日本側に転換された。

1999年に資本金を増資し，外資法をクリアするために新たにSFM Holding Co.,Ltd.（以下「SFM-H」）を設立した。

2003年にタイにおける店舗数は300店に成長し，そこで，新たにタイ人の社長を経営陣に招聘した。新社長就任後の2004年度に205店舗を新設し，2005年2月末に総店舗数は509店舗に達した。しかし，急速な出店に対して人材育成のスピードが追い付かず，本部の方針が現場の第一線までに浸透できなかった。もちろん，店舗でのS＆QC（サービス，クオリティ，クリンリネス）の実行も徹底できず，結局，競争力のない不採算店が多数発生し，2006年末には債務超過に陥った[4]。

2005年9月に，ファミリーマートはタイ事業再生のため，日本から管理者派遣し，15人の新経営体制を設けた。そこで，組織・人員体制の強化，人事評価・予算管理制度の抜本的な整備と構造改革が実施された。2007年にはさらに日本からの資金支援で累損を一掃し，不採算店115店舗の閉鎖，FC化の推進，S&QCの強化の三本の矢で，2008年からの健全経営を目指した。そして，2009年にようやく単年度の黒字転換を実現し，以来黒字経営を継続している。2012年2月末時点，タイにおける売上高総額は233億700万円であり，前年比104.5％の増加に成長した[5]。

2012年9月，ファミリーマートはタイ事業の拡大を加速させるために，現地の総合小売業最大手のセントラル・リテール・コーポレーション（以下「CRC」）を新たな事業パートナーとして迎え，スキーム再編を実施した。まず，SFM-H

はCRCの100％子会社となり，サイアム・ファミリーマート出資比率は日本ファミリーマートが48％，CRCの100％子会社であるSFM Holdingが51％，その他が1％になった。

　CRCは百貨店やスーパーマーケット（トップス・スーパー，トップス・マーケット）などを幅広く展開している。ファミリーマートはCRCの強力な店舗開発力，商品開発力，充実した物流などのインフラ機能をコンビニに活用することを期待し，2013年に1,000店舗，2022年に3,000店舗の達成を目標にしている。2013年5月に，社名は正式にセントラル・ファミリーマートに変更され，同グループのコンビニ「トップス・デイリー」（約130店）の一部も順次にファミリーマートに転換される予定である。

　なお，2012年末時点にタイには約1万2,000店舗のコンビニがあり，うち，日本のローソンは2012年11月に小売・日用品大手のサハ・グループ[6]と合弁会社「サハローソン」を設立し，傘下の「108ショップ」（約700店）を「ローソン108」に衣替えしていく方針である[7]。

(2) 小売ミックス・小売業務システム

　タイの標準的な店舗づくりは店舗面積が80㎡，24時間営業であり，取扱品目数は2,500品目である。しかし，実際にはキオスクタイプの小型店舗もある。店舗レイアウトは日本の一般的な店舗と類似しているが，イートインコーナーは設置されていない。ただし，今後は新パートナーの協力で，書店や薬局などの併設型店舗も導入する予定である。主力商品はサンドイッチやソーセージなどの中食であり，2012年には28％に達している。水，酒，たばこなどが売れ筋商品であるが，学校，病院，寺院の近くでは免許取得の関係上，酒類が販売できない。

　品揃えに関するファミリーマートの海外戦略の基本方針は，現地適応化戦略である。外見的に日本と同じようなサンドイッチ（20〜30バーツ前後；65〜95円），中華まん（8〜15バーツ前後；約25〜50円），おでんでも，現地に合うようにアレンジされた味付けであった[8]。また，日本で年間1億5,000万本の人気商品である骨なしフライドチキン「ファミチキ」が2010年6月に投入され，価格は25バーツ（約80円）であり，日本の160円より安い設定であった。

　また，弁当に関して，2009年に日本の技術の導入によって，タイの気候に対応したフローズン弁当（Quickserve，29バーツ；約90円）が数種類発売された。

ほかにチルド弁当も導入されはじめ，働く女性を中心に徐々に人気が出始めたという。ただし，中身が見えないパッケージが日本との大きな違いであり，隔日配送と長距離配送という現地の物流事情が背景にあった。2013年春以降，さらにサケの照り焼き弁当，豚の生姜焼き弁当，カレーライスなどの日本風の弁当を追加投入した。価格は 30～35 バーツ（約 95～110 円）であり，屋台の食事とほぼ同水準で売れていた[9]。ほかにバナナやリンゴなどの果物の販売もあり，意外にも日本の定番商品であるおにぎりは，タイでは売られていない。

タイならではの特徴は，ソーセージ類やホットドッグがチルドコーナーと FF コーナー両方に大量陳列され，タイでの人気商品であった。さらに，ハンバーグの専用販売コーナーが設置され，顧客が自ら野菜をトッピングしたり，味付けしたりするタイ流の売り方も興味深かった。

加工食品に関して，グリコや明治製菓など一部現地生産の商品が導入されているが，基本的には現地メーカーの人気商品が出揃えている。また，サービス商品は ATM の設置のほかに，2012 年から一部の公共料金の支払いも可能になった。

一方，日本ではシェアを高めている PB 商品は，雑貨類の一部が発売されているほか，2013 年 7 月に日本の「ファミリーマートコレクション」の発売を開始した。第一弾は亀田製菓との共同開発で米菓「ライスクラッカー」わさび味などが投入され，価格は 40 グラムで 20 バーツ（約 64 円）で，現地メーカーの NB と同水準であった[10]。このような日本風弁当の導入と PB 商品の強化は，現地企業との差別化戦略と考えられ，今後の動きに注目したい。

価格戦略についてはスーパーマーケットに合わせた値段設定のほか，タイ人は価格に敏感であるため，毎月プロモーション商品の値下げ販売が実施された。プロモーション戦略はほかに，チラシの配布，特定商品の組み合わせ販売，キティのキャラクターの導入，シール集めキャンペーンなど，日本よりも多様多彩である。2013 年，セントラルグループ出身のナット最高経営責任者（CEO）は広告宣伝費を 12 年の実績の 4 倍に引き上げ，同年 6 月に初めてのテレビコマーシャルを上映させた。知名度の向上と同時に 5 年間に店舗数を 3.5 倍に増加させる狙いがある[11]。

立地戦略はドミナント戦略であり，2013 年時点ではバンコクを中心とした地域で拡大していくほか，パッタヤーやプーケットを含む南部地域と東北地域にも出店を増加する予定である。ただし，加盟店比率は 2012 年時点に 20％未満であるが，5 年後は 50％まで引き上げる予定である[12]。

店舗運営に関する情報システムは，POSシステムとストア・コンピュータ（ファミリーマートではストア・コントローラと呼ぶ）が設置され，日本ファミリーマートの第2代に近いシステムが導入された。また，店舗発注システムは日本の検品で使われたハンデターミナルが導入され，日本でのタッチパーネル方式発注端末は，発注量が日本よりも少量で頻繁ではないため，導入が検討されていないという。また，安定した店舗運営に不可欠なスーパーバイザー制度も現地に導入され，2013年3月時点には120人のタイ人のスーパーバイザーが在籍し，1人5〜6店舗を担当していた。

　2012年度タイにおける商品別売上高構成は，食品が62%（うち中食28%，FF2%，加工食品32%），非食品24%，サービス14%であった。ちなみに，日本における商品別売上高構成は食品が59%（うち中食28%，FF4%，加工食品26%），非食品33%，サービス2%，EC6%である。日本と比べると，タイの加工食品とサービス商品の割合は少し高めであり，非食品の割合は少し低めであった。

(3) 商品供給システムと商品調達システム

　商品供給システムに関して，初期段階は最初のパートナーのサハ・グループがバンコクの近郊に持つ倉庫の一角を利用していたが，主導権はサハ・グループが握っていたため，ファミリーマートは業務内容を把握することができなかった。そして，店舗数が50店舗に到達した1997年時点に，西野商事（2007年に同じ伊藤忠商事系列下にある日本アクセスと統合した）の協力を得て，日本側主導で物流体制を整備し直した[13]。

　その後，店舗数の拡大に伴う物流量の増加により，徐々に倉庫の利用面積を拡大し，2004年2月には常温の物流子会社であるSIAM DCM CO., LTD.（以下「SDCM」）を設置した。資本構成はサハ・グループ5%，サイアム・ファミリーマート47.5%，伊藤忠グループ（日本アクセス，伊藤忠マネジメントタイを含む）47.5%であった。2013年時点には倉庫全体を利用するようになり，一部の商品にはデジタル・ピッキングによる小分け作業も導入している。

　また，タイ南部のスラタニーに，もう1つの常温物流センターを設置し，プーケットを含む南部地域の150店舗に商品を供給している。チルド配送の部分は，2012年1月にバンコク近郊のスワンナプーム国際空港の南側に低温子会社

KONOIKE COOL LOGISTICS（THAILAND）CO., LTD.（KCLT）を設立した。

配送体制について，常温配送は物流センターからバンコク周辺に毎日発送しているが，店によっては月・水・金，あるいは火・木・土の発注と納品頻度になる。南部地域への常温配送は，商品をいったんスラタニーの物流センターに集約してから，同じく週3回の頻度で各店舗に配送される。また，お弁当などのチルド商品は，バンコク近郊にある低温配送センターから一律で配送され，隔日配送を行っている。これらの物流システムに関するインフラの整備と技術許与は，前述した伊藤忠商事の資源を利用している。2013年3月時点には伊藤忠出身の社長1名と日本アクセス2名の現地駐在員が滞在している。

ほかに，商品調達の面ではパンや弁当類は現地企業に委託生産しているほか，新商品も月20アイテムを導入している。「今後は，スーパーマーケットを持つCRCの経験を活かして，商品開発と物流の部分を強化したい」と，現地のCFO（最高財務責任者）の内田氏が述べた。

(4) 現地化戦略のパターン

このように，タイにおける小売業務システム，商品供給，商品調達システムは日本のノウハウが移転され，S&QCも2005年の事業再生によって着々と浸透してきた。一方，品揃えや物流などでは部分的に適応化戦略も行われ，現地化戦略のパターンは「標準化の中の部分適応」にあてはまる。

3. 新たに進出したベトナム（2009年〜）での挑戦

(1) ベトナムでの事業展開プロセス

社会主義共和国ベトナムの人口数は9,000万人弱であり，2012年の1人当たりのGDPは約1,500ドルである。平均年齢は27歳である。そこで，ファミリーマートのターゲット顧客層は10〜20歳代の若い世代に設定した。

ベトナム市場への参入に当たって，ファミリーマートは2008年11月から事業化調査を開始した。そして，わずか11カ月後の2009年10月に外資規制のため

に現地資本100％の運営会社Family Company Ltd. を設立した。現地パートナーとして選んだのは，ベトナム最大手の卸売企業Phu Thai Group Joint Stock Company（以下「フータイ社」）であり，本社はハノイ市にある。1号店の「グエン・カック・ニュー店」は2009年12月にホーチミン市内に開店し，ベトナムにおける日本型コンビニの初店舗でもあった。

2011年8月に，ファミリーマートはさらに合弁会社である，別の運営事業会社Vina FamilyMart Co.,Ltd.（以下「VFM」）を設置した。持ち株率はフータイ社が51％，ファミリーマートが44％，伊藤忠商事が5％である[14]。2013年3月時点に，ベトナム事業には2社が運営し，ホーチミン市に展開された38店舗のうち，37店舗がFamily Company Ltd. の管下，2011年12月にオープンしたサイゴンスカイガーデン店の1店舗がVFMの管下にある複雑な出店体制であった。これらの店舗はすべて直営店である。

ベトナムで展開している大手チェーンは，ファミリーマート以外に，日本のミニストップが2011年末に進出し，2013年2月末時点までに17店舗を展開している。また，アメリカ本社のライセンスで香港資本のサークルKが30店舗を展開し，マレーシア系のショップ＆ゴーが83店舗を展開してトップシェアを占めている。

(2) 小売ミックス・小売業務システム

2013年3月に現地における実態調査を実施し，ホーチミン市内の数店舗とVFM管下のサイゴンスカイガーデン店を見学した。店舗面積は基本的に80㎡前後であるが，ビジネス街と小学校に隣接したところに50㎡前後の店舗もあった。また，サイゴンスカイガーデン店はミニスーパーの設定であり，一般店舗よりも広かった。

すべての店舗の共通点は，カウンター式のイートインコーナーが設置され，入り口に来客のバイクを整理・管理する守衛が配置された。これはベトナムのバイク社会という現地事情に配慮したユニークな取り組みと考えられる。取扱品目は1店舗当たり平均1,900品目前後であり，日本より少なめである。

ベトナムの主力商品は中食商品とドリンクである。1号店設立当時に，店舗に隣接した敷地内に，キッチンスペースが併設され，おにぎりとサンドイッチなどを毎日250個ずつ製造されていた[15]。筆者が2013年3月に訪問した際には製造

量の拡大に伴い，これらの商品は現地工場への委託生産に方針が転換された。ただし，工場で製造するおにぎり（8,000 ドン；約 40 円）と値段が少し高め（1 万 2,000 ドン〜1 万 5,000 ドン；約 60 円〜75 円）の店内手作りのおにぎり 2 種類が販売されている。これらの商品の製造技術は，日本ファミリーマートの中食ベンダーのトオカツフーズが支援し，タイの経験を活かして初期から弁当開発にも注力した。

価格戦略については，「ベトナム人は価格の感度が非常に高い国で，かなりぎりぎりの価格設定を余儀なくされた」とベトナム担当部長であった山下氏が語った。設立当初の価格設定は，中食商品に関しては屋台相場に合わせ，加工商品に関しては，現地のコンビニチェーンであるショップ＆ゴーと同等か，それよりも安い設定であった。ほかに国営スーパーのコープマートやフランス系スーパーのビッグＣの価格も参照した[16]。

なお，筆者が調査した時点に，ベトナムの価格設定は設立当初よりも少し高めに調整されたという。具体的にはおにぎりなど新商品の導入の際に行われた。また，日本人が集中している地域に立地しているサイゴンスカイガーデン店内には野菜，果物，肉など生鮮食品のコーナーがあり，豆腐やみりんなどの日本食材も数多く揃えられている。日本食材に関しての価格は日本よりも高めである。

プロモーション戦略については，オープン当初から中食商品とメーカー商品とのセット販売を導入している。例えば，キリンと共同で実施したペットボトル飲料とサンドイッチのセット販売やエースコックのカップラーメンとおにぎりのセット販売など，いずれも売り上げの向上に貢献した[17]。2012 年以降はドラえもんをイメージキャラクターとして採用したほか，店頭広告やフリーペーパー，雑誌広告も行っている。

情報システムに関しては，2007 年に日本で開発された海外店舗管理システムのグローバル版パッケージである「ファミマ・スターター・パック（FSP）」が導入され，進出してから 1 号店のオープンまでの期間を大きく短縮させた。ただし，POS システムは現地の日本メーカーから直接調達している[18]。

スーパーバイザー制度が同様に導入され，2013 年 3 月時点で 8 人のベトナム人のスーパーバイザーが 1 人 5〜6 店舗を担当する体制である。ただし，トップマネジャーは日本人であったことはタイとの違いである。

売上高構成比は，2012 年度に食品 86.4％（うち FF5.3％，日用雑貨 17.1％，加工食品 64％），非食品 14％であり，サービス商品は銀行 ATM と携帯電話のプ

リペイドが導入された。

(3) 商品供給システムと商品調達システム

　商品供給の部分は2009年の設立当初からパートナーであるフータイ社の100％子会社「Phu Thai Food & Beverage」の倉庫を活用している。同時に，伊藤忠グループ傘下の日本アクセスの現地駐在員が長期滞在で技術支援を行っている。ただし，小分け作業にデジタル・ピッキングの導入はなく，事前検品などもまだ紙で行われている。

　配送体制は飲料や加工食品などの常温商品に関しては，物流センター経由で1日1回の配送で，昼と夜の2班体制で各店舗に配送される。また，おにぎり・サンドイッチ，弁当などは委託工場から直接店舗へ1日1回の配送で，牛乳やアイスなど冷凍・冷蔵設備が必要な商品はサプライヤから直接配送し，平均1日7〜8回配送される。合計で1店舗への配送回数は平均1日10回前後であり，日本の発展段階における配送体制に相当する。

　商品調達に関して，中食などの商品は鮮度管理マニュアルによってファミリーマートが指導し，現地の食品会社の既存設備を利用している。また，新商品の導入は2013年3月時点には月に10種類の新商品が現地企業との共同開発で導入されていた。

(4) 現地化戦略のパターン

　ベトナムの店舗運営は，日本型コンビニの経営ノウハウであるS&QC（サービス，クオリティ，クリンリネス）を基本戦略とし，特にサービスでは「笑顔で挨拶します」，「お客様をお待たせしません」，「お釣りとレシートは必ずお渡しします」の3つの約束を実践している。小売業務システム，商品供給，商品調達システムには部分的な適応化戦略が行われ，現地化戦略のパターンはタイと同じように「標準化の中の部分適応」に当てはまる。

　ただし，タイとの大きな違いの1つはベトナムは社会主義の国であるため，「日本では当たり前と思われるサービスは，それに関心を示さないベトナム人にとって，なぜレジで笑顔で挨拶するのか，あるいはされるのかを理解することが難しい」，と現地マネージャーであった佐藤氏が日本式サービス教育の困難さを

述べた。

また，残念なことに，ファミリーマートは2013年5月31日付で現地パートナーのフータイ社との提携解消を発表した[19]。運営中の42店舗の内，サイゴンスカイガーデン店を除く41店舗をフータイに売却し，ファミリーマート主体でベトナム事業を再スタートした[20]。

4. インドネシア（2012年～）におけるジャカルタ型ファミリーマートのイノベーション

(1) 概　　況

インドネシアの人口数は2億4,000万人弱であり，1人当たりGDPは3,500ドル弱である。イスラム教徒が87％と平均年齢が28歳の若さが特徴である。近年は経済成長と中間所得層の増加によって，日本企業の注目を浴びている。ファミリーマートは，ターゲット顧客層を学生と20～30歳代のオフィスワーカーに設定した。

ファミリーマートの現地の運営会社はPT. Fajar Mitra Indah社であり，現地の消費財製造卸大手のWingsグループ（代表者：Eddy William Katuarii, 華僑）の100％子会社である。なお，Wingsグループは現地で吉野家も展開している。

1号店のチブブール（Cibubur）店は2012年10月にジャカルタ郊外のデポック市に開店した。最初の予定はジャカルタ市内に1号店を開店するつもりであったが，ライセンス許可が下りるのが遅れたため，急きょ郊外地域に先に開店した。その後，2013年7月までにジャカルタ市内を中心に計8店舗を開店し，いずれも直営店であった。現在は，2016年末に500店の達成を目標にしている。

インドネシアのミニマーケット・コンビニ市場には，インドマルコ・プリスマタマが運営するインドマレットとアルファマートが二強であり，それぞれが2012年末時点で7,245店舗と7,063店舗を展開している[21]。また，大手コンビニでは，セブン－イレブンが2009年に米国との契約で100店舗以上を出店し，ローソンが2011年にアルファグループと提携して，傘下企業の看板替えを含めて80店舗以上を出店した。また，米国との契約でサークルKが400店舗以上を展

開し，ミニストップは2013年6月にジャカルタ市内で1号店を開設した。

(2) 小売ミックス・小売業務システム

2013年3月にジャカルタの3つの店舗を見学した。白を基調とした明るい店内とゆっくり買い物できる空間が魅力的に感じられた。また，現地の言葉ではあるが日本式の挨拶も笑顔であった。

筆者が見学した3つの店舗のうち，2つの店舗で1階と2階に飲食スペースが設けられ，席数は1店舗目が143席，2店舗目が56席であった。いずれの店舗でもWi-Fiが自由に使えるため，時間帯によって学生とサラリーマンがあふれていた。このような飲食スペース併設型店舗は，ファミリーマートで「ジャカルタ型」と呼んでいる。買った商品をその場で仲間たちと食べたいという，インドネシアの食文化に対応した店舗づくりということである。

実は，このような飲食スペース併設店舗の導入は2009年に進出したセブン-イレブンが先駆けであり，外資小売に対する出店規制を回避するために店内に飲食スペースを設置し，レストランのライセンスで出店を果たした。その後，ローソンやファミリーマートなども相次いで導入したが，ファミリーマートの場合はそれを進化させた形であった。

ファミリーマートは店外の飲食スペースを利用して，週末の7時から11時までの間にバンドを呼んだり，近所の音楽教室の発表会に場所を貸し出したりして，音楽好きという現地のニーズに対応して，多様なイベントを開催した。また，南ジャカルタの商業地域ブロックM地区に隣接したブルンガン店の2階には，屋外スペースにプロジェクタとスクリーンを設置し，ワールドカップなどの大型試合の際にはサッカー観戦のイベントが不定期に開催されている。

また，店内には飲食スペースだけではなく，焼き鳥の調理場も設けられた。日本に憧れるインドネシア人に，日本のコンビニであることを強調した取り組みである。焼き鳥は日本風のしょうゆベースのタレで4種類展開され，価格は屋台に対抗できる1本40円（4,000ルピア）に設定された。うち，ごはんと焼き鳥2本で100円のパケットメニューが売られているという[22]。ほかに，万引きとテロ対策のために，各店内に1人の守衛が配置されていることも興味深い点であった。このような，「ジャカルタ型」のファミリーマートの雰囲気は「コンビニ＋ファスト・フード店＋サッカーやバンドを楽しめる飲食バー」を融合した店舗であり，

すなわち，現地のニーズに対応して，革新的な事業モデルが作られた。

　品揃えに関しては，1店舗当たりの平均品目数は2,800品目であり，日用品，加工食品，菓子，飲料などはもちろん，弁当，サンドイッチ，デザート，焼き鳥などのオリジナル商品もある。ただし，日本メーカーの商品はタイやベトナムと比べると，明らかに少なかった。理由としては，2012年末のフランチャイズ法の改正により，店舗に陳列される商品の80％以上は国産品・国産材料の使用が義務化されたこと，また，そもそも日系企業の進出はまだ少なかったことが挙げられる。

　中食に関して，インドネシアではイスラム教徒の割合が87％という宗教上の関係で，ベトナムやタイとの違いが多く見られた。まず，豚肉や酒類を扱えないため，お弁当やサンドイッチの製造過程に日本から持ち込まれた調味料が使えない。さらに，調理工程も認められないため，商品開発はすべて現地パートナーとテーブルに並べて試食しながら行われた。2013年時点に，お弁当はあまり売れないのが現地の大きな課題であり，インドネシア人は目の前で火を通す商品でないと不安であり，冷やした弁当は体に悪いというイメージを持っているのが原因と現地の担当者が語った。

　サービス商品はATM，携帯電話のプリペイドカード販売，イベントチケットの割引販売があり，ほかにATM設置銀行のカードを持つ人には，公共料金の支払いと飛行機のチケット発券も店内で対応している。

　プロモーション戦略について，店頭広告，チラシ広告，イベントの開催のほかに，ソーシャルメディアのTwitterの活用は，1号店の開店と同時に投入されたのが特徴である。

　店舗運営に関連する情報システムは，ベトナムと同様に2007年に日本で開発された「ファミマ・スターター・パック（FSP）」が導入され，POSシステムも同じ現地から調達している。そして，スーパーバイザー制度について2013年3月時点はまた現地人を養成している段階であり，日本人駐在員が現地スタッフを通じて指導している。

　なお，インドネシアの売上高構成比は，2012年度に食品約78％（うち中食とFF40％，加工食品38％），非食品20％，サービス2％であった。

(3) 商品供給システムと商品調達システム

インドネシアでは卸売機能が未発達であるため，商品を頼んでも予定通りに来ない，または，日本のコンビニが要求する多品種小ロット配送に対応できないという事情があり，ファミリーマートは1号店の出店前に，パートナー企業に物流センターの設置，および日本アクセスによる物流技術支援を要請した。物流センターは2012年6月から稼働し始めた。配送頻度は物流センターから1日1回の配送であるが，カテゴリー別に曜日に分かれての配送である。また，中食とパンなどは同じ委託工場からの直接配送であり，1日1回の配送である。発注作業に関しては，各店舗内でストア・コントローラを利用して行い，検品は紙ベースで行う。

新商品の導入に関して，2013年3月の調査時点では中食に関してゼロであったが，加工食品も発売当時とほとんど変わらない状況であった。前者は，パートナーの商品開発に対する姿勢の厳しさが理由であり，後者は，現地でもともと新商品はほとんど発売されていないのが理由であった。2013年7月にファミリーマートはようやく現地に進出した数少ない日本企業を探して独自商品のアメリカンドッグの開発を開始したが，「現地企業に十分な開発機能がなく，メニューの詳細を指示しないとサンプルすら出てこない」と現地の日本人責任者の久島氏が新商品開発の困難さを語っている[23]。

(4) 現地化戦略のパターン

「ジャカルタ型」ファミリーマートは，日本の事業モデルを単純に複製するではなく，コンビニという業態の基本コンセプトを維持しながら，ファスト・フード店やサッカー，バンドが楽しめる飲食バーの雰囲気を取り込んで築き上げた融合型コンビニである。すなわち，既存の事業モデルを超えた革新的なコンビニが創造されたケースであり，現地化戦略のパターンでは「創造的な連続適応」に当てはまる。ただし，インドネシア進出はまだ年数が浅いことから，数年後に初めてその成否を判断することができるだろう。

5. 小　結

　本章は，東南アジアにおけるファミリーマートの国際展開プロセスを考察し，それぞれの国における小売事業モデルとマーケティング戦略の実態，および現地化戦略のパターンを明らかにした。
　ファミリーマートの国際化戦略の特徴をまとめると，以下の4つになる。
① 参入戦略は現地の有力企業と共同で会社を立ち上げる合弁会社方式である。
② 日本型コンビニの特徴である店舗運営システム（S&QCを含む），商品開発，情報システム，物流システムなどのノウハウは，主に日本人駐在員の派遣による移転である。
③ 商品戦略は現地パートナー主導で地域の特長を活かした現地化戦略であるが，インフラ設備と技術ノウハウは日本のベンダーに依頼する。
④ 物流インフラ不足の部分は現地パートナーの物流設備の利用で補完し，技術ノウハウは伊藤忠の傘下企業を活用する。

　それぞれの国における日本型コンビニの移転状況をみると，初期段階の国際化で進出したタイでの2012年末の加盟店比率は20％未満であり，日本の95％と比べるとまだ普及させる余地が大きい。中食などのファスト・フード商品群の売上高比率は30％に達しており，日本の32％に近い高水準に成長し，メーカーとの商品の共同開発では月に20品目があった。共同配送の部分では自ら常温と低温2つの物流子会社の設置によって，物流システムが未発達という現地事情を克服，また情報システムでは現地の需要に合わせて設計し，日本の第2代システムに近いものが構築された。店舗運営のS&QCに関しても，現地における人材教育の強化によって浸透してきた。
　一方，2009年以降に新規参入したベトナムとインドネシアの場合では，加盟店の導入が現地の法律規制によってあまり進んでいない。中食などの売上高比率は，ベトナムでは22％，インドネシアでは革新的な業態を導入したため40％であった。また，メーカーとの商品の共同開発については，ベトナムでは月に10品目であり，インドネシアでは2013年7月にはじめて新商品開発に着手した。物流システムは，両国ともに現地パートナー企業のハードな資源と日本のパートナーのソフトな技術を活用している。情報システムにおいては，同じくファミマ・スターター・パック（FSP）を投入し，部分的な標準化戦略によって市場参

入から開店までの導入期間を短縮させた。店舗運営システムに関して、ベトナムでは民族性によってサービス面での教育に苦労しているが、インドネシアではレストラン融合型の「ジャカルタ型」店舗によって革新的な展開を行っている（章末付録の図表8-2を参照）。

このように、日本型コンビニの海外移転はダイナミックに変化している。2013年4月にファミリーマートはさらにフィリピンに進出し、7月末時点で9店舗を展開し、マレーシア、ミャンマー、ロシア、ブラジルなどへの進出も今後の視野に入れている。さらに、極東の中国や台湾における展開を含めて、ファミリーマートの国際化の進展と大手コンビニ各社との比較研究によって日本型コンビニの海外進出の特徴を明らかにすることを、今後の研究課題にしておきたい。

【注】

1) 本章の執筆にあたって、ファミリーマート本社および東南アジアにおける現地調査を実施した。本社インタビューは、2013年1月25日、2月25日、5月14日に、海外事業本部海外業務部長恒松秀紀氏と、5月14日に海外事業部海外事業部長山下純一氏との面談を行った。現地調査は、2013年3月7日〜15日の間、タイ、ベトナム、インドネシアのファミリーマートにおいて行った。
2) 日本のサークルKサンクスはマレーシアで初進出であるが、サークルK自体はカナダのクーシェタードがFC本部であり、サークルKブランドとしては既に香港、インドネシア、フィリピンに進出済みである。
3) 詳しくは、矢作［2007］pp.33-40を参照。
4) ファミリーマートの社内資料、および『アジア・マーケットレヴュー』2010年12月1日号、p.20。
5) ファミリーマートの社内資料と有価証券報告書等。
6) サハ・グループはタイにおけるファミリーマートの最初の提携先であり、今もファミリーマートの物流子会社であるSIAM DCM CO., LTD.の5%の株式を所有している。
7) 『日経MJ』2013年3月29日、5月24日付。
8) 例えば、おでんは辛い味付けであった。
9) 『日経ビジネス』2013年8月5日号、p.20。
10) 『日経MJ』2013年7月24日付。
11) 『日本経済新聞』2013年7月11日付。
12) 「ニュースリリース」2012年9月27日付、および同上『日本経済新聞』など。
13) 川端［2010］p.148。
14) 「ニュースリリース」2011年07月28日付。
15) 『激流』2010年4月号、pp.78-81。
16) 同上誌、pp.78-81。
17) 同上誌。
18) 『日本経済新聞電子版』2012年3月27日付など。
19) 「ニュースリリース」2013年6月3日付。
20) 2014年2月3日、ファミリーマート本社海外事業部長山下氏による。
21) 『日本経済新聞』2013年7月2日付。

22)「ニュースリリース」2012年10月12日付など。
23)『日経MJ』2013年7月24日付など。

【参考文献】
川端基夫［2010］『日本企業の国際フランチャイジング』新評論。
川辺信雄［2006］「日系コンビニの国際展開」『早稲田商学（第409・410合併号）』12月。
矢作敏行［2007］『小売国際化プロセス』有斐閣。
『アジア・マーケットレヴュー』2010年12月1日号。
『コンビニ』2004年3月号。
『日経ビジネス』2013年8月5日号。
『日本経済新聞』2013年7月2日，7月11日付。
『日本経済新聞電子版』2012年3月27日，2013年12月19日。
『日経MJ』2013年3月29日，5月24日，7月24日付。
『激流』2010年4月号，12月号。
コンビニ各社の公式サイト，2014年2月期の決算報告書，有価証券報告書。
ファミリーマート『アニュアルリポート』（各号）。
ファミリーマートの「ニュースリリース」（各号）。

〈付録〉

図表8－2　東南アジアにおけるファミリーマートの小売国際化戦略（日本との比較を通じて）

2013年3月時点

<table>
<tr><th colspan="2"></th><th>日本</th><th>タイ</th><th>ベトナム</th><th>インドネシア</th></tr>
<tr><td rowspan="3">参入戦略</td><td>参入市場</td><td>－</td><td>合弁企業</td><td>合弁企業</td><td>現地パートナー100％子会社</td></tr>
<tr><td>参入方法</td><td>－</td><td>合弁企業</td><td>合弁企業</td><td>現地パートナー100％子会社</td></tr>
<tr><td>参入時期</td><td>－</td><td>1992年</td><td>2009年</td><td>2012年</td></tr>
<tr><td colspan="2">ターゲット顧客</td><td>30歳代中心、プラス50～65歳の世代、15歳までの子供、女性</td><td>10～40歳代の男女</td><td>10～20歳代の若い世帯</td><td>学生、20～30歳代のオフィスワーカー</td></tr>
<tr><td colspan="2">営業時間</td><td>年中無休・24時間営業</td><td>年中無休・24時間営業</td><td>年中無休・24時間営業</td><td>年中無休・24時間営業</td></tr>
<tr><td rowspan="2">小売ミックス</td><td>店舗づくり</td><td>▶店舗面積は標準店舗120㎡、イートインコーナー併設型店舗150㎡</td><td>▶店舗面積は基本80㎡前後、15㎡の小型店もある
▶イートインコーナーなし</td><td>▶店舗面積は基本80㎡前後、今後40㎡以下店舗を増やす
▶カウンター式のイートインコーナー</td><td>▶店舗面積は200～300㎡、小型店もある
▶広いテーブル席の飲食スペース
▶融合型コンビニ</td></tr>
<tr><td>品揃えとサービス</td><td>▶売上高構成比は食品約59％（うち中食28％、FF4％、加工食品26％、）、非食品33％、サービス2％、EC6％である（2013年3月末時点）
▶取扱品目数：3,566品目
▶主力商品：中食重視
▶PB商品の割合45％</td><td>基本的に現地化戦略
▶売上高構成比は食品約62％（うち中食28％、FF2％、加工食品32％）、非食品24％、サービス14％である（2012年末時点）
▶取扱品目数は2,500品目前後
▶主力商品：中食重視
▶日用雑貨のPB商品数目、2013年7月以降は「ファミリーマートコレクション」を導入
▶銀行ATMと公共料金代行サービス（2009年～）</td><td>基本的に現地化戦略
▶売上高構成比は食品約86％（うち中食17％、FF5％、加工食品64％）、非食品約14％（2012年末時点）
▶取扱品目数は1,900品目前後
▶主力商品：中食重視
▶中食以外のPB商品なし
▶一部銀行ATM
▶電話代リチャージ</td><td>基本的に現地化戦略
▶売上高構成比は食品約78％（うち中食とFF40％、加工食品38％）、非食品20％、サービス2％（2012年末時点）
▶取扱品目数は2,800品目前後
▶主力商品：中食重視
▶中食以外のPB商品なし
▶銀行ATM
▶電話代リチャージ</td></tr>
</table>

		日本	タイ	ベトナム	インドネシア
	価格戦略	▶安売りはプロモーション新商品の特売セールとT-point会員割引のみ ▶ほかは原価を基準に利益を上乗せした設定	▶スーパーマーケットと類似する価格設定 ▶毎月プロモーション商品の値下げ販売	▶初期段階の中食の価格設定は屋台の相場に合わせたが，新商品導入を契機に高めに設定した	▶中食は屋台に対抗できる設定である
	プロモーション戦略	▶Twitter，Facebookなどのソーシャルメディアを活用し，おにぎりなど顧客参加型の商品開発を導入	▶毎月のプロモーション商品，プロモーションの種類豊富 ▶キティのキャラクターの導入	▶店頭広告，フリーペーパー，雑誌広告，開店時のチラシ特売，ソーシャルメディア（Facebook） ▶ドラえもんのキャラクターの導入	▶店頭広告，チラシ広告，ソーシャルメディア（Facebook，Twitterなど） ▶キャラクターの導入なし
	出店と立地戦略	▶ドミナント戦略 ▶駅周辺，商店街地域に出店 ▶加盟店中心 ▶8,772店のうち，直営店397店（4％），加盟店8,375店（95％）(注)	▶ドミナント戦略 ▶バンコク周辺，タイ南部，東北部に出店 ▶824店のうち，直営店718店（87％），加盟店106店（13％）	▶ドミナント戦略 ▶ホーチミン市内のみ，学校，病院の近くと主要商業地域に出店 ▶バイクを整理する守衛を配置 ▶39店舗すべて直営店	▶ドミナント戦略 ▶ジャカルタのみ ▶交通量と中間所得層が多い地域に出店 ▶テロ，万引き対策に店内守衛を配置 ▶6店舗すべて直営店
その他の小売業務システム	店舗運営に関する情報システム	▶2006年から第3代店舗システム（2014年に300億円をかけて第4代店舗システムを導入する予定）	▶日本の第2代システムに近い ▶現地に適応したシステムを開発	▶日本の第1代システムに近い ▶ファミマ・スターター・パック（FSP）導入（受発注・会計システムの統一化）	▶日本の第1代システムに近い ▶ファミマ・スターター・パック（FSP）導入（受発注・会計システムの統一化）
	スーパーバイザーの支援体制	▶スーパーバイザー（1,138名） ▶1人7～8店舗	▶スーパーバイザー（120名）とトップマネジャーはすべてタイ人 ▶1人5～6店舗	▶スーパーバイザー（8名）ベトナム人 ▶1人5～6店舗 ▶トップマネジャーは日本人	▶スーパーバイザーは日本人（現地人養成中）

	日本	タイ	ベトナム	インドネシア
商品供給システム	▶ベンダーの共同配送センター利用（100ヵ所前後） ▶中食は1日3回 ▶冷凍食品は週6回（夏期は毎日） ▶加工食品，日用雑貨は週3回	▶常温物流子会社と2つの物流センター（隔日配送） ▶低温物流子会社と物流センター（隔日配送） ▶パンなど一部メーカー直送（1日2回） ▶発注と検品はハンデターミナル	▶パートナー企業の常温物流センター（隔日配送） ▶中食は委託先から直送（1日1回） ▶低温商品はメーカー直送（1日7～8回） ▶発注は店内のストア・コントローラ利用 ▶検品は紙ベース	▶パートナー企業の物流センター（1日1回，カテゴリー別に曜日を分ける） ▶中食，パンは委託先から直送（1日1回） ▶発注は店内のストア・コントローラ利用 ▶検品は紙ベース
商品調達システム	▶中食はトオカツフーズをはじめ20社弱の国内企業に委託生産 ▶全体で1カ月400～500種類の新商品を発売	▶中食は現地企業に委託生産 ▶全体で1カ月20種類の新商品を発売	▶中食は現地企業に委託生産（日本のトオカツフーズに技術指導依頼） ▶全体で1カ月10種類の新商品を発売	▶中食は現地企業に委託生産 ▶新商品の導入なし
標準化・現地適応化戦略のパターン	－	標準化の中の部分適応	標準化の中の部分適応	創造的連続適応

（注）沖縄FM，南九州FM，北海道FM，JR九州リテールを除いた店舗。
（出所）2013年1月～5月の間，日本と現地のファミリーマートで行われた企業インタビューと現地調査，およびファミリーマートより提供された社内資料により筆者作成。

（鍾　淑玲）

第9章

宅配便企業

1. はじめに

　本章では，佐川急便を中核に構成された企業グループであるSGホールディングスグループ（以下「佐川」）と，ヤマト運輸を中核事業会社とするヤマトホールディングスグループ（以下「ヤマト」）の2社の事例をとりあげ，日本の宅配便企業のアジア，特に中国本土への進出について検討する。ヤマトは，1976年に「宅急便」というブランドで宅配便事業を開始して以来，C to Cの小口荷物の配送という新しい市場を開拓してきた先発者である[1]。佐川は，もともとB to Bの小口商業貨物の運送事業を主体としており，C to Cの宅配便市場への参入の時期は1998年と比較的遅い[2]。今日では，国内のトラックによる宅配便の取扱個数でヤマト運輸が42.7％，佐川急便が38.9％のシェアを占め[3]，この2社は日本の代表的な宅配便企業である。ヤマトと佐川の両社は，ともに宅配便事業のアジア市場への進出を果たしているが，宅配便事業の国際展開に関する研究は，現在のところあまり見当たらない[4]。

　従来，国際ビジネスや国際マーケティングの研究では，製造企業の国際的な事業展開を念頭に置いて議論されることが多かった。近年ではサービス企業の国外市場への進出に対する理論的関心が高まっており[5]，事例研究も蓄積されつつあるが，相対的には「製造業のグローバル・マーケティング研究に比べサービス業の研究が相対的に不十分」[6]である。本章の主要な目的は，これまで研究対象として注目されてこなかった宅配便事業の国際展開に焦点を当て，国際マーケティングの一般理論に対してサービス企業の事例から示唆を提供することである。

　宅配便は，物品の輸送サービスの一形態である。輸送サービス企業の国際マーケティングを論じるにあたり，前提として留意したい点が2点ある。1つは，輸送サービス企業の多様性である。輸送サービス企業は，トラック・貨車・貨物

船・航空機などの輸送手段を有し自ら貨物の輸送を行う企業群，すなわちキャリアと，自らは輸送手段を持たず荷主と運送事業者との間に入って運送の取次や利用運送に従事する企業群，すなわちフォワーダとに大別できる。実際は，運送の取次や利用運送を専業とするフォワーダは少なく，保管，通関業務，仕分け・梱包，コンテナ積込などの付帯的業務を行ったり，自らトラックを有して陸上輸送の一部を担ったりと，さまざまな事業を兼業するものが多い。特に国際輸送では，航空会社としてキャリアであると同時にフォワーディング機能を併せ持つインテグレータと呼ばれる企業が，重要な地位を占める[7]。このように，輸送サービス企業の国際マーケティングでは，国籍の異なる多くの企業が，競合すると同時に互いに補完的な役割を果たす。

　もう1つは，「国際」という概念が輸送サービス産業において持つ意味の特殊性である。図表9-1に示される通り，輸送サービス産業では，国際輸送が国境を越えて貨物を輸送することを指すように，「国際」という用語は，国と国の間，つまり文字通り inter-national という意味で用いられることがほとんどである。しかし，国際マーケティングが「国境を越えて国際市場を対象として遂行されるマーケティングである」[8]と定義されるように，多くの一般的な産業においては「国際」とは国外，すなわち自国以外の国（あるいは自国と国外を合わせた世界）を指す。先に，本章では宅配便事業の国際展開に焦点を当てると述べたが，本章の主要な研究対象とするものは，あくまで域内の宅配便事業の国外への拡張であり，国際宅配便事業についてではない。

　最後に，宅配便とはいかなる形態の輸送サービスを指すかについて言及する。日本の法令では，宅配便は「一般貨物自動車運送事業の特別積合せ貨物運送又はこれに準ずる貨物の運送及び利用運送事業の鉄道貨物運送，内航海運，貨物自動車運送，航空貨物運送のいずれか又はこれらを組み合わせて利用する運送であって，重量30kg以下の一口一個の貨物を特別な名称を付して運送するもの」と定

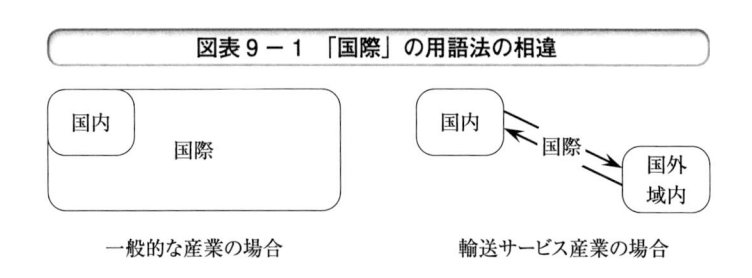

図表9-1　「国際」の用語法の相違

一般的な産業の場合　　　　　　　　輸送サービス産業の場合

義される[9]。しかし，宅配便事業の国外への拡張を分析するに当たり，ある一国の法律上の定義を厳密に採用することは有用でない。本章では，宅配便を，どのような市場ニーズをどのように満たすサービスであるかという観点から，①一口一個の小口貨物を，②デリバリータイムを明確にした迅速性を伴って，③拠点間にとどまらず最終の受荷主まで配達する，④専門化されたサービス商品である，と定義する[10]。

2. 中国の宅配便市場の現状

　近年，中国では宅配便市場が急速に拡大している（図表9-2）。その内訳を見ると，特に売上高に関して国際宅配便のシェアが低下していることから，宅配便市場の成長は，国内，特に都市間の宅配便の伸びによるものであることがわかる（図表9-3）。この宅配便市場の成長の担い手は中国国内の民営事業者である。彼らは同一市内宅配の約9割，都市間宅配の約6割を担っている[11]。

　民間の大手宅配便企業としては，宅急送快運，順豊速運，中通快逓，申通快逓，圓通速逓，匯通快運（現・百世匯通），韻達快逓などが挙げられる[12]が，これ

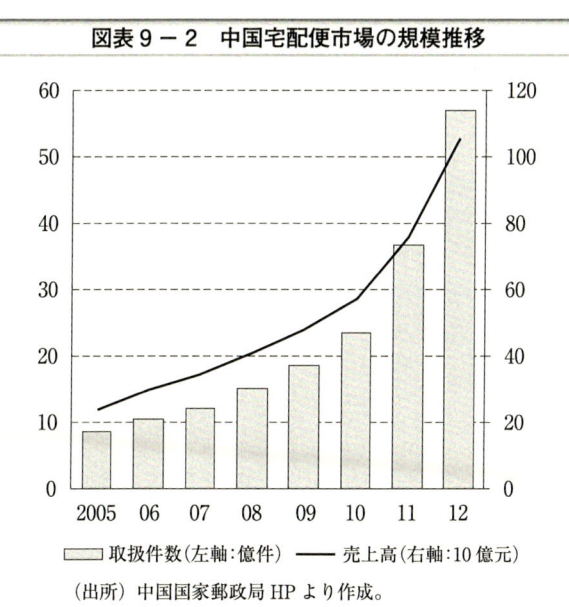

図表9－2　中国宅配便市場の規模推移

□ 取扱件数（左軸：億件）　── 売上高（右軸：10億元）

（出所）中国国家郵政局 HP より作成。

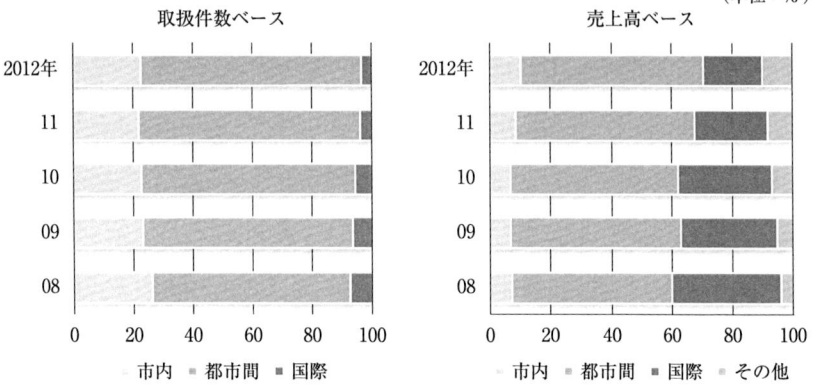

図表 9 − 3　中国宅配便市場の業務別内訳

(単位：％)

取扱件数ベース　　　　　　　売上高ベース

　■市内　■都市間　■国際　　　　■市内　■都市間　■国際　■その他

（注）「国際」は，香港，マカオ，台湾向けのものを含む。
（出所）中国国家郵政局 HP より作成。

ら以外の事業者は概して市内配送を専門に営む中小零細業者であり[13]，広域サービスを展開する大手との二極化が進んでいる[14]。宅配便事業は，集配網整備のための初期投資が大きく，一定の物量の貨物を取り扱って投資が回収できるようになるまで時間を要する。このため，中国の大手事業者の多くは，フランチャイズ契約の代理店を置くかたちで集配網を広げてきた。しかし，この代理店方式では地域によって業務遂行レベルにばらつきが生じやすく，そのことがサービス品質向上の制約になっている[15]。

　従来，中国の宅配便市場は B to B が中心であったが，近年では中間層の拡大によりネット通販市場が急速に成長しており（図表9-4），それとともに B to C の宅配便市場の成長も顕著である。電子商取引での配送が宅配便全体に占める割合は，2006 年時点では売上高ベースで 17％であったが，2010 年には 35％，2011 年には 46％と拡大しており，取扱件数ベースでは全体の 58％を占めるに至る[16]。ネット通販の宅配便事業は，一般的には廉価な商品の小口配送であり運賃負担力は弱いが，中小を含む多くの企業は，この成長市場を巡って激しい価格競争を繰り広げている。

　日本では，宅配便の普及がネット通販の普及に先行し，宅配便がネット通販のビジネスモデルを支える基盤として機能した。一方中国では，宅配便が未成熟なままネット通販が先に普及した[17]。既存の宅配便企業は，先述の通りサービス

図表9−4　中国インターネット小売の市場規模

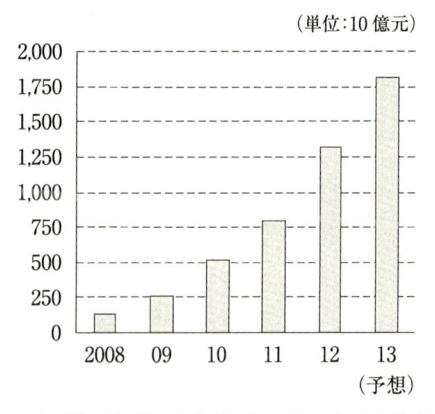

(単位：10億元)

[棒グラフ：2008年 約130、09年 約260、10年 約520、11年 約790、12年 約1,320、13年（予想）約1,820]

（出所）中国電子商務研究中心［2013］より作成。

品質に難のあるものが多い上に，ネット通販で取引される商品は「誰でも使える，欲しがる商品が多い」[18]ため，配送中あるいはセンター内での貨物遺失の可能性が高い。加えて，ネット通販の配達業務が返品処理を兼ねる[19]こともあり，サービスの効率性と迅速性を維持することが相対的に困難である。これらの問題に直面したネット通販企業の中には，家電販売に強みを持つ「京東商城（JD.com）」やアパレル通販の「凡客誠品（VANCL）」などのように，既存企業の力量に満足せず，自ら物流投資を行ってより高いサービス品質の配送を実現しようとするものが現れている[20]。

このように，現在，中国の宅配便市場では，現地の宅配便企業，ネット通販企業，さらには中国郵政や国際インテグレータのFedExやUPS[21]なども加えた多様なプレーヤが苛烈な競争を展開しており，その内容は，従来の価格のみによる競争からサービス品質も含めた総合的なものへと移行し始めている[22]。

最後に政府による規制について述べる。中国の物流業は2005年末に外国企業に全面的に開放され，2006年からは外国資本が大量に入った[23]。中国政府は当初外資を歓迎し，有力な外資系物流会社を誘致して資金とノウハウを国内に呼び込んだ[24]。しかし，2009年に郵政法が改正され，「50グラム以下の同一市内宅配と100グラム以下の地域間宅配は郵政局が独占的に取り扱う」こととなった。これにより，例えばDHLは物量の3分の1を占めていたビジネス書類の取り扱いが事実上できなくなり，宅配便事業からの撤退を余儀なくされた[25]。また，

郵政法の改正に合わせて「快逓市場准入管理弁法」が制定された。これは，宅配便事業に許認可制度を設け，企業とその従業員を審査・認定するものである[26]。他にも宅配便の業務レベルを規定する「快逓業務操作指導規範」[27]など多くの条例やガイドラインが国家郵政局から公表されており，中国の宅配便産業はいまだに規制産業としての性格が色濃い。

3. 佐川の中国市場における宅配便事業の展開[28]

(1) 中国市場進出の前史

佐川は1990年代後半から，香港，ベトナム，フィリピン，シンガポールに合弁企業を相次いで設立し，アジア地域における事業を本格的に開始した。中国においても，1998年に上海金洋倉儲聯運を佐川急便グループ傘下に加えた[29]のに続き，1999年には日本の総合物流企業の日新，中国最大手の物流企業であるシノトランスらと組み，日中間の企業向け国際宅配便事業に進出した[30]。しかしこれらの事業展開は，佐川が自ら国外域内の配送を担うものではなく，港湾作業や日本での集荷など国際物流業務の一部を担当するものであった。

国外における配送を請け負うという意味では，佐川の海外進出は，2000年3月に締結された台湾の新竹貨運（以下「新竹」）との業務提携が最初である。佐川は，新竹に対してライセンスを供与する[31]とともに，社員を派遣して技術指導を行った。この業務提携は，佐川自らが提携先を模索して進出を図ったというよりも，新竹からの申し出に応じた受動的な進出であった[32]。

佐川は，日本式の宅配便ビジネスのノウハウを新竹に導入した[33]。例えば，それまで現地にはなかった送り状の習慣を持ち込み，バーコードによる荷物追跡システムや仕分け機などのマテハン設備も日本とほぼ同様のものを採用した。当時の台湾の一般的な路線便は配送に1日半を要していたが，翌日午前中には確実に届けられる体制を整え，日本と同様に配送の迅速性を実現した。セールスドライバー[34]（以下「SD」）の制服も日本と同じものにし，集荷配達のマナーや荷扱いについても日本流を徹底して指導した。さらに，大口の顧客ばかりを狙うそれまでの新竹の営業方針を改め，中小の法人顧客を主な標的とした。

佐川がとりわけ意識したことは，SDの社会的地位の向上であった。当時，現地においてドライバーは「社会のヒエラルキーの底辺」であるという認識が一般的であり，「小学校卒でも貨物運転の免許があれば高卒並みの給料がもらえる職業」ととらえられていた。ドライバー自身の意識も低く，身だしなみや立ち居振る舞いに気を配らずに「荷物を持って行ってやる」という意識で業務に従事する者が多かった。制服を着用させ，研修を通じて職業意識を高めることは，SDの動機づけにとって極めて重要であった。

一方で，日本式のノウハウが通用しない部分については，現地に柔軟に対応した。例えばSDの労務管理に関しては，佐川は，日本では比較的高額の固定給という給与体系をとっていたが，台湾では労働意欲を高めるために固定給は適さないという判断のもと，集荷実績を翌月の給与に反映させる成果主義を採用した。また，実際の荷物の配達作業に関しても，日本では荷物を受荷主のドアまで届ける際に台車を活用することが多いが，歩道に段差の多い台湾では車両またはバイクで直接戸口まで運んだ。

佐川の台湾進出は，業務提携の域を出るものではなかったが，佐川は台湾を足がかりに中国本土へ進出することを早期に視野に入れていた[35]。台湾での事業経験は，日本式の宅配便ビジネスの日本国外での可能性を学ぶ機会になったと言える。

(2) 上海，北京への進出

佐川は，日本の住友商事，中国の客運・貨物運送業の上海大衆交通との合弁で，上海大衆佐川急便物流（以下「大衆佐川」）を2002年に設立し[36]，翌年より上海における宅配便事業の営業を開始した。当初の体制は，従業員100名（うちSD67名），車両台数70台であった。2012年5月には従業員230名，保有台数40台となっている[37]。企業間の小口配送（B to B）や通販商品の配送，倉庫での商品管理，出入庫管理などを手がけ，中でも通販商品の扱いの比率が年々増加している[38]。現地の安価な配送業者との競合を避けるため，書類は取り扱っていない。取引先は，地元の通販会社や日系企業などであり，定期的に集荷を行う顧客企業は一時2,000社以上に達した[39]が，現在はより採算性の高い顧客200社強に絞り込んでいる。

ついで2003年には，住友商事，現地の投資会社である京泰実業との合弁で，

北京住商佐川急便物流（以下「住商佐川」）を設立し，北京においても宅配便事業の展開を開始した。住商佐川の当初の体制は，従業員73名（うちSD48名），車両台数50台であった。

　佐川は中国本土においても，台湾と同様に日本式の高いサービス品質の提供を目指した[40]。SDには日本と同じ制服を着用させ[41]，トラックの洗車の徹底や挨拶の励行を指導した。また，日本と同じ荷物追跡システムを採用し，集荷貨物数・センター内での所在個数・搬出個数・配送個数をバーコードのスキャンによって照合することで，配送途中での荷物の紛失を防止した。さらに，SDが商品代金を回収する代引き決済サービス[42]や，配達時間を午前と午後のいずれかで指定できる時間帯別配送を導入した[43]。加えて，100％翌日までに配達を完了する迅速性を達成したほか，営業日に関しては旧正月の1日以外は無休とした。ただし，後述のヤマトとは異なり，クール便のサービスは現在でも導入していない[44]。

　一方で，高いサービス品質の実現のため，現地の文化や慣習などのさまざまな違いを克服する必要に迫られた。中国では，細かな住居地図がない上に同じ姓の家も多く，さらには夫婦共働きで日中は不在の家庭が多いため配送効率が上がらないという問題があった。大衆佐川は，日本と同様に配送前に電話で在宅確認を行うほか，集配先の位置情報を共有する，個人向けの荷物は夜に配達するなどして対応している。また，交通規制への対応も必要であった。上海では，BHと呼ばれる通行許可証を持たない一般貨物車両は，7時から20時までは市中心部に入れない。大衆佐川は，大衆交通の協力を得てBHを持つトラックを確保した。また逆に，市内向けトラックで市外への配送はできないが，これに対しては現地の業者を傭車として活用して対応した[45]。また，市中心部では一部駐車場以外に駐車できないため，市内25カ所に専用デポを設けてそこからバイク便で配達するという体制を整備した[46]。

　SDのサービス意識の向上に関しては，台湾以上に大きな困難に直面した。当初は3~4名の日本人スタッフを現地に派遣し，現地のSDに対して3週間程度の研修を課した[47]。さらに，台湾と同様に成果主義賃金を採用するとともに，現地の相場と比較して高い給与を支払う[48]ことで，SDの労働意欲の向上を図った。「良いサービスを提供すれば顧客が喜び，荷物が増えて結果的に自分が儲かる」という意識を植え付けることが，現在でも継続的な課題となっている。また大衆佐川では，SDが旧正月に帰省してしまわないように，SDは上海出身の

者に限って採用した[49]。2005年頃以降は，現地の日本人スタッフは総経理1名のみとなっており，徹底して事業の現地化を図っている[50]。

大衆佐川と住商佐川は，上記のようなサービス品質による差別化に加えて，取り扱う荷物の種類に関しても，現地の宅配業者との直接的な競合を避けようとした。現地では，書類を取り扱う個人事業レベルのバイク便業者が多く，また配達運賃については荷物の特性に応じて1kgいくらというような小刻みな設定が一般的であった。これに対して佐川では，書類は扱わず通販商品と企業間の小荷物の配達に特化し，5kgまで，5kg以上10kgまで，10kg以上20kgまでといった重量帯別運賃を採用した。

上海の大衆佐川に関しては，事業はほぼ順調に推移している。荷物の取扱個数は，2004年の25万個から年々順調に増加しており[51]，単年度黒字を達成して累損の解消まであと少しという段階に至っている。一方，北京の住商佐川は，2007年に余儀なく解散した。北京からの撤退の要因は3点ある。第1に，上海の場合とは異なり北京では現地パートナーが輸送業者ではなかったため，ローカルの情報をタイムリーに入手することが困難であった。第2に，同じ中国国内であっても，商業都市としての性格を持つ上海と政治都市の色彩の濃い北京とでは市場の特性が異なり，上海では早期に利益率の高い通販業界の取り込みに成功した一方で，北京では当時は市場が十分に存在していなかった。第3に，上海と北京では交通事情が異なり，交通渋滞が多く自転車による輸送が一般的であった北京では，トラックでの配達は生産性が上がらなかった。

(3) その後の佐川のアジア事業の展開と評価

佐川は，宅配便のネットワークを単独でアジアに拡大していくことは念頭に置いておらず，荷主のニーズに応じて，自らラストワンマイルのデリバリーまで手掛けるか，配送に関しては現地業者に委ねるかを判断する方針を採っている。その典型とも言えるものが，2006年に締結された，佐川グローバルエクスプレス（現・佐川グローバルロジスティクス）と中国速逓（中国郵政傘下）との業務提携[52]である。この提携は，日中間での国際宅配便業務に関するものであり，書類や部品のサンプルなど企業向けの小口貨物を対象とし，保利佐川物流[53]が集荷した日系荷主の荷物を中国速逓のネットワークで全土に配送する体制をとった[54]。荷主とのインターフェースは大衆佐川のシステムを活用した[55]。

国外域内の宅配便事業に関しては，近年，2011年に大衆佐川が広州に分公司を設立して事業エリアを拡大し，2012年，佐川急便ベトナムがハノイ，ホーチミンで事業を開始するなどの展開がみられる。広州については，荷主のニーズに応じ通販市場の成長を見込んでの進出であった。具体的な運用に関しては，広州では市内はバイクの通行が認められていないために配達にバイクが活用できないこと，高層の建物が多いため4階以上への配達には追加料金を課していることなど，上海とは異なる点も少なくない。ベトナムに関して[56]は，企業間の部品類の荷物の取り扱いがほとんどであり，現状では通販商品の取り扱いは2％程度である。しかし，近い将来の需要拡大を見込み，ハノイとホーチミンに1人ずつSD経験のある日本人スタッフを配置し，16人の現地雇用社員を現場リーダーに育て上げてオペレーションの現地化を目指している。取扱個数は，当初は月3,000個に過ぎなかったが，2013年1月には20,000個に達し単月黒字を達成した。

　2013年3月に発表された中期経営計画「The Third Stage」では，国際フォワーディング事業（Global Freight Forwarding）を海外事業におけるコアドメインとする方針が打ち出されている一方で，海外における宅配便事業（Overseas Domestic Delivery）については「特定地域においてはB to Bローカルデリバリーの強化」という表現にとどまっている[57]。このことからも，海外での宅配便事業は，佐川にとって現時点では中核事業を補完する付帯的な位置づけのものであり，市場性や他の事業とのシナジーが十分に見込める特定の地域に限り自社で手掛けるという方針を採用していると考えられる[58]。

4.　ヤマトの中国市場における事業展開[59]

(1) 中国市場進出の前史

　佐川と同様，ヤマトの宅配便事業のアジア進出も台湾から始まった。ヤマトは2000年10月から，台湾の統一企業グループ傘下の統一速達にライセンスを供与して宅配便事業を開始した[60]。配達員は110人，車両台数は88台という規模で，台北県と桃園県から取り扱いを始めた。セブン－イレブンを中心に3,630店を取扱窓口とし，台湾全土に翌日までに配送，同一県内は当日配送というように迅速なサービスを提供した。クール便のサービスも当初より実施した。台湾にそれま

ではなかった高品質の宅配便サービスを提供することで，新しい市場を創造する狙いがあった[61]。ブランド名「黒猫宅急便」やクロネコマークも日本と同じものを使用した。運輸企業に対する外資規制が緩和された後，2004年に統一速達に10％の出資を行った[62]。

この台湾への進出は，現地でセブン－イレブンを展開し日本の宅配便の事情にも詳しい統一企業グループからの引き合いがきっかけであり，ヤマトが主体的に宅配便事業の国外への拡張を目指したものではなかった。当時のヤマトにとっては，国際部門といえば国外から日本へのB to Bの通関業務のことを指し，山崎篤ヤマト運輸社長（当時）自身も「宅急便のブランドと仕組みをそのまま海外に持って出ていくことは考えていない。海外事業においても当社の場合は日本向けの物流がテーマ」と述べている[63]ように，ヤマトは，この時期から宅配便事業のアジア展開を戦略的に構想していたわけではなかった。しかしながら，台湾での事業経験は，日本式の宅配便サービスがアジア市場においても受け入れられる可能性が大きいこと，また宅配便の海外展開は投資の回収に時間を要する[64]ことを学ぶモデルケースとなった。

(2) 上海への進出

2008年に中期経営計画「満足創造3カ年計画」を策定した[65]頃より，ヤマトは宅配便事業のアジア展開の検討を始め，2010年1月より，上海市内，シンガポールでの宅配便事業を開始した。以下，上海における宅配便事業について詳述する[66]。

ヤマトは中国政府系の物流企業である上海巴士物流の増資を引き受けて子会社化し，雅瑪多（中国）運輸（以下「雅瑪多」）を設立した。ヤマトの出資比率は65％であった[67]。営業開始当初の配送拠点は11，SDは200人，配送車両は100台で，上海巴士物流の免許を活用し配送車両はすべてBHナンバーであった。取扱荷物は，B to Cが8割，B to Bが2割となっており，タオバオなどの通販荷物の配送を受託している。上海進出を図る企業に対してセミナーを開催し「宅急便」の利用を呼び掛けるなどの活動が奏功し，日系通販企業からの引き合いが多い。

雅瑪多は，徹底的に日本と同様のサービス品質の提供を目指している。個人から個人への宅配も手掛けており，ファミリーマートなどを集荷の窓口としてい

る[68]。配達の迅速性については，翌日までに100％配達を完了しており，特定の顧客については当日配送も実施している。営業日に関しては，旧正月も含めて365日年中無休である[69]。代引き決済サービスの「宅急便コレクト」や冷凍・冷蔵配達の「クール宅急便」も当初より実施しており，クール便については，全車両に冷蔵・冷凍設備を備え，ベースと呼ばれる物流ターミナルには定温仕分け室を設けるとともに，移動用の保冷ボックスも導入している[70]。商品代金の受け取りについては，コレクト便のほか，戸口でのクレジットカード決済や銀聯カードでの決済サービスも後に追加された。時間帯指定についても，2013年3月現在，日本と同様に2時間刻み・6区分の指定が可能となっている[71]。伝票のフォーマットや荷物追跡システムについても，言語やレイアウトが異なるのみでほぼ同じものを導入している。上海でも日本と同じブランド名「宅急便」やブランドマークを使用し，英語表記も日本語の発音を模して「TA-Q-BIN」とし，SDの制服も日本とほぼ同じ[72]である。

　価格については，最も小さい書類サイズで12元，小荷物は20元からである。これは中国郵政と同じ水準であり，相場に対して2割ほど高めとなっている[73]。ただし，現地企業は重量に応じて料金を設定しているのに対し，雅瑪多では日本と同様に荷物のサイズによって料金を査定している。

　大衆佐川と同様，雅瑪多もSDのサービスに対する意識の向上に腐心した。第2節でも述べた通り，中国の一般的な宅配便のサービス品質は低く，荷物をバイクに山積みにしてむき出しで配送する，荷物を放り投げる，チャイムを鳴らしてしばらく返事がないとドアをガチャガチャ鳴らし大声を出して呼びつける，料金のお釣りを投げて渡すなど，荷扱いや顧客に対する態度に問題が多かった。また，配達員の多くは「届けてやった自分がなぜ礼を言う必要があるのか」と考え，帽子を脱いでお辞儀をすることへの抵抗感が強かった。雅瑪多は最初，全拠点に日本から派遣されたSDインストラクターを配置し[74]，ヤマトの基本方針を徹底的に教育した。例えば，日本式の朝礼を導入して従業員に社訓[75]を唱和させ，日本で使われているヤマトの教育マニュアルを中国版にアレンジして使用した。また，「豪雪のなか，荷物を届けて老人に喜ばれた」などの日本国内でのエピソードをまとめたビデオを作成し，宅急便の理念をSDに伝達した。これらを含む1カ月半から2カ月程度の研修をSDに課し，ヤマトの精神を注ぎ込むため，あえてドライバー未経験者であっても積極的に採用した[76]。SDの労務管理に関しては，日本とは異なり，基本給と歩合給からなる給与を支給している[77]。配送

のみを担う現地業者の配達員と，営業や応接を含む業務をこなす SD とでは単純な比較は難しいものの，雅瑪多の給与水準は現地の同業他社の平均的な給与水準と比べると若干高い。また，SD の離職防止策として，現場の支店長や本社スタッフなどへのステップアップのキャリアプランを提示している。

この他にも，日本との環境の違いへ柔軟に対応していることは多い。例えば，届け先に表札がない，住人の入れ替わりが多い，などの問題には，独自に顧客データを作成し対処している。渋滞や駐車規制に対しては，市街地の駐車場で 1 台のトラックを中継点とし電動自転車で配達するという運用を行っている。また，中国では中秋節に月餅を食べる風習があり，現在では贈答品としてお世話になった人に贈ることが多く，雅瑪多ではこの時期に合わせて「雅瑪多が月餅を届けます」というプロモーションを展開し需要拡大を図っている。

(3) ネットワークの拡大とヤマトのアジア事業の評価

現在，雅瑪多は，上海市内に加えて南通，無錫，南京，蘇州，杭州の 5 都市に配送エリアを拡大することを計画している[78]。また，ヤマトは，上海とほぼ同時期に事業を開始したシンガポールに加えて，2011 年からは香港とマレーシアでも宅配便事業を展開している。アジア 4 地域合計の取扱件数は，2011 年 3 月期の 108 万個から 2012 年 3 月期の 479 万個（うち上海 346 万個，シンガポール 70 万個，香港 51 万個，マレーシア 11 万個），2013 年 3 月期の 831 万個（うち上海 580 万個，シンガポール 84 万個，香港 105 万個，マレーシア 61 万個）[79]と順調に成長しており，利益貢献には至っていないものの赤字幅は徐々に縮小傾向にある[80]。また，図表 9-5 に示される通り，接客応対や荷扱いに関するサービス水準は維持しつつ，商品・サービスの内容は現地の実情に合わせて設計されている。

ヤマトは，宅配便事業を中国全土へ拙速に拡大することは意図しておらず[81]，高品質の宅配便サービスが受容される経済水準，生活水準に達した地域を選別し[82]，集配密度の高いエリアから進出する[83]という方針を採っている。一方で，2011 年に発表された中期経営計画では，宅配便のネットワークをアジアに拡大し，2019 年までに海外売上比率 20％超を目指す[84]という目標を掲げている。ヤマトは，「ラストワンマイルのデリバリー」を中核事業と位置づけ，B to C を足掛かりにして日本式の宅配便のビジネスモデルをアジアの各地域に移植して C

図表9－5　ヤマトのアジア地域における宅配便事業の現状
（2013年3月現在）

	台湾	シンガポール	中国本土	香港	マレーシア
展開エリア	台湾全域	シンガポール全域	上海市内	香港全域	クアラルンプール ペナン ジョホールバル
営業日時	365日 8：00～20：00	365日 8：00～20：00	365日 8：00～21：00	365日 8：00～20：00	365日 8：00～21：00
サイズ査定・区分	大きさのみ 4区分	大きさ，重量 6区分	大きさのみ 7区分	大きさのみ 6区分	大きさのみ 7区分
時間指定	2区分	3区分	6区分	3区分	4区分
付加価値サービス	クール・コレクト 当日便	クール・コレクト 当日便	クール・コレクト 当日便	クール・コレクト 当日便	クール・コレクト
取扱店数	20,753	531	245	233	0

（出所）社内資料より作成。

to Cの宅配便市場を開拓する[85]のみならず，日本―アジア主要都市を結ぶ国際宅配便ネットワークの構築までを視野に入れている[86]。

5. 小　結

　最後に，本事例が示唆することを5点にまとめる。

　第1に，宅配便事業の国際展開では，参入モードとしての輸出は選択肢にない。これは，輸送サービスが，その生産・提供を書類やディスクなど有形のモノに組み込むことができず，生産と消費の同時性・不可分性という特性から逃れられないことに由来する[87]。よって必然的に，国外市場への参入モードは，台湾において2社が選択したライセンシングなどの契約か，もしくは中国本土や他のアジア地域での宅配便の事業展開のような直接投資かのいずれかとなる。さらに，参入時にライセンシングや合弁，現地企業の買収などの手段が採られる場合は，パートナーの選択が，進出先市場の法的・社会的環境への対応において重要である。両社は，上海市内での配送業務に不可欠なBHナンバーの取得に関して，それぞれ合弁相手の上海大衆交通，上海巴士物流の免許を活用した。加えて，佐川の北京からの撤退に関しても，合弁相手が物流企業でなかったことが影響した。また，

中国本土での宅配便の事業展開には省ごとの事業免許の取得が課せられており，今後事業を拡張しようと思えば現地パートナーの支援が必要となろう。

　第2に，提供されるサービスと価格については，2社ともほぼ標準化アプローチを採用した。時間帯指定の区分やクール便の有無などに関しては現地の市場環境への適応化も一部見られるが，両社とも，低品質・低価格の現地業者との直接競合を避け，迅速で丁寧・確実な配送，代引きや時間指定などの付帯サービスの提供から，ブランドネームやトレードマーク，SD の制服デザインに至るまで，日本式を積極的にアジア市場に導入した。とりわけ，受荷主に対する接客を重視する事業方針は，現地業者との差別化の手段としても，C to C をも含めた新たな需要開拓のためにも，両社にとって極めて重要であった。ただし，一般的に標準化アプローチの利点としてしばしば指摘される規模の経済性については，宅配便サービスの生産そのものの集中化は困難であり，その意味では標準化の経済合理性は小さい。

　第3に，サービス内容の標準化とは対照的に，背後にあるオペレーションは現地適応化を要求される側面が強い。特に，サービス生産の直接の担い手となる SD の労務管理については，両社は日本式をそのまま持ち込むのではなく，現地の慣習に合わせる必要性に迫られた。このことは，サービス企業の国際マーケティングを標準化―適応化の枠組みで論じる際，サービス内容や価格，プロモーションなどマーケティング・ミックスの表面的要素に加えて，サービス生産を支える背後の仕組みも含めて分析すべきであることを示唆している。

　第4に，台湾市場での事業経験が，宅配便事業の中国本土への進出にとって大きな意味を持った。日本の小売企業は，台湾や香港をアジア進出のテスト・マーケットとして活用することが多いというスターンクィスト[88]の指摘は，宅配便事業のアジア展開についても同様に当てはまる。2社の台湾進出は，主体的に台湾に事業機会を見出したというよりもむしろ，新竹や統一速達からの引き合いをきっかけとするものであった。しかし，両社とも，日本式の宅配便のサービス水準が国外でも通用することと，実際のオペレーションに関しては日本式が必ずしも通用しないことの両面を，台湾での事業経験から学んだと評価できる。

　第5に，国外の宅配便事業に対する2社の戦略的位置づけの違いを指摘したい。佐川にとっての海外事業の中核はあくまで国際フォワーディングであり，国外域内の宅配便事業は，高付加価値の国際輸送を実現するための補完的事業に過ぎない。佐川は，国内外のグループ企業，さらには現地企業と連携しながら最大のシ

ナジーを発揮することを狙っている。一部の地域における宅配便事業からの撤退は，事業そのものの失敗ではなく，全社レベルでの戦略的な事業機会の選択の結果として捉えられるべきである。一方ヤマトにとっては，国外域内の宅配便事業は将来的には海外事業の中核となり得るものである。ヤマトは「社会的インフラとしての宅急便ネットワークの高度化」を通じて「豊かな社会の実現に貢献」することを経営理念に謳っており[89]，国外域内への宅配便事業の拡張は，大きなビジネスチャンスの追求であると同時に，企業 DNA の継承でもある。

【注】
1) ヤマトの宅配便事業に関しては，経営者の自著である小倉 [1999] をはじめ，多くの書籍や研究論文の蓄積がある。
2) 佐川の事業展開に関する先行研究はそれほど多くはないが，石崎 [2001] などを参照のこと。
3) 国土交通省「平成 24 年度宅配便等取扱実績関係資料」。
4) 例外として，藤原 [2013] はヤマトの中国進出の事例を取り上げ，補助的サービスの持つ戦略的中核性を示す好例として，集金や挨拶などセールスドライバーの担う「多能工的役割」に注目している。また，瀬岡 [2008] は，1990 年代以降の宅配便市場の動向として，ヤマトと佐川の海外進出の事例に触れている。
5) 例えば Dunning [1989]，Erramilli [1990]，Lovelock and Yip [1996] など。
6) 大石 [2013] p.15。
7) 詳しくは森 [2007] pp.18-19，pp.109-110，pp.115-122，pp.136-147 を参照のこと。
8) 近藤 [2004] p.2。
9) 国土交通省「平成 24 年度宅配便等取扱実績関係資料」。
10) 宅配便をいかに定義すべきかの問題については，中田 [1994] pp.18-20 を参照のこと。なお，中国では「快逓」が宅配便に相当する概念である。「快逓市場管理弁法」では，快逓は「定められた納期に受取人あるいは指定された場所へ，宛先を指定された個別包装の書類・小包および他の貯蔵する必要の物品を，迅速に集荷・分配・輸送・配達し，受領署名を得る配達サービスである」と定義されている。
11) 李 [2013] p.18。かつて宅配便市場をほぼ独占していた中国郵政のEMS事業のシェアは，今日では約 20％にまで低下している。なお，国際宅配便については，FedEx，UPS，DHL，TLT の欧米系国際インテグレータ 4 社で約 8 割のシェアを占める。同上。
12) これらのうち，中通，申通，圓通，匯通，韻達の 5 社は，同じルーツからスピンアウトした企業群であり，「四通一達」と総称され，中国民営宅配便事業者の主流派である。同上。
13) 例えば，2007 年 6 月時点のデータで，上海には独立法人資格を持つ宅配企業が 467 社（中国郵政を含まない）あり，そのうち社員 100 人以上の企業が 30 社，1000 人以上の企業が 4 社で，残りはいずれも小型企業であった。『月刊ロジスティクス・ビジネス』2007 年 10 月号，pp.48-49。
14) 李 [2013] p.18。
15) 『月刊ロジスティクス・ビジネス』2011 年 10 月号，p.16。フランチャイズ方式の宅配便の実態については根本ほか [2013] が詳しい。なお，一般の宅配便事業者が代理店方式によりネットワークを構築したのとは対照的に，順豊はサービス品質を重視して直営店方式へ転換し，独自の配送網を整備するという戦略を採用している。大矢 [2011] p.21，李

16) 『中国物流年鑑』各年版より。
17) 『月刊ロジスティクス・ビジネス』2011年10月号, p.16。
18) 大衆佐川総経理, 塚田勝彦氏 (当時) のコメント。『マテリアルフロー』2006年1月号, p.114。
19) 配達担当者は, 着荷主が商品チェックや試着をする間, 配達先で待機しなければならないことがあるという。李 [2013] p.20。
20) 京東商城は2009年に物流子会社の上海園邁快遞を設立した。2011年の記事によれば, 全国70都市の配送拠点から自社配送を行っており, 主要17都市を対象に午前11時までの注文品の当日配送を実施している。凡客誠品も設立当初から自社物流網の整備を進めてきた。北京, 上海, 広州, 武漢, 成都, 西安, 済南, 瀋陽などに物流センターを置き, センターの周辺では物流子会社が配送を担当する。午前中の注文は当日午後, 午後の注文は翌日の午前中に配送する「24時間配送」を実施するとともに, 配達時に試着し, その場で返品することも可能とした。『月刊ロジスティクス・ビジネス』2011年10月号, p.17。また, 両社は国家郵政局に宅配業の経営許可証取得を申請し, うち京東商城のみ申請が認可されたと報じられている。『NAA（中国版）』2012年5月31日, 同6月27日（Factiva記事検索）。
21) 両社は2009年に改正された郵政法に基づき, 2012年に中国国内での宅配便業務許可を改めて取得した。『月刊ロジスティクス・ビジネス』2012年11月号, p.62。
22) 2013年には, 順豊や「四通一達」などの現地業者が, 定温配送・時間帯指定などの日系の宅配便企業と同様のサービスを導入している。『週刊東洋経済』2013年9月28日号, pp.70-71。
23) 『月刊ロジスティクス・ビジネス』2007年3月号, p.64。
24) 大矢 [2011] p.19。
25) 同上, 『ウォール・ストリート・ジャーナル』(日本版) 2011年7月6日 (Factiva検索)。
26) 『月刊ロジスティクス・ビジネス』2009年3月号, p.67。
27) 根本ほか [2013] p.213。
28) 本節の内容に関して, 特に断りのない箇所については聞き取り調査の他に以下を参照した。佐川急便㈱HP, SGホールディングス㈱HP, 佐川急便株式会社社史編纂委員会 [2007a], 同 [2007b]。
29) 同社は2000年に上海佐川急便洋倉儲聯運に社名を変更した後, 2006年に解散した。佐川急便株式会社社史編纂委員会 [2007b] p.102。
30) 『日本経済新聞』(夕刊) 1999年4月10日付, 1面。
31) ヤマトの事例 (本章第4節) とは異なり, 佐川は新竹に対して出資はしていない。なお, この業務提携は2006年に解消された。佐川急便株式会社社史編纂委員会 [2007b] p.102。
32) 新竹との業務提携の背景としては, もともと佐川と新竹の経営者間の親交があったことや, 当時, 日本通運を先駆けとして日系の輸送企業の台湾進出が相次ぎ, 新竹が脅威を感じていたことが挙げられる。
33) 以下の内容については, 『月刊ロジスティクス・ビジネス』2002年9月号, p.15, 同2005年7月号, pp.24-25を参照した。
34) SGホールディングス㈱は「SALES DRIVER／セールスドライバー」を商標登録している (登録番号第4411039号)。本章では, 「セールスドライバー」という用語を, 「集配のほかに得意先の開拓や集金も行うセールスマンを兼ねた運転手」を指す一般名称として用いている。
35) 山本賢司執行役員国際事業部長(当時)は「新竹貨運は台湾国内だけでなく, 中国本土のビジネスでも活躍できるはず。当社にとって, 台湾進出の落としどころは実は中国ビジネ

スにある」と語っている。『月刊ロジスティクス・ビジネス』2002年9月号, p.15。
36) 現在の出資比率は, 佐川が56％, 大衆交通が25％, 住友商事が19％である。大衆佐川HPより。
37) 佐川上海HPより。
38) 『マテリアルフロー』2006年1月号, p.113。なお, 現在では通販商品の取扱が85％程度を占める。
39) 『日経産業新聞』2003年12月29日付, 13面。
40) 以下の内容については次の文献を参照した。『マテリアルフロー』2006年1月号, pp.113-117, 『日経産業新聞』2003年12月29日付, 13面, 2004年9月10日付, 1面, 『月刊ロジスティクス・ビジネス』2005年4月号, pp.14-15, 2005年7月号, pp.26-27, 2010年12月号, pp.35-36, 2011年10月号, pp.19-20, 『週刊東洋経済』2010年2月20日号, pp.106-109。
41) 協力会社の傭車を活用する場合, トラックは佐川と同様のデザインのものを使用するよう指示し, 制服も佐川のものを着用させた。ただし, 制服には協力会社名を記したワッペンをつけて, 大衆佐川の社員と区別している。
42) さらに2011年3月からは, 銀聯カードによる代引き決済も開始している。『月刊ロジスティクス・ビジネス』2011年10月号, pp.19-20。
43) なお, 佐川の日本での時間帯指定サービスは, 午後の時間帯を2時間毎に細かく区分して指定できる。佐川急便HPより。
44) 大衆佐川では, クール便は品質保持が難しいことに加えて, 現状ではクール便に対するニーズは暑い時期に限定されており, 通年を通じたサービス提供は費用対効果が低いと判断している。
45) 従来は現地の業者は荷扱いが荒い, 荷物の遺失が多いなど問題が多かったが, 現在では一部現地業者のサービス品質は改善されつつある。
46) 佐川上海HPより。なお, 上海では一般的に建物間の距離が大きいため, 台湾と同様に台車ではなく車両やバイクでの運用が中心となっている。
47) 現在は研修の期間は1週間程度となっており, それ以降はOJTで対応している。
48) SDの給与水準について, 「優秀なSDの月給はすでに3,000元（約42,000円）と, 一般労働者の二倍以上に達した」（『日経産業新聞』2003年12月29日付, 13面）, 「地場の運送会社の月給相場が2,500元程度であるのに対し, 大衆佐川のセールスドライバーの月給は3,500元程度」（『月刊ロジスティクス・ビジネス』2010年12月号, p.36）などと報じられている。聞き取り調査によれば, 現在では, 担当エリアによっては繁忙期なら月給1万元を越えることもあるという。
49) この他の理由として, 代引きサービスにおいて代金回収業務を担うことになるSDは, 信用上の理由から上海出身者が適していることがある。
50) 日本人スタッフが1人しかいない理由は, 大衆佐川の伊藤董事総経理によれば, 「単にコストの問題だけでなく, 日本人が複数いると何でも日本人だけで相談してしまい, 指令や情報が組織全体に行き渡らない」ためという。『月刊ロジスティクス・ビジネス』2010年12月号, p.35。
51) 大衆佐川の宅配便取扱個数の実績は次の通り。25（2004年, 単位：万個, 以下同じ）, 60（05年）, 110（06年）, 190（07年）, 310（08年）, 360（09年）, 370（10年）（以上, 『月刊ロジスティクス・ビジネス』2010年12月号, p.36）, 375（11年）, 420（12年）（以上, 聞き取り調査）。
52) 『日経産業新聞』2006年12月19日付, 28面。
53) 保利佐川物流は, 2003年に, 保利科技（人民解放軍系の保利集団傘下）と佐川とが折半出資して深圳に設立された, 国際フォワーディングから国内輸送, 倉庫保管, 物流加工に

至るまでの事業を中国全土において総合的に展開する企業である。地域や機能の制約を受けない広範な物流業務を認められた背景には，保利集団総経理の賀平氏の影響力があったとされる。『日経産業新聞』2003年7月31日付，3面。
54)『月刊ロジスティクス・ビジネス』2008年1月号，pp.21-22。ただし聞き取り調査によれば，実態としては中国から日本への国際エクスプレス便が中心であるという。
55)『月刊ロジスティクス・ビジネス』2010年12月号，pp.35-36。
56) ベトナムにおける宅配便の事業内容については，『月刊ロジスティクス・ビジネス』2012年3月号，p.37，同2013年5月号，pp.34-35を参照のこと。
57)「SGホールディングスグループ中期経営計画 Third Stage Plan」参照。
58) 山本賢司氏は，上海・北京で宅配便事業を開始した頃，次のように語っている。「3PL事業が軌道に乗れば，そこから宅配便の荷物も発生する。また宅配のネットワークを持っていることを武器に3PLの売り込みもできる。そうした相乗効果を狙っていきます」。『月刊ロジスティクス・ビジネス』2004年3月号，pp.16-17。また，佐川グローバルロジスティクス社長の上岡亨氏は「日本で30年近くかけて培った3PLのノウハウをそのままアジア各地に移植することが，海外事業における当社の基本戦略」であると述べた上で，「デリバリーに関しては日本の宅配便をそのまま海外に移植することが必ずしもベストであるとは限」らず，現地の「ニーズや状況に応じて，当社が自ら展開するべきなのか，それともローカル企業と手を組んだ方がいいのか，ケース・バイ・ケースで判断していきます」と語っている。『月刊ロジスティクス・ビジネス』2012年9月号，pp.26-27。さらに，SGホールディングスの近藤宜晃経営戦略担当取締役は，不特定多数の荷主から集荷しドア・ツー・ドアで配送する日本の宅配便のサービスレベルは「間違いなく世界一」であるとしたうえで，「それをアジアの国々に展開することに，果たしてどれだけ現実味があるのか。（中略）歴史や生活様式が異なる国でそれが根付いていくには，私はまだ時間がかかると思っています」と述べ，宅配便のアジアでの普及可能性に対して懐疑的な考えを示している。『月刊ロジスティクス・ビジネス』2010年5月号，pp.20-23。なお肩書はいずれも記事掲載当時のもの。
59) 本節の内容に関して，特に断りのない箇所については，聞き取り調査の他に以下を参照した。ヤマト運輸（株）HP，ヤマトホールディングス（株）HP。
60)『日経産業新聞』2000年10月6日付，15面，『日経流通新聞』2000年10月17日付，10面。
61)『月刊ロジスティクス・ビジネス』2002年9月号，13ページ。同記事の中で，統一速達の河田博重事総経理（当時）は，日通系の台湾宅配通，西濃と組んだ大栄貨運ではなく，SDの営業力の観点から佐川系の新竹貨運をライバルと考えていると言っている。
62)『月刊ロジスティクス・ビジネス』2005年1月号，pp.8-9。
63) 同上。
64) 台湾事業は単年度黒字達成に7年，累損の解消には10年を要したとされる。『月刊ロジスティクス・ビジネス』2012年3月号，pp.24-25。ヤマトホールディングス瀬戸薫社長（当時）は雑誌でのインタビューで，「いきなり海外で宅配便のネットワークを敷くというのは現実的ではありません。台湾も当初数年間は大赤字でした。（現地提携先の）統一グループは資金力があるので一気にインフラ投資をして事業を軌道に乗せましたが，ある程度の面積の島であってもネットワークを作るには大変な資金がかかりました」と述べている。『月刊ロジスティクス・ビジネス』2006年7月号，pp.2-3。
65) 同年，ヤマト運輸はグローバルソリューション営業部（現在のグローバル事業推進部）を設置した。『輸送経済』2008年6月17日付，9面。
66) 以下の内容については次の文献を参照した。『日本経済新聞』（朝刊）2009年8月26日付，1面，2011年1月28日付，13面，『マテリアルフロー』2010年5月号，pp.18-24，2011年4月号，pp.26-31，『日経産業新聞』2011年10月20日付，1面，『月刊ロジスティ

クス・ビジネス』2010年5月号，p.18，2010年12月号，pp.34-35，2012年3月号，pp.24-25，『日刊工業新聞』2010年7月20日付，12面，『週刊東洋経済』2010年2月20日号，pp.106-109，『日経ビジネス』2010年4月号，p.43。

67) なお，シンガポールの現地法人は100％独資である。
68) ただし，CtoCの荷物の持ち込みは現状としては非常に少ない。聞き取り調査より。
69) これは，シンガポールや後述の香港，マレーシアについても同様である。社内資料より。
70) 小口の冷凍・冷蔵配送は，上海では雅瑪多が初めて手がけた。
71) 聞き取り調査および社内資料より。ただし，中国では個人消費の荷物でも職場に届けさせることが多く，時間帯指定の利用は，伸びつつあるもののまだそれほど多くない。
72) ただし，SDの制帽は，日本では緑だが中国では薄茶色を使用している。これは，中国には，妻を寝取られた男に緑色の帽子をかぶせて侮辱する風習があるためである。『週刊東洋経済』2010年2月号，p.106。
73) 『日経産業新聞』2011年10月20日付，1面。
74) 現在では，1人の日本人トレーナーが6ヵ所程度の拠点を担当する体制であり，日本人の比率は徐々に減少しており，人材の現地化が進んでいる。
75) ヤマトの社訓は次の通り。「一，ヤマトは我なり 一，運送行為は委託者の意思の延長と知るべし 一，思想を堅実に礼節を重んずべし」。ヤマトホールディングスのHPより。
76) ただし，中国では自動車所有率が低いため，運転免許はあっても車の運転に不慣れな者が多く，運転技術の向上が悩みの種となっている。『日経ビジネス』2010年4月号，p.43。
77) ヤマトが宅配便事業を手掛ける他の国では，基本給と歩合給に加えて残業給が支給されることもある。雇用の安定や他社との差別化の観点などから，ヤマトでは国ごとに異なるインセンティブ・システムを採用している。
78) 上海市街へエリアを拡大するために，雅瑪多は新たに営業免許を取得する必要があった。中国で宅配便事業を営むには，原則的に省ごとの申請・認可を必要とする。これとは別に中国全土での営業免許も存在するが，聞き取り調査によると外資系の業者が取得できることはまずないという。
79) 「ヤマト決算説明会資料」（各年度）より。
80) 「平成25年度3月期 ヤマトホールディングス決算説明会資料」より。
81) 「上海からの配送先はまず市内からスタートし，必要に応じ郊外までは踏み出す予定です。ただあれだけ広大な国なので日本と同じ全国ネットワークを中国全土に巡らすことは，民間企業では難しい。拠点を線でつなぐスタイルになる」。ヤマトホールディングス社長木川眞氏のコメント。『マテリアルフロー』2010年5月号，p.24。
82) 木川眞氏のコメントから。『マテリアルフロー』2010年5月号，p.22。また同氏は別の記事において，「宅配便市場というのは，その地域の経済発展段階，生活レベルと強くリンクしています」と述べた上で，ネット通販の発展が宅配便市場成長の起爆剤になると言っている。『月刊ロジスティクス・ビジネス』2009年5月号，p.18。
83) ヤマトホールディングス経営戦略担当シニアマネージャーの成井隆太郎氏（当時）は，「最初に台湾でノウハウ提供から入ったのは，そういったことを見極めるためでもありました。一連の経験や社内議論の中から導き出された1つの答として，集配密度の高いエリアから進出するという戦略を立てました。（中略）いきなり全国網を目指すのではなく，まずはその国の主要エリアに進出し，土台を築いていく」と述べている。『月刊ロジスティクス・ビジネス』2012年3月号，pp.24-25。
84) 「ヤマトグループ 新中長期経営計画説明資料」。
85) 木川眞氏は次のように語っている。「BtoCだけでなくCtoC／CtoB（消費者個人が発送する）ができる宅配企業は，アジアでは各国郵便会社を除きまだほとんどありません。そこにヤマトならではの特長を生かしていきたい。またDHL，FedEX，UPSなど欧米大

手インテグレータはB to B中心のエクスプレスサービスで，B to C／C to Cはまだ弱い。（中略）私どものようにC to Cに圧倒的な強みを持つ民間企業は他にないという自信があります」『マテリアルフロー』2010年5月号，p.23。一方で，成井隆太郎氏は，アジアではまだC to Cの荷物がほとんどないことを認め，「特に『From C』の部分に関しては，実態に対してやや過剰な投資になる傾向がある。これは今後見直す必要があるかもしれません」と述べている。『月刊ロジスティクス・ビジネス』2012年3月号，p.25。

86）木川［2013］pp.132-147。
87）Erramilli［1990］はこのようなサービスをソフト・サービスと呼び，サービス提供を形のモノに具現化できるハード・サービスと区別している。
88）Sternquist［2007］p.454.（邦訳p.298。）
89）ヤマトホールディングスのHPより。

【参考文献】

石崎祥之［2001］「宅配便市場の成熟化と新展開—「佐川急便第二の創業」とロジスティクス企業への変貌」『立命館経営学』39（6），pp.93-107。
大石芳裕［2013］「グローバル・マーケティングの特徴」日本流通学会監修，大石芳裕・山口夕妃子編著『グローバル・マーケティングの新展開』白桃書房，第1章所収。
大矢昌浩［2011］「中国の覇者がアジア市場を握る」『月刊ロジスティクス・ビジネス』2011年10月号，pp.18-25。
小倉昌男［1999］『小倉昌男　経営学』日経ＢＰ社。
木川　眞［2013］『未来の市場を創り出す』日経ＢＰ社。
近藤文男［2004］『日本企業の国際マーケティング—民生用電子機器産業にみる対米輸出戦略—』有斐閣。
瀬岡　誠［2008］「宅配便」石川健次郎編著『ランドマーク商品の研究③商品史からのメッセージ』同文舘出版，第2章所収。
中田信哉［1994］『明日の宅配便市場』成山堂書店。
根本敏則・林克彦・中拂諭［2013］「中国における宅配便の発展と規制施策」『日本物流学会誌』第21号，pp.207-214。
藤原雅俊［2013］「補助的サービスの中核性—地味な差別化，豊かな成果」伊丹敬之編著『日本型ビジネスモデルの中国展開』有斐閣，第9章所収。
森　隆行［2007］『現代物流の基礎』同文舘出版。
李　瑞雪［2013］「中国最強「順豊速運（ＳＦ）」の実像」『月刊ロジスティクス・ビジネス』2013年5月号，pp.18-25。
Dunning, J. H. [1989] "Multinational Enterprises and the Growth of Services: Some Conceptual and Theoretical issues," *The Service Industries Journal*, 9 (1), pp. 5-39.
Erramilli, M. Krishna [1990] "Entry Mode Choice in Service Industries," *International Marketing Review*, 7 (5), pp. 50-62.
Lovelock, Christopher H. and George S. Yip [1996] "Developing Global Strategies for Service Businesses," *California Management Review*, Vol. 38, No. 2, pp. 64-86.
Sternquist, Brenda [2007] *International Retailing*, 2nd ed., Fairchild Publications.（若林靖永・崔容熏ほか訳［2009］『変わる世界の小売業—ローカルからグローバルへ』新評論。）
佐川急便株式会社社史編纂委員会［2007a］『飛脚の精神—佐川急便株式会社五十年史事業史』。
佐川急便株式会社社史編纂委員会［2007b］『飛脚の精神—佐川急便株式会社五十年史部門史』。

「ＳＧホールディングスグループ　2013〜2015年度中期経営計画 Third Stage Plan」（2013年3月27日発表）。
「ヤマトグループ　新中長期経営計画説明資料」（2011年1月28日発表）。
「ヤマトホールディングス決算説明会資料」（平成23年3月期，平成24年3月期，平成25年3月期）。
ヤマト運輸（株）グローバル事業推進部［2013］「宅急便事業のグローバル展開」（社内資料）。
中国物流与采購聯合会編『中国物流年鑑』（各年版）中国財富出版社。（2011年版までの出版社名は中国物資出版社）
中国電子商務研究中心［2013］「2012年度中国電子商務市場数据観測報告」。
『日本経済新聞』。
『日経産業新聞』。
『日刊工業新聞』。
『輸送経済』。
『週刊東洋経済』。
『日経ビジネス』。
『月刊ロジスティクス・ビジネス』。
『マテリアルフロー』。

佐川急便（株）ホームページ〈http://www.sagawa-exp.co.jp/〉（2013年9月2日アクセス）。
ＳＧホールディングス（株）ホームページ〈http://www.sg-hldgs.co.jp/〉（2013年9月2日アクセス）。
佐川上海ホームページ〈http://www.sagawa-cn.com/jp/〉（2013年10月6日アクセス）。
上海大衆佐川急便有限公司ホームページ（中国語）〈http://www.dz-sagawa-exp.com/〉（2013年10月6日アクセス）。
ヤマト運輸（株）ホームページ〈http://www.kuronekoyamato.co.jp/〉（2013年9月2日アクセス）。
ヤマトホールディングス（株）ホームページ〈http://www.yamato-hd.co.jp/〉（2013年9月2日アクセス）。
雅瑪多（中国）運輸有限公司ホームページ（中国語）〈http://sh.cn.ta-q-bin.com/〉（2013年9月16日アクセス）。
黒猫宅急便（統一速達）ホームページ〈http://www.t-cat.com.tw/〉（2013年10月14日アクセス）。
国土交通省「平成24年度宅配便等取扱実績関係資料」。
〈http://www.mlit.go.jp/common/001007227.pdf〉（2013年10月17日アクセス）。
中国国家郵政局ホームページ（中国語）〈http://www.spb.gov.cn/xytj/tjxx/〉（2013年9月2日アクセス）。
北京市郵政管理局ホームページ（中国語）〈http://bj.spb.gov.cn/〉（2013年10月17日アクセス）。

ヤマト運輸（株）関係者に対する聞き取り調査（2013年9月11日）。
ＳＧＨグローバル・ジャパン（株）および上海大衆佐川急便物流有限公司関係者に対する聞き取り調査（2013年9月12日）。

（大内秀二郎）

第10章

企業のBOPビジネス戦略

1. はじめに

　成長著しいBRICs，VISTA，ネクスト11などと称される新興国のマーケットにおいて，欧米系多国籍企業，日系多国籍企業，新興国のアジア系多国籍企業などのポジショニングをめぐる競争戦略上の競争激化は周知の事実であるが，従来，多国籍企業が対象としていたTOP層（富裕層），MOP層（中所得階層）ではなく，次なる40億人の新市場であるBOP層（低所得階層）への関心が高まっている。だが，新興国にみる工業化による経済成長，人口増加はマーケットとしては人口ボーナスと形容されるが，一方では経済格差が生じ貧困問題を拡大させ，産業社会の到来はさらなる環境問題を深刻化させ，これらは派生的に資源獲得などをめぐり国際紛争へと問題化し，国際社会を不安定化させる。

　このような状況下において，貧困問題の削減，環境問題の改善などの社会的課題に貢献し，それと同時に営利追求を実現するBOPビジネスは持続可能な社会を形成するうえで，持続的成長型ビジネスモデルとして有望視されている側面がある。

　本章の目的はBOPビジネスをめぐる動向をみたのち，BOPビジネスにおける日本企業のマーケティング活動をはじめとする経営行動を取り上げ，そのあと経営課題について検討することをその目的とする。具体的には第2節ではBOPビジネスをめぐる動向としてBOPビジネスの着想・誕生，普及・伝播のプロセスを示している。第3節では日本企業のBOPビジネスとしてBOP・水ビジネスの具体的事例，およびBOP・予防医療，食品営業ビジネスの具体的事例を扱っている。第4節では日本企業のBOPビジネスの経営課題として欧米の官民連携ビジネスとの比較をふまえ，日本のBOPビジネスにみる官民連携における課題を検討している。加えて，結びとして第5節での小結という構成となっている。

2. BOPビジネスにみる着想・誕生, 普及・伝播のプロセスについて

　BOPビジネスにおけるBOPとは, 世界の経済人口ピラミッドのうちの下層・低所得階層を指し, Bottom of the Pyramid 後に Base of the Pyramid または Base of the Economic Pyramid の頭文字をとった略称である。厳密なる共通の定義は存在しないとされるが, 世界人口の半数以上にものぼる年間所得3,000ドル以下の低所得層を対象とするビジネスを意味するとされる。BOPビジネスにおけるBOPという用語, 概念の着想・誕生は, 1997年, 1998年のビジネス誌の掲載論文に遡る。

　1997年『ハーバード・ビジネス・レビュー』誌にコーネル大学スチュアート・L・ハート教授は「『持続可能性』のための経営戦略」("Beyond Greening : Strategies for a Sustainable World")と題する論文を掲載しマッキンゼー賞を受賞し, 1998年『ハーバード・ビジネス・レビュー』誌にミシガン大学C・K・プラハラード教授とケン・リーベルサールは「企業帝国主義の終焉」("The End of Corporate Imperialism")と題する共同論文を掲載した。プラハラードはミシガン大学特別研究員を兼務していたハートに共同論文のコメントを求め, 意見交換を行う過程において, 互いに掲載論文での興味の対象が経済ピラミッドのBOP（低所得階層）[1]と企業との関係にあることを認識した。そこで1998年プラハラードとハートは共同で「ピラミッドの底辺への戦略」("The Strategies for the Bottom of the Pyramid")という研究報告書をまとめ, 4年間の改訂を重ねて2002年, 共同で『*Strategy + Business*』誌に「ピラミッドの底辺に潜む富」("The Fortune at the Bottom of the Pyramid")という共著論文を発表しBOP（ビジネス）という用語, 概念が誕生した。

　2004年には, プラハラードは国連の総合商社と形容される国連開発計画（UNDP）の Blue Ribbon Commission の委員として,「企業と貧困」に関する報告書をまとめ, 国連を通じてBOP（ビジネス）の概念の普及に尽力し, その結果, BOPビジネスは貧困問題, 環境破壊問題の削減の手段として, さらに国際開発とビジネスの融合領域として重要視されるようになった。なお, UNDPはBOPビジネスをインクルーシブ・ビジネス[2]と称している。これはBOPビジネスが通常の単なるビジネス活動ではなく, 貧困問題, 環境問題, 持続的経済発

展そして社会経済的価値観の変化を踏まえた包括的ビジネス活動であることと関係している。

　BOP（ビジネス）の誕生，普及拡大は，このテーマに関連した調査研究にも影響を与え，2000年にはノースカロライナ大学チャペルヒル校ケナンフラグラー・ビジネススクールに「BOPラーニングラボ」（Base of the Pyramid Learning Laboratory）が設置され，2004年にはコーネル大学ジョンソン校に「持続可能なグローバル事業センター」（Center for Sustainable Global Enterprise）が設置され，BOPラーニングラボはその一部として移設された。

　このような1997年から2004年にかけてのBOP（ビジネス）の着想，誕生，普及拡大は，国連ミレニアム・サミット（2000年9月開催）において設定されたMDGs（ミレニアム開発目標，The Millennium Development Goals）と相互関係にあった。すなわち，貧困問題とそれに関連する諸問題の解決および地球環境を保全しながらの持続的開発を目指したMDGsの8つのゴール（目標）のうち，ゴール1「極度の貧困と飢餓の撲滅」，ゴール7「環境の持続可能性確保」，ゴール8「開発のためのグローバルなパートナーシップの推進」は，プラハラードとハートが研究対象とした，経済ピラミッドの下層と企業との関係と重複する領域であった。

　プラハラードがUNDPの委員として報告書をまとめる2004年の2年前である2002年に，UNDPは企業がMDGsのゴールを達成することを支援する，新たなるビジネスモデル開発プログラムGSB（Growing Sustainable Business for Poverty Reduction）イニシアチブを策定した。このようなUNDPをはじめとして，国際金融公社（IFC）や世界資源研究所（WRI）[3]などによって，BOPビジネスへの積極的かつ政策的の後押しもあり，欧米企業はBOPビジネスに関わり始めた。2004年にはプラハラードは『ネクスト・マーケット』（"The Fortune at the Bottom of the Pyramid : Eradicating Poverty through Profits"）を発表し，貧困削減と企業利益を同時に実現するBOPビジネスを示した。一方ハートもまた，2004年にハート自身およびコーネル大学エリック・シマニス教授率いるグローバル事業センターを通じて，BOPビジネスのガイドラインともいえるBOPビジネス参入にあたっての手引き（プロトコル，BOP Protocol）を発表した。

　2008年には，2004年のプロトコルをBOP1.0とし，これを改訂し新たなるプロトコルとしてBOP2.0を発表した。BOP1.0と2.0との相違点として，前者のBOP層を消費者として捉える「貧困層の顧客化」（Selling to the Poor）に対して，

後者はBOP層を顧客ではなくビジネスパートナーとして捉え，彼らと共にビジネスを創り出すビジネスモデルといえる「共創・相互価値創造 (Creating Mutual Value)」である。こうしたプラハラードやハートなどの発表により，BOPビジネスを先行する欧米企業の中には，MDGs達成との関連もあり，自社のCSRの一環として，ユニリーバのように自社のBOPビジネスをアニュアルレポートを通じて社会に公表する動きもあらわれた[4]。

以上，述べてきたように，1997，1998年に着想，誕生し，2000〜2008年にかけて欧米を中心として普及・伝播したBOP（ビジネス）の日本への導入は，2008年『通商白書』の中で経済産業省がBOPビジネスの概念について記述したことがその始まりであった。

2009年には経産省は「官民連携によるBOPビジネスの推進」という取り組みにより，約3億1,000万円の補正予算を付け，BOPビジネスへの支援を開始した。さらに同年，同省は「BOPビジネス政策研究会」を立ち上げ，BOPビジネス促進に向けた施策の在り方を検討し始め，「『BOPビジネス』に関する現地F/Sに関わる公募」を実施し，民間事業者等10組織によるBOPビジネス推進に関する可能性調査を行った。

2010年には同省はBOPビジネスを総合的に支援する仕組みとして「BOPビジネス支援センター」を設立した。2008年外務省は財務省，経産省とともに，「成長加速化のための官民パートナーシップ」を立ち上げ，新興国・途上国における経済成長を加速化するための新たな官民連携促進策に関連する調査などを行った。2009年外務省の外郭であるJICA（国際協力機構）は「BOP研究会」を立ち上げ，1社当たり5,000万円を上限とする途上国におけるBOPビジネス関連の「BOPビジネス促進制度」の概要をとりまとめ始めた。

このような日本のBOPビジネスへの取り組みは後に「2009年は日本のBOPビジネス元年」と形容されるようになったが，欧米諸国と比較して，日本のBOPビジネスへの取り組みは約10年間の遅れをとることとなった[5]。

3. 在アジア日系企業のBOPビジネスの具体的事例

(1) BOP・水ビジネスの官民連携の事例

① 日本ポリグル株式会社のケース

　BOPビジネスとしての水ビジネスの位置づけは，日本政府レベルのみならず国連レベルにおいても重要視されている。具体的には国連レベルの動向は，MDGsのターゲット10では「2015年までに安全な飲料水と基礎的な衛生施設を継続的に利用できない人々の割合を半減する」ことを目標としている。一方，日本政府の動向は，経産省の「官民連携によるBOPビジネス推進」での検討をうけ「貧困削減に向けた日本の取り組み」として，①教育，②保健医療・福祉，③水・衛生，④農林水産業，⑤食料・栄養の5分野を示している[6]。

　2002年生産技術コンサルタントである小田兼利によって設立された汚水処理・水質浄化剤メーカーの中小企業である日本ポリグル株式会社（本社・大阪府大阪市）の海外展開[7]は2004年のメキシコ，タイをその始まりとする。その後，2007年にはバングラデシュと展開し，2013年8月現在では，現地法人としてメキシコ，韓国，台湾，シンガポール，コロンビア，そして現地事務所としてバングラデシュと拡大している。

　海外展開の参入方法はいずれも，現地からの支援要請から展開している。例えば，2004年12月26日，スマトラ島沖地震によって引き起こされた津波で被害を受けたタイ南部では，タイ政府の要請を受け，同社の水質浄化剤PGα21Caの無償提供を行った。また，2007年11月28日，サイクロン「シドル」が直撃したバングラデシュでは，ダッカの国際ライオンズクラブからの支援要請を受け，水質浄化剤の無償提供を行った。その結果，要請先は汚水処理・水質浄化の効果を認識し，継続したビジネス取引を希望した。しかしながら，「世界中の人々が安心して生水を飲めるようにすること…」をミッションとしている同社の小田は，国際ライオンズクラブのメンバーのダッカの大手企業を経由することによる水質浄化剤の高価格化，貧困層には手が届かない価格になるという現象つまり貧困ペナルティ[8]を危惧し，日本ポリグルの現地人社員を活用したビジネスを望んだ。

だが，このビジネス手法には，ⓐ飲料用水への意識，ⓑ現地人スタッフのビジネス感覚，ⓒ盗難などの問題が生じた。ⓐに関しては，以前，日本も同様であったが，水にお金を出して飲むことへの違和感，抵抗感があり，10リットル3円の水は売れないが，現地人男性は1本3円のタバコを1日に付き10本ぐらい吸い，1杯6円のお茶を購入する。そもそも，味のない水質浄化した水より，煮沸していない池水，日本人なら吐き出してしまう味の鉄分を多く含んだ打込井戸水を好むのである。乳幼児の下痢性疾患による死亡，ヒ（砒）素中毒による皮膚・内臓疾患の原因が飲料水にあるという意識はない。ⓑに関しては，飲料用水販売の現地人スタッフが勝手に販売価格をつり上げ，定価との差額を自分の収入としたり，水質浄化剤の横流しを行い着服する。ⓒに関しては，浄化設備が盗難にあったり，浄化装置に取り付けた蛇口が盗まれたり，盗まれなくとも壊されたりする。

　このような状況下で，バングラデシュに海外展開し2年ほど経過した頃，初めの転機として現地地域の対応が少しずつ変化してきた。さまざまな問題が生じようとも，懲りずにきているうちに地域の現地人とも顔見知りとなり，盗難はなくなったのである。2度目の転機は，現地人女性販売スタッフによる認知啓蒙活動，プロモーション，流通をシステム化したことである。衛生的な飲料用水が子供の疾病率，死亡率を低下させるという知識，および，水質浄化剤 PG α 21Ca の商品知識を社内教育・訓練によって身につけた現地人女性販売スタッフをポリグル・レディとして組織化した。ポリグル・レディは主婦の集まる場所を訪れ，主婦に特に子供の健康を維持するうえでの飲料用水の重要性を，加えて，水質浄化剤の使い方を説明しながら対面販売をし，利用者への認知啓蒙活動，普及活動に努める。20グラム，価格20タカ（約20円，一般家庭で節約すると約1ヵ月分の飲料用水と生活用水ができる）だが，10グラム入りの小口販売や，目標売上金額を超えるとポリグル・レディにボーナス報酬を加えるなどのインセンティブを与えることで，その普及効果をより大きくした。ちなみに，売り上げの約3分の1がポリグル・レディの手取り収入になるという。なお，同社のこのような海外での事業展開は，経産省の「平成21年社会課題解決型の官民連携プログラム支援事業」，同省傘下の財団法人海外技術者研修協会（AOTS）の「平成22年貿易投資円滑化支援事業」に係わる実証事業案件に採択された。これにより，支援要請から始まったボランティア活動ともいうべき海外展開は，公的支援により，さらなるBOPビジネスの事業化活動が可能となった。

② 日本ベーシック株式会社のケース

　JICA によると BOP ビジネス支援事業の応募件数の 3 分の 2 は中小企業であり，途上国の低所得階層向けビジネス活動を行う中小企業が増えつつあるという[9]。2005 年，三菱レイヨンにて家庭用浄水器「クリンスイ」事業に約 20 年間携わった勝浦雄一によって設立された，浄水装置の中小企業メーカーである日本ベーシック株式会社（本社・神奈川県川崎市）の海外展開[10]は，日本の NGO を通じたミャンマー医療機関への無償提供を経て，2011 年バングラデシュでの現地生産をその始まりとする。バングラデシュでの現地生産開始後，約半年後の 10 月，JICA の「BOP ビジネス調査案件」に採択され，同社の事業は官民連携の BOP ビジネス活動となった。2013 年 4 月にはバングラデシュ政府より水販売（商品名，Cycloaqua）の許可が下りた。

　海外展開の参入方法は日本の商社 OB のサポートにより展開し，自転車一体型浄水装置（シクロクリーン，日本円 55 万円）による飲料用水の製造・販売を事業化した。複数のフィルター（異物を除去するプレフィルター，農薬や臭いを除去するハイグリット活性炭フィルター，細菌を通さない精密ろ過（MF）フィルター）を搭載した自転車を漕ぐことにより，ゴミや大腸菌を取り除いた無菌の飲料用水を毎分 5 リットルつくることができる。自転車一体型浄水装置を現地の協力工場で組み立て（ただし，フィルターのみ日本製），首都ダッカの失業中の自転車（リッカー）運転手を漕ぎ手とし，地下水または川や池から飲料用水を生産し，その場で 1 リットル 1 タカ（約 1 円）で水を販売・提供する。利益を得ながら衛生環境改善を行い，雇用創出にも一役買う BOP ビジネスである。なお，日本ベーシック株式会社は開発・建設コンサルタント会社，八千代エンジニヤリング株式会社（本社・東京都新宿区）と共同で，BOP ビジネスマネジメントのために，スラムでのニーズ調査を進めている。また，同社は現地人スタッフのアドバイスもあり，浄水された水の必要性を現地人に理解してもらうために，スラムでの衛生教育にも力を入れている。

　以上，BOP・水ビジネスの具体的事例をみてきたが，日本ポリグル株式会社，日本ベーシック株式会社の 2 社に共通して見受けられることは，日本の中小企業のもつ革新性であり，潜在的に持っている高度な BOP ビジネス力であるといえよう。グローバル化の進展により，日系多国籍企業ともいうべき大企業と比較して，潤沢なる経営資源を所有しない中小企業の企業理念に基づいた BOP 市場への参入ともいえる。BOP ビジネスの要素として，効率性，革新性，持続性がし

ばしばあげられるが，効率性，特に持続性を保持するうえで，さらなる官民連携のBOPビジネス支援の量的な事柄のみならず，質的な事柄の充実が求められると思われる。

(2) BOP・予防医療，食品栄養ビジネスの萌芽的事例：㈱ヤクルトのケース

日本企業のBOPビジネスの萌芽的事例として，㈱ヤクルトの海外事業展開は頻繁に書籍，論文など[11]にて紹介され，時としてBOPビジネスの源流とも形容される。しかしながら，2013年のCSR企業総覧（東洋経済新報社発行）によると，㈱ヤクルト（本社・東京都港区）の特色として「①乳酸生菌飲料1位，②女性訪問販売員による強固な販売網，③海外でも販売網を築き乳酸品事業拡大中」とし，BOPビジネスの取り組みとしては「行っていない」，BOPビジネスの位置づけとしては「現状でビジネスになっている」としている[12]。換言すれば，同社の海外事業展開のビジネスモデルは，BOPビジネスを行うことを目的としているというよりは，結果としてBOPビジネスとなっているということであろう。1921年より微生物および乳酸菌の培養強化の研究に従事していた代田稔によって創業され，1935年には乳酸菌飲料ヤクルトを一般販売し，1955年に設立された飲料メーカーの㈱ヤクルトの海外展開は1964年の台湾をその始まりとする[13]。アジア地域での展開については，1960年代では台湾に加えて香港（1969年），1970年代ではタイ・韓国（1971年），フィリピン（1978年），シンガポール（1979年），1990年代ではインドネシア（1991年），2000年代では中国（2002年～2011年），マレーシア（2004年），ベトナム（2007年），インド（2008年）である。

海外展開の参入方法[14]は東南アジアについては，華人資本との合弁により展開しているケースが多く，各国の外資政策とも関係している。例えば，インドネシアではサリム・グループ51％，ヤクルト49％の合弁である（外資政策の変化に伴う外資法改正により，2001年よりヤクルト100％出資となる）。以下，㈱ヤクルトの東南アジア最大の事業規模を誇る在インドネシア日系企業ヤクルトの1990年代半ばの海外事業展開・経営行動について，ヒアリング調査[15]に基づき記述することとする。

インドネシアでの展開のFS（feasibility study，企業化調査・採算可能性調査）では，製造キャパを1日当たり生産量（日産）73万本とし，操業時の販売を1

日当たりの目標値6千本としていた。だが実際のケースでは，1991年7万本，1992年17万本，1993年26万本，1994年34万本，1995年50万本と予想をはるかに上回る販売本数であった。その要因として，①ヤクルトの味がインドネシア国民の合致していた（例えば，東南アジア地域であるシンガポールでは甘み成分の強さが肥満のもとと考えられ，当初，不評であった），②ヤクルト1本1本を路地裏まで売る営業販売力，その能力を持ったヤクルト・レディの存在，③合弁パートナーであるインドネシア最大の華人グループであるサリム・グループの資本は出すが，経営に関与しないというスタンスが挙げられた。また，製品の生産・調達に関しては，乳酸生菌飲料（ヤクルト）は成分として，ⓐ脱脂粉乳，ⓑサトウ（液状の異性化糖），ⓒグルコース，ⓓ香料から成るが，ⓐについては，インドネシア政府の統制により外資系企業の輸入は禁じられていることから，インドネシアの華人資本系インドミルク会社のオーストラリアからの輸入より調達，ⓑについては，ⓐと同様に政府の統制があることから，インドネシアの華人資本系輸入業者のタイ・韓国からの輸入より調達，ⓒについては，インドネシア・ローカル，またはドイツ，フランスなどのヨーロッパ経由より調達，ⓓ香料については，日本のヤクルト本社より調達していた。以上より，華人系資本との合弁にはヤクルトの成分の原材料を調達するうえで，調達チャネルの意義があったことになる。

　人員配置に関しては，ヒアリング調査時では，従業員450名であり，内訳は生産工場に130名，管理に60名，営業に260名で，営業に人員配置している割合が大きい。販売・営業員いわゆるヤクルト・レディの募集・採用に関しては，操業時，販売・営業の大卒のローカルマネジャー[16] 5名の内の3～4名が中心となり，ローカルスタッフ5名により，1カ月半かけ，5,000所帯1件1件を訪問し募集をかける。30名のヤクルト・レディの採用のために300名を候補者とし，離職を織り込み，60名の高卒のヤクルト・レディを採用した。対象学歴を高卒としているのは，商品知識を身につける基礎学力と関係している。教育・訓練に関しては，サービス訓練プログラムとして，①7日間，整腸作用を促す乳酸生菌飲料のヤクルトの効果・効能知識，商品知識を身につけ，ヤクルトの対面・説明販売の際，マニュアルではなく自分の言葉でのセールストークができるよう，トレーニングを行う。②14日間，営業現場での対面・説明販売の実施研修として，ローカルスタッフ1名と共に2名で販売員としてのトレーニングを行う。教育・訓練として計3週間かけてヤクルト・レディを育成するが，離職するヤクルト・

レディは3カ月以内に辞めるという。このようにして育成された30名のヤクルト・レディは，自分がカバーする商圏範囲，マーケットを1万人とし，対象地域を自分自身で決める。そのあと，整腸作用をもたらす乳酸生菌飲料ヤクルトの普及活動，顧客・利用者への認知啓蒙活動ともいうべき販売・営業デリバリィーサービスを行い，1カ月分をまとめて集金し，その代金を㈱ヤクルトに支払う。次の段階での販売・営業員の募集・採用は，ヤクルト・レディを核としたそのネットワークが用いられ，ヒアリング調査時点で27センター（1センター営業所は約30名のヤクルト・レディにより構成される）600名のヤクルト・レディが育成されていた[17]。なお，ヤクルト・レディは，ヤクルトとの間には正規の雇用関係はなく，エージェントとしてヤクルトとの間で，事業主となる契約関係を結ぶ。つまり，ヤクルト・レディは個人の事業主であり，ヤクルト本社とヤクルト・レディの関係は販売委託企業と委託小売店とほぼ同じような関係となる。営業成績優秀者のヤクルト・レディは会社より表彰され，これは彼女らのモチベーションを高めるうえで，重要な役割を演じている。ヒアリング調査では，インドネシアにおいては，経営上の問題点・留意点は，少々の風邪などでのヤクルト・レディの病欠が少しみられる程度で，それ以外の問題はなく，事業展開は良好であった。

　しかしながら，同じ東南アジア地域ではあるが，在フィリピン日系企業ヤクルトのケース[18]ではインドネシアのケースとは異なる様相を呈していた。まず，参入方法として，フィリピンの外資法に基づき，フィリピン華人資本家・李氏60％，ヤクルト40％の合弁計画を1978年に結び，現地法人を設立した。フィリピンにおいても，ヤクルト・レディを募集・採用し，教育・訓練を行った後，1カ月分まとめて集金するという方式でスタートした。ところが，1978年から3年後には，撤退の危機に直面した。その要因として，1カ月分をまとめて集金するという習慣の全くないフィリピンにとって，この集金システムを理解し受容するには困難を伴い，お客の代金不払い，ヤクルト・レディの会社への代金不払いという状況が続き，結果として，代金回収を伴うヤクルトの販売本数が半減した。これへの対応として，ヤクルトの毎日の売り上げをその日のうちに入金しないと，ヤクルト・レディに翌日分の商品（ヤクルト）が提供されないというシステムに変更し，さらに，ヤクルト本社から日本人社員が派遣され，販売・営業の再建が行われ，この問題は解決された。FSでのフィリピンの現地事情，マーケットの調査不足，現地目線に立った異文化マネジメント不足から生じた経営問題であっ

た。

　以上，BOPビジネスの具体的事例として，中小企業のケースともいうべき日本ポリグル株式会社，日本ベーシック株式会社の事例，一方，大企業（創業当時は中小企業），日系多国籍企業のケースともいうべきである㈱ヤクルトの事例をみてきた。そこには，BOPビジネスの特徴として示される要素が含まれている。すなわち，①低所得階層・BOP層がかかえる社会的課題（貧困削減，環境改善，生活向上）の解決による社会の利益，②無償の慈善活動ではなく，本業であるビジネスとして成立し，利益が発生することによる企業の利益，③低所得階層・BOP層である現地人をローカル・ビジネスパートナーとすることによるビジネス価値創造の共有が，具体的事例にみられる。すなわち，①，③に関しては，安価で衛生的な水の提供は生活向上，衛生的な水の重要性を認識することでの環境改善を実現する。医師の処方する薬代金と比較して安価な乳酸生菌飲料の提供は腸系疾病を予防し生活向上を実現する。また，ポリグル・レディ，ヤクルト・レディといったローカル・ビジネスパートナーとのビジネス価値創造の共有は，えてして女性の就職機会が少ない発展途上国の雇用機会，雇用創出を提供し所得向上，インセンティブ，自立をもたらし貧困削減，生活向上を実現する。②に関しては，ローカル・ビジネスパートナーによる販売・営業活動，加えて低所得階層・BOP層である現地人の所得向上による新たなる顧客創出，つまり，新たなるマーケットの拡大，ビジネスチャンスによる企業利益を実現する。

　また，BOPビジネスの具体的事例をマーケティングの視点[19]からとらえると，既存のフレームワークの範疇にとどまらない側面がある。例えば，市場開拓のマーケティング手法の1つとしてSTPマーケティングがあるが，市場を細分化（セグメント化）し，その中からフォーカスすべきターゲットを決定（ターゲット選定）し，そこにベネフィットを提示（ポジショニング）するマーケティング戦略だが，現地の人々にインセンティブを提供し所得と自立をもたらし，社会的課題の解決に貢献するという視点はSTPマーケティングにはない。さらに，BOPビジネスは，国際ビジネスにおける多国籍企業のマーケットへのアプローチである経済ピラミッドの上層から下層へということではなく，経済ピラミッドの下層から上層へのアプローチである。換言すると，BOPビジネスは，次なる市場ともいうべきマーケットの拡大という意で，従来のマーケティング理論，国際ビジネス論の延長線上とは異なる側面をもつビジネスといえよう。

4. 日本企業の BOP ビジネスにみる官民連携における課題
―日本政府の政策上の課題，日本企業の経営課題―

　企業の輸出マーケティング，国際調達戦略，グローバル・サプライチェーン・マネジメントを含む企業の海外事業展開に対する官民連携の流れ，動向は，BOP ビジネスについても，その例外ではない[20]。具体的には，1980 年代より開始された英国企業，米国企業への官民連携（PPP：Public Private Partnership）の展開は，1990 年代では BOP ビジネスへと波及した。1996 年世界銀行による PPI（Private Participation in Infrastructure），1997 年世界銀行による BPD イニシアチブ（Business Partners for Development Initiative）を皮切りとして，1997 年に就任したコフィ・アナン国連事務総長によって，それまで営利企業と一線を画していた国連とビジネスとの連携促進を意図する国連グローバル・コンパクト（UN・GC：the United Nations Global Compact）が提唱された。これは，世界の持続可能な成長を実現するうえで，貧困，環境，人権などの世界的枠組み作りに，営利企業が利潤追求のみならずこれらの課題に取り組み，善良なる世界社会の一員として経営行動することが求められることを意図した側面もあった。

　この提唱を受け，英国では，労働党政権下での国際援助改革として，貧困削減を唯一の基本目標とし，英国すべての ODA がアンタイド化され，1997 年英国国際開発省（DFID：the Department for International Development）が設立された。米国では，1990 年代米国企業内での企業の CSR や社会貢献への関心が高まったこともあり，ブッシュ政権下の米国国際開発庁（USAID：United States Agency for International Development）によって 2001 年グローバル開発アライアンス（GDA：Global Development Alliance）が行われるようになった。なお，ミシガン大学プラハラード教授，コーネル大学ハート教授が BOP ビジネスを着想するのも，この頃つまり 1998 年である。また 2000 年国連総会において採択された MDGs[21]により，2015 年までに極度の貧困と飢餓の撲滅などの 8 つの具体的目標の達成が謳われた[22]。これへの対応として，欧米資本系企業はアニュアルレポート，CSR レポートにおいて，MDGS の達成への自社ビジネスの貢献度合いを明記するようになり，その派生として自社ビジネスと BOP ビジネスの関連性をより強めることとなった。このようにして，米国政府及び欧州諸国の先進国政府による BOP ビジネスの官民連携，欧米資本系企業による BOP ビジネスへの

国際経営戦略の枠組みが形成されていった。

　ところが一方，日本政府のBOPビジネスへの官民連携は，2009年経産省の「官民連携によるBOPビジネスの推進」での取り組み，同年外務省のJICAでの取り組みをその始まりとし，BOPビジネスという世界潮流への対応は約10年間遅れをとることとなった。この流れを解消するうえで，日本政府の政策上の課題は多様にわたるが，ここでは①資金面の課題，②BOPビジネスサポートの組織面の課題を取り上げることとする。

　①に関しては，欧米政府にみられるように，民間企業がBOPビジネスを立ち上げる段階から，政府系基金による資金提供は欠かせないと考えられる。日本企業によるBOPビジネスへの資金は事業を行う企業本体からの資金であり，金融機関からの投資や借り入れではない。そもそも，日本にはBOPビジネスに対して投資を行う金融機関や財団はほとんど皆無に近い。その意では，政府によるBOPビジネスにかかわる企業への立ち上げ時期からの更なる資金提供は政策上の課題としてあげられる。加えて，欧米でみられる「社会的投資・ソーシャルファイナンス」を行う機関の設立，または民間資金が社会的投資を行う機関を設立する際での法的整備，税制的優遇措置の整備などの政策上の課題は山積している。

　②に関しては，ⓐ途上国のローカルパートナーの情報把握，ローカルパートナーと日本企業とのマッチングを行う組織づくり，ⓑ途上国のローカルニーズの情報把握，ローカルニーズと日本企業のビジネスアイデア，得意とするビジネスとのマッチングを行う組織づくり，ⓒビジネスを進行していくうえでのリスク面を含むローカル情報の把握，リスクマネジメントを行う上での現地政府とのサポート体制を調整する組織づくりも政策上の課題となろう。

　これら組織づくりにおいて，経産省，外務省といったタテ割りではなく横断的な組織が必要とされ，そこにはBOPビジネスに関わる官僚・研究者のみならずビジネスコンサルタント・開発コンサルタント，NGO・NPO，民間事業会社・金融機関からのビジネスパーソンなどを集めた，新たなる組織づくりが課題となろう。もちろん，BOPビジネスを進めていくうえで，国際機関のサポート，活用が重要であることは言うまでもない。だが，日本企業の経営行動にみられる特質，その特質ゆえに直面しやすい問題を理解したうえで，サポートを行うという意で新たなる日本独自の組織づくりが必要と考えられる[23]。

　次に，BOPビジネスにみる官民連携の「民」の側面，つまり日本企業のBOPビジネスの経営課題について言及することとする。経営課題もまた政策上の課題

と同様に多岐にわたるが，ここでは①企業・事業戦略面での課題，②経営資源面での課題を取り上げることとする。

①に関しては，BOP ビジネスを企業戦略として位置づけるうえで，そもそも BOP ビジネス自体が従来は自社のターゲットとしていないマーケットの層を顧客とすることから，「自社のビジネスに適合しない」[24]などにより社内の承認，支持をとることは難しい。これへの対応として，企業トップが BOP ビジネス投資の意思決定者となり BOP ビジネスを社長直轄のトップダウンプロジェクトとする手法があげられる。

例えば GE では，企業トップが既存の意思決定構造から切り離して編成した社長直轄のローカル・グロース・チームをつくり，このチームにより「リバース・イノベーション戦略」として BOP ビジネスを企業戦略として展開している。また，日本企業ではオーナー系企業ではあるが，ユニクロの柳井社長の意思決定によりバングラデシュでの BOP ビジネスを企業戦略とし位置づけている。事業戦略としての BOP ビジネスについては，多くの日本企業の海外事業展開での事業戦略が中所得階層の所得拡大が実現したのち，若干，価格は高めだが高品質の製品，サービスを提供するビジネスモデルであるがゆえ，BOP ビジネスを事業戦略として位置づけるうえで，社内外の利害関係者からの承認，支持を取ることは難しい。これへの対応として，事業部だけでなく R&D 部門・マーケティング部門，広告担当部門・CSR 部門，総務審査部門・経営企画部門などの人材を巻き込んだ横断的組織を編成し，企業の持続的成長の観点から BOP ビジネス投資の意思決定を検討する責任を与える手法があげられる。

例えば，ユニリーバのヒンドゥスタンユニリーバが挙げられるが，日本で企業の事例としてはほとんど皆無に近いと考えられる。だが，企業戦略面での課題であれ，事業戦略での課題であれ，これからのグローバルビジネスとなりうる BOP ビジネスと関係するうえで，日本企業の経営者層の意識改革，組織能力を高めるための組織改革が求められる [25]。

②に関しては，経営資源のうち，とりわけ BOP ビジネスに関わる人的資源の不足，育成が重要な課題といえる。人的資源の不足は日本企業の国際化戦略とも関連する側面がある。日系多国籍企業の多くは韓国，台湾，中国などの新興国のアジア諸国資本系多国籍企業の追い上げもあり，国際競争戦略上，BOP ビジネス市場以外での既存市場における競争激化が見受けられる。このような国際的経営環境下で，日本企業は限られた人材を BOP ビジネスに再配分するほど余裕が

なく，かつ BOP ビジネスへの適性を持つ人材も不足しているのが現状であろう。たとえ，BOP ビジネスに人材を再配分する余裕がある企業といえども，BOP 市場での新製品開発，生産，販売に志向する技術者，人材は少なく，欧米市場をはじめとする既存市場でのビジネス活動を志向する技術者，人材が多いことも BOP ビジネスに係わる人的資源不足に拍車をかける。だが，海外企業に目を向けると，BOP ビジネス市場を含めたグローバルビジネスリーダーの育成に力を入れており，例えば，IBM の CSC（IBMs' Corporate Service Corps），ノキアのエスノグラフィ手法の採用，およびサムスン地域専門家制度[26]などがあげられる。

このような状況をみると，日本企業の BOP ビジネスに関わる人的資源の育成を含めた経営資源の充実が重要な課題となろう。その際，従来の新卒一括採用という採用方式だけではなく，BOP ビジネスの即戦力となるであろう JICA 青年海外協力隊，国際協力 NGO，国連・世界銀行といった国際機関の出身者を採用する多様な採用方式を取り入れることが必要とされ，さらにそれに伴い，人材配置の改革，昇進制度の多様性が日本企業の人的資源戦略にも課題として必要とされる。

5. 小　結

世界まれにみる少子高齢化社会の到来などによる日本の国内市場の縮小，成長減速を余儀なくされる欧米へのハイエンドな輸出市場の縮小は，日本企業のマーケティング戦略を含む海外事業展開に，経済成長が著しい新興国，発展途上国の市場開拓・拡大という経営命題を課した。さらに，プラハラードやハートなどによる BOP ビジネスの普及・伝播によって，TOP・MOP 市場に集中する欧米企業や日本企業の従来の市場戦略は BOP 市場戦略への転換が迫られ，欧米系多国籍企業，日本以外のアジア系多国籍企業は新興国における BOP という巨大ビジネス市場での経営活動において日系多国籍企業に先行した。このような状況下において，日本企業にとって BOP ビジネス市場でのキャッチ・アップもまた緊急を要する経営命題といえる。日本企業のビジネス優位性として，プロダクト・イノベーション（製造物革新）ではなくプロセス・イノベーション（生産工程革新）があげられてきたが，欧米系，アジア系多国籍企業に先行されている現在こそ，日本企業による環境技術での環境問題の改善，および貧困問題の削減などの

社会的課題に対処する持続可能な成長を実現するビジネスモデル，さらに官民連携ビジネスモデルでのプロセス・イノベーションが望まれると考えられる。

【注】
1) ノースカロライナ大学テッド・ロンドン教授の提案により，ハート教授はBOPのBを当初Bottomとしていたが，後にBaseに修正した。だが，プラハード教授は修正を行わなかった（Stuart（訳書）[2012] p.380, 菅原 [2010a] p.65）。
2) インクルージョンとは，個人の違いに関わらず差別なく多様性を認めともに生きることを意味し，それを可能にする社会的，経済的，政治的なシステムを構築することである。UNDPはBOPをインクルーシブ・ビジネスと称している。また，経産省のBOPビジネス支援センターの英語訳もまた，Japan Inclusive Business Support Centerである（大石ほか [2012] p.267, p.335）。
3) 国際金融公社と世界資源研究所は，2007年に「次なる40億人経済ピラミッドの底辺の市場規模とビジネス戦略」（The Next 4 Billion : Market Size and Business Strategy at the Base of the Pyramid）を発表した。
4) Stuart [2010] pp.112-113, Stuart（訳書）[2012] pp.159-161, 大石ほか [2012] pp.264-267, pp.328-329, 菅原ほか [2011] pp.23-24, pp.90-95, 野村総合研究所 [2010] pp.13-15。
5) 野村総合研究所 [2010] p.60, p.64, 菅原ほか [2011] p.23, p.63-64, p.96, 大石ほか [2012] pp.332-335。
6) 水尾 [2010] pp.6-8, 外務省HP参照。
7) 日本ポリグル株式会社HP（2013年8月1日アクセス），日本企業のBOPビジネス研究会 [2011] pp.44-65, 野村総合研究所 [2010] pp.129-137。
8) 貧困ペナルティとはBOPペナルティともいい，貧しいがゆえの不利益を指す。貧困であるがゆえに，TOP層やMOP層と比較して農村部での販売網の未整備，流通業者による商品の独占，暗黒大陸ともいわれる不透明な流通状況などで飲み水や食料，家電製品，生活雑貨，金融，電話，米など多くの商品やサービスに対して割高な対価を払わされている（水尾 [2010] p.4.）。
9) 『日本経済新聞』2012年2月15日付, 11月26日付。
10) 株式会社日本ベーシックHP（2013年8月1日アクセス），『日本経済新聞』2012年2月15日付, 11月26日付。
11) 例えば，菅原ほか [2011] pp.111-118, 日本企業のBOPビジネス研究会 [2011] pp.102-121, 野村総合研究所 [2010] p.113。
12) 『2013　CSR企業総覧』[2012] p.174。
13) 『2013　会社別編　会社進出企業総覧』[2013] pp.108-110。
14) 日本企業のBOPビジネス研究会 [2011] p.106。
15) 1995年3月22日（13：15～14：45），P. T. Yakult Indonesia Persada（ジャカルタ）にて，明治大学経営学部岩内亮一教授をはじめとするヒアリング調査グループとの同行で，棧幸彦社長，有川工場長よりヒアリング調査（工場現場見学を含む）を行った。ちなみに棧氏の海外派遣は1979年シンガポール，1989年インドネシアであり，有川氏の海外派遣は1990年インドネシアである。インドネシアの日本人海外派遣社員は社長，工場長，営業3名，管理の計6名であった。
16) ヒアリング調査時では，大卒のローカルマネジャーは営業に5名，生産工場に2名，管理に2名であった。
17) 世界のヤクルト・レディの人数は2010年では39,167名，1995年では22,903名である。

インドネシアのヤクルト・レディ人数は2013年では約4,500名であり1995年の600名から増加した。インドネシアのヤクルトは東南アジアで最大の事業規模を誇る(『日本経済新聞』2013年1月24日付, 日本企業のBOPビジネス研究会［2011］p.110)。
18) 菅原ほか［2011］pp.114-115, 菅原［2009］pp.13-15。
19) 菅原［2009］p.15。
20) 水尾［2010］p.5。
21) 外務省HP参照, 水尾［2010］p.6参照。
22) 経済産業省貿易経済協力局通商金融・経済協力課編［2010］pp.65-84参照, 菅原［2010b］p.76参照。
23) 菅原ほか［2011］pp.70-76, pp.193-200。
24) 大石ほか［2012］pp.340-342。
25) 野村総合研究所［2010］pp.235-241。
26) IBMのCSC, サムスンの地域専門家制度の詳細については, 野村総合研究所［2010］pp.256-260参照。ノキアのエスノグラフィ手法の採用の詳細については, 菅原ほか［2011］p.87参照。

【参考文献】

大石芳裕・桑名義晴・田端昌平・安室憲一監修, 多国籍企業学会［2012］『多国籍企業と新興国市場』文眞堂。
経済産業省貿易経済協力局通商金融・経済協力課編［2010］『BOPビジネスのフロンティア』財団法人経済産業調査会。
菅原秀幸・大野泉・槌谷詩野［2011］『BOPビジネス入門』中央経済社。
日本企業のBOPビジネス研究会［2011］『日本企業のBOPビジネス』JMAM。
野村総合研究所　平本督太郎・松尾未亜・木原裕子・小林慎和・川越慶太［2010］『BOPビジネス戦略』東洋経済新報社。
菅原秀幸［2009］「日本企業によるBOPビジネスの可能性と課題」『Working Paper Version.2』, 北海学園大学。
菅原秀幸［2010a］「世界40億人貧困層へのビジネス・アプローチ(上)」『世界経済評論 (Vol.54 No.3)』社団法人世界経済研究協会。
菅原秀幸［2010b］「世界40億人貧困層へのビジネス・アプローチ(下)」『世界経済評論 (Vol.54 No.4)』社団法人世界経済研究協会。
『日経ビジネス』2013年1月21日, 日経BP社。
『日本経済新聞』2012年2月15日付, 11月26日付, 2013年1月24日付。
水尾順一［2010］「戦略的CSRの価値を内包したBOPビジネスの実践に関する一考察～組織の持続可能性の視点から～」『駿河台経済論集』(第20巻第1号)駿河台大学。
『2013　CSR企業総覧』［2012］東洋経済新報社。
『2013 会社別編　会社進出企業総覧』［2013］東洋経済新報社。
Prahalad C. K.［2004］*THE FORTUNE AT THE BOTTOM OF THE PYRAMID*: *Eradicating Poverty Through Profits*, Wharton School Publishing.(スカイライト　コンサルティング訳［2005］『ネクスト・マーケット』英治出版。)
Porter, M. E. and M. R. Kramer［2002］"The Competitive Advantage of Corporate Philanthropy,"in *Harvard Business Review*, Dec, pp.57-68.
Porter, M. E. and M. R. Kramer［2006］"Strategy & Society: The Link Between Competitive Advantage and Corporate Social Responsibility,"in *Harvard Business Review*, Dec, pp.78-92.

Stuart, L. Hart [2010] *CAPITALISM AT THE CROSSROADS*: *Next Generation Business Strategies for a Post-Crisis World* (3rd Edition), Wharton School Publishing. (石原薫訳 [2012]『未来をつくる資本主義』(増補改訂版) 英治出版。)

外務省 HP 〈http://www.mofa.go.jp〉 (2013 年 8 月 1 日アクセス)。

株式会社日本ベーシック HP 〈http://www.nipponbasic.ecnet.jp〉 (2013 年 8 月 1 日アクセス)。

日本ポリグル株式会社 HP 〈http://www.poly-glu.com〉 (2013 年 8 月 1 日アクセス)。

(岩内　秀徳)

和文事項索引

〔あ 行〕

味の素ブランドスプーン ……………… 86
味の素マーケティング管理マニュアル …… 86
暗黙知 …………………………………… 96

イオンサプライ飲料 …………………… 93
以旧換新 ………………………………… 28
委託販売 ………………………………… 51
1S店 …………………………………… 37
イニシアチブ …………………………… 181
イノベーターのジレンマ ……………… 50
インクルーシブ・ビジネス …………… 178
インテグレータ …………………… 156, 159
インド音質 ……………………………… 54
インド画質 ……………………………… 54
インド市場 ……………………… 6, 14, 18
インド特別仕様 ………………………… 44
インドネシア ……………………… 80, 92, 93
インドモデル …………………………… 48

エアコンキューブ ……………………… 48
エリア・フランチャイジー ……… 119, 120

欧米系企業 ……………………………… 14
欧米系メーカー ……………… 64, 69, 72, 76
応用し改良・改善 ……………………… 81

〔か 行〕

改革開放政策 …………………………… 65
快逓業務操作指導規範 ………………… 160
快逓市場准入管理弁法 ………………… 160
価格戦略 ………………………………… 81
かたち ……………………………… 82, 89
家電量販店 ……………………………… 50
韓国系企業 ……………………………… 14
韓国系メーカー …………………… 72, 76
官民連携 ………………………………… 188

企業戦略 ………………………………… 190
汽車下郷 ………………………………… 28
キャリア ………………………………… 156
共創・相互価値創造 …………………… 180
キラナ …………………………………… 51

クール便 …………………………… 162, 166
グローカリゼーション …………… 101, 102
グローカル ……………………… 102, 111, 112
グローバル・ブランド ……… 71, 76, 79, 86
　　──・ルールブック ……………… 90
グローバル・マーケティング ……… 59, 80
グローバル化 ………………………… 47, 58

経験知 …………………………………… 96
形式知化 ………………………………… 97
化粧品 …………………………………… 63
　　──専門店 …………………… 74, 75
現地化 ……………………………… 16, 54, 58
現地化戦略 …………………………… 44, 47
　　──のパターン …………………… 135
現地生産 ………………………………… 65
現地適応化 …………………… 54, 99, 100, 102
現地でのAI移転 ………………………… 82
現地文化との親和性 …………………… 96

コア・バリュー ………………………… 90
広告・販促戦略 ………………………… 81
広告キャンペーン ……………………… 56
合弁 ……………………………… 161, 168
小売事業モデル ……………………… 133
顧客ターゲット ………………………… 53
国外域内の宅配便事業 ……………… 169
国際宅配便 …………………… 156, 160, 163
国際フォワーディング ……………… 169
国際ブランド …………………………… 16
国際輸送 ……………………………… 156
国連グローバル・コンパクト ……… 190
こころ ……………………………… 82, 89
　　──の現地化 ……………………… 94
コスメティック ………………………… 63
コミュニケーション戦略 … 50, 55, 56, 58
混売店 …………………………………… 51

〔さ 行〕

サービス, クオリティ, クリンリネス …… 136
サービス・マネジメント ……………… 102
サービスの工業化 ……………………… 99
採用し模倣 ……………………………… 81

3A 原則 … 85
3S 店 … 31
三現主義 … 85
三種の神器 … 7
三大三小二微政策 … 27
参入モード … 168

時間帯指定 … 166
時間帯別配送 … 162
事業戦略 … 190
実践知 … 97
自動車交易市場 … 31
自動車産業 … 25
　——政策 … 27
自動車ブランド販売管理実施弁法 … 34
自動車ローン … 37
地場企業 … 14
ジャカルタ型 … 145
習熟して革新 … 81
上方移行マーケティング … 84
乗用車発展政策 … 26
食文化 … 96
人材開発管理 … 81
新自動車産業政策 … 26
スポーツ飲料 … 93

生産と消費の同時性・不可分性 … 168
セールスドライバー … 160
　——の労務管理 … 161, 166, 169
セールスネットワーク … 51
世界標準化 … 54, 99, 100, 102
世界貿易機関 … 27
セミ・グローバリゼーション … 101
専売店方式 … 31
先発者優位 … 18
専門店チャネル … 75
創造的イノベーション … 18
創造的な連続適応 … 147
組織小売業 … 74
ソニーブランド … 20
ソフト価値 … 79

〔た 行〕

代引き決済 … 162
　——サービス … 166
対米輸出マーケティング … 16, 21
宅配便 … 155

宅配便企業 … 155, 157,
宅配便事業 … 155, 168, 169
　国外域内の—— … 169
　——の国際展開 … 155
宅配便市場 … 157
脱自前主義 … 50

地域専門制度 … 16
チェーンストア … 75
知覚価値 … 54
知覚品質 … 54
中間層 … 6, 7, 13, 14, 16, 19, 41, 52, 53, 84
　——マーケティング … 88
中国 … 79
　——系企業 … 14
　——系メーカー … 68, 72, 76
　——市場 … 5, 17
　——専用ブランド … 71, 76
中東 … 79

通信販売 … 74

適応化 … 71, 76, 169
適応力 … 96
適合力 … 96
適用化 … 81
デジタル・ピッキング … 139
デング熱 … 93

トイレタリー … 63
トヨタブランド … 20

〔な 行〕

南西アジア … 79

日系企業 … 14, 15
日系メーカー … 68, 71, 72, 76
日本型コンビニ … 148
日本の食文化 … 127, 129
日本ブランド … 20, 21
荷物追跡 … 160
　——システム … 162, 166
ネット通販 … 158, 159

〔は 行〕

買収 … 168
ハイブリッド商品 … 82
ハイプレステージ市場 … 69

和文事項索引　197

パパママ・ショップ ……………………… 57
パパママ・ストア ………………………… 91
ハブ方式 …………………………………… 32

ピープル …………………………………… 80
　——戦略 ………………… 81, 87, 91, 95
ビジネス・モデル ………………………… 84
百貨店 ……………………………………… 74
ビューティー・コンサルタント ………… 73
標準化 ………………… 53, 71, 76, 81, 169
　——の中の部分適応 …………………… 140
費用対効果 …………………………… 10, 53
貧困層 ……………………………………… 84
　——の顧客化 …………………………… 179
貧困ペナルティ …………………………… 183
品質の見える化 …………………………… 54

ファミマ・スターター・パック ………… 142
フォワーダ ………………………………… 156
フォワーディング …………………… 156, 164
普遍化 ……………………………………… 97
富裕層 ……………………………………… 84
フランチャイズ …………………………… 57
　——契約 …………………………… 32, 158
　——ボランタリー ……………………… 106
ブランド …………………………………… 79
　——・アンバサダー …………………… 50
　——・イメージ ………… 55, 56, 68, 71, 73
　——・ポートフォリオ …………… 71, 76
　——・ロイヤリティ …………………… 73
　——戦略 ………………………………… 80
　——力 …………………………………… 68
プレステージ市場 ………………………… 69
プレミアムレンジ ………………………… 49
プログラム ………………………………… 80
　——戦略 ……………………… 85, 90, 94
プロセス …………………………………… 80
　——戦略 …………………… 81, 86, 90, 94
プロダクト ………………………………… 80
　——戦略 …………………… 80, 84, 89, 94
プロモーター ……………………………… 56
文化商品 …………………………………… 82

文化マーケティング ……………………… 79
文明商品 …………………………………… 82
訪問販売 …………………………………… 74
ポッキー・アンド・プリッツの日 ……… 90
ボランタリーチェーン …………………… 75
ボリュームゾーン ……………… 6, 7, 16, 47, 53
　——・マーケティング研究所 ……… 47, 58

〔ま　行〕

マーケティング知識
　——の普遍化 …………………………… 97
　——の4P戦略 ………………………… 80
マーケティング投資 ………………… 16, 17, 20
マス市場 …………………………………… 69
マテハン …………………………………… 160
ミドル市場 ………………………………… 69
魅力連盟 …………………………………… 75
民族系メーカー …………………………… 28
メーカー主導型流通チャネル …………… 30

〔や　行〕

薬局 ………………………………………… 74

郵政法（中国） …………………………… 159
輸出 ………………………………………… 168
輸送サービス ……………………………… 155

4S店 ………………………………… 31, 35, 36
四大四小 …………………………………… 28

〔ら　行〕

ライセンシング …………………………… 168
ライセンス …………………………… 160, 164
ラマダン …………………………………… 93
リージョナル・ブランド ………………… 86
ローカル・ブランド ……………………… 86

欧文事項索引

AEC	5
AI 移転	81
現地での――	82
AI 進化	81
ASEAN	5
――経済共同体	5
――市場	4, 12, 17
――6 カ国	79
B to B	155, 158
B to C	158
Base of the Pyramid	19
BH	162, 165, 168
BOP	14, 19, 84, 178
BOP1.0	179
BOP2.0	179
C to C	155
Cosmetic	63
CRC	136
FC システム	123
FC 展開	117
First-and-Best	85
FS	184
FSP	142
GSB	179

HRM	81
Kirana	51
M & A	71, 76
MDGs	181
MOP	84
――マーケティング	88
ODM	49
Original Design Manufacturing Service	49
PB 商品	138
POP-Culture	79
S & QC	136
SA 移転	81
SAL 移転	33
SD	160, 162, 166
Toiletry	63
TOP	84
Value for money	10, 53
WTO	27

企業・ブランド・商品名索引

〔あ 行〕

味の素 ………………………………… 19, 79, 83
アモーレ ……………………………………… 72, 73

一汽豊田汽車販売 ………………………… 33, 34
伊藤忠商事 ……………………………………… 135
韻達快逓 ………………………………………… 157

維維食品飲料 …………………………………… 92

江崎グリコ …………………………………… 79, 87
圓通速逓 ………………………………………… 157

大塚製薬 ………………………………………… 92
大塚製薬NC事業部 ………………… 80, 92, 93
大塚ホールディングス ………………………… 92
大戸屋ホールディングス ………………… 117, 118
オレオ …………………………………………… 88

〔か 行〕

海外技術者研修協会 ………………………… 184
匯通快逓 ………………………………………… 157
カネボウ …………………………………… 65, 68, 75
伽藍 ……………………………………………… 68

キッコーマン …………………………………… 127
キットカット …………………………………… 88
キヤノン …………………………………………… 15, 52

黒猫宅急便 ……………………………………… 165
クロマ …………………………………………… 51

京泰実業 ………………………………………… 161
京東商城 ………………………………………… 159

広汽豊田汽車 ……………………………… 33, 35
コーセー …………………………………… 65, 68, 75

〔さ 行〕

サークルKサンクス …………………………… 133
菜園小餅 ………………………………………… 89
佐川 ……………………………… 155, 160~162, 169
佐川急便 ………………………………………… 155

佐川急便ベトナム ……………………………… 164
佐川グローバルエクスプレス ………………… 163
佐川グローバルロジスティクス ……………… 163
サハ・グループ ………………………………… 135
サムスン電子 ………………………… 11, 13~19, 21,
　　　　　　　　　　　　　　　　　42, 44, 51~53, 58
サリム・グループ ……………………………… 185
三洋電機 ………………………………………… 43

資生堂 …………………………… 19, 65, 67, 74, 75
シノトランス …………………………………… 160
シャープ …………………………………………… 14, 43
上海江崎格力高食品 …………………………… 88
上海江崎格力高南奉食品 ……………………… 88
上海家化 …………………………………… 68, 72, 73
上海大衆交通 …………………………… 161, 168
上海大衆佐川急便物流（大衆佐川）… 161~164
上海巴士物流 …………………………… 165, 168
順豊速運 ………………………………………… 157
新竹（貨運）…………………………… 160, 169
申通快逓 ………………………………………… 157

住友商事 ………………………………………… 161

セブン-イレブン ……………………………… 133

ソイジョイ ………………………………… 80, 92
ソニー ……………………………… 14~16, 19, 43
ソニーインド ………………………… 51, 52, 57

〔た 行〕

タイグリコ社 …………………………………… 88
タオバオ ………………………………………… 165
巧 ………………………………………………… 89
宅急送快運 ……………………………………… 157
宅急便 …………………………………………… 155

中国速運 ………………………………………… 163
中国郵政 ………………………………… 159, 166
中通快逓 ………………………………………… 157

天津一汽豊田汽車 ……………………………… 33
天津大塚飲料 …………………………………… 92

統一企業 …………………………… 164, 165
統一速達 ……………………… 164, 165, 169
東芝 ……………………………………… 14
東芝インド ……………………………… 43
東風日産汽車 …………………………… 36
東風本田汽車 …………………………… 35
トオカツフーズ ……………………… 142
トヨタ …………………………… 15, 16, 33
トヨタ自動車 …………………………… 18

〔な 行〕

日産 …………………………………… 36
日新 …………………………………… 160
日本アクセス ………………………… 139
日本ベーシック ……………………… 183
日本ポリグル ………………………… 181

〔は 行〕

バーディー …………………………… 85
ハイアール …………………………… 21
ハチバン ……………………………… 123
8番ラーメン ………………………… 123
パナソニック ……………… 14, 19, 20, 48
パナソニックインド ……… 19, 43, 46, 49, 51
凡客誠品 ……………………………… 159
百世匯通 ……………………………… 157
ファミリーマート ……………… 19, 133
フータイ ……………………………… 141
プリッツ ………………………… 79, 87
北京住商佐川急便物流 …………… 162, 163
ポカリスエット ………………… 80, 92, 93
ポッキー ………………………… 79, 87
保利佐川物流 ………………………… 163
ホンダ …………………………… 15, 20, 35

〔ま 行〕

マクドナルド ……… 99, 100, 101, 103, 104
マルチ・スズキ ……………………… 18
ミニストップ ………………………… 133

明治製菓 ……………………………… 88
モスフード …………………………… 127
モディケア …………………………… 51

〔や 行〕

ヤクルト ……………………………… 184
八千代エンジニヤリング …………… 183
雅瑪多(中国)運輸 ……………… 165~167
ヤマト運輸 …………………………… 155
ヤマトホールディングス（ヤマト）
　……………………… 155, 164~167, 170
ヤムヤム ……………………………… 85

〔ら 行〕

リライアンス・インダストリーズ …… 51
ローソン ……………………………… 133
ロッテ（韓国） ……………………… 88
ロッディー …………………………… 84
ロッディー・メニュー ……………… 84
ロレアル ………………………… 67, 73, 75

〔欧　文〕

AOTS ………………………………… 184
DHL …………………………………… 159
FedEx ………………………………… 159
Hitachi Home & Life Solutions India …… 43
JD.com ……………………………… 159
JKT48 ………………………………… 94
LG Electronics India ………………… 45
LG 電子 ……………… 13, 17, 18, 42, 44, 51~53, 58
Mousa ………………………………… 89
OISHI（オイシ） …………………… 88
P&G …………………………… 68, 69, 73
P.T.アメルタインダ大塚 …………… 92
SG ホールディングス …… 155, 160~162, 170
TA-Q-BIN …………………………… 166
UPS …………………………………… 159
VANCL ……………………………… 159
VW …………………………………… 17
Wings グループ ……………………… 144

執筆者紹介（章編成順，◎編集責任者）

◎近藤　文男（京都大学名誉教授）　　　　　　　　第1章，第3章
　石川　和男（専修大学商学部教授）　　　　　　　第2章
　神保　充弘（長崎県立大学経営学部教授）　　　　第4章
　林　　廣茂（西安交通大学管理大学院客員教授）　第5章
　鳥羽　達郎（富山大学経済学部教授）　　　　　　第6章
　佐々木　勉（日本工業大学大学院技術経営研究科教授）第7章
　鍾　　淑玲（東京工業大学工学院経営工学系准教授）第8章
　大内秀二郎（近畿大学経営学部准教授）　　　　　第9章
　岩内　秀徳（富山大学経済学部教授）　　　　　　第10章

平成26年4月10日　初　版　発　行　　《検印省略》
平成30年10月25日　初版4刷発行　　略称：アジアマーケ

日本企業のアジア・マーケティング戦略

編　者　©マーケティング史研究会
発行者　中　島　治　久
発行所　同文舘出版株式会社
　　　　東京都千代田区神田神保町1-41　〒101-0051
　　　　電話　営業（03）3294-1801　編集（03）3294-1803
　　　　振替　00100-8-42935　http://www.dobunkan.co.jp

Printed in Japan 2014　　　印刷：萩原印刷
　　　　　　　　　　　　　製本：萩原印刷

ISBN 978-4-495-64671-4

JCOPY〈出版者著作権管理機構 委託出版物〉
本書の無断複製は著作権法上での例外を除き禁じられています。複製される場合は，そのつど事前に，出版者著作権管理機構（電話 03-3513-6969，FAX 03-3513-6979，e-mail: info@jcopy.or.jp）の許諾を得てください。